MÉMOIRES

DE

MONSIEUR CLAUDE

—

V

IMPRIMERIE D. BARDIN ET Cⁱᵉ, A SAINT-GERMAIN

MÉMOIRES

DE

MONSIEUR CLAUDE

CHEF DE LA POLICE DE SURETÉ

SOUS LE SECOND EMPIRE

TOME CINQUIÈME

PARIS

JULES ROUFF, ÉDITEUR

14, CLOITRE SAINT-HONORÉ, 14

1882

Droits de traduction et de reproduction réservés

DÉPOT LÉGAL
Seine & Oise
N° 188.

BIBLIOTHÈQUE NATIONALE
R F
IMPRIMÉS.

MÉMOIRES

DE

MONSIEUR CLAUDE

BIBLIOTHÈQUE NATIONALE R. F. IMPRIMÉS

CHAPITRE PREMIER

LES SEPT VICTIMES

Comment parvins-je à saisir Troppmann au Havre, au moment de s'embarquer pour l'Amérique? Qui me guida, sur de faibles indices, vers ce port de mer lorsqu'un gendarme mit la main sur l'assassin connu encore sous le nom d'une de ses victimes?

Ce qui me décida à poursuivre Troppmann au Havre, ce qui me plaça sur sa piste, ce furent moins les vagues indices de mes agents que mes qualités natives, secondées par le hasard.

Aujourd'hui encore, je ne m'explique pas plus ce qui m'a placé sur sa voie qu'on ne s'explique le flair du chien de chasse courant, à plein bois, sur la bête fauve.

Canler disait :

« Dans une affaire, nous comptons sur un auxiliaire qui ne nous fait jamais défaut, un auxiliaire plus puissant que les fins limiers, que tous les renseignements, que tous les indices, que toutes nos qualités d'expérience, d'intelligence, d'activité et de ténacité. On l'appelle le *hasard*, moi je l'appelle la *Providence*. »

Dans l'arrestation de Troppmann, le hasard ou la Providence a joué aussi le plus grand rôle.

Et si j'ai à revendiquer une large part dans l'arrestation de ce trop célèbre monsieur, je le dois à mon organisme, qui m'a toujours porté à ne pas perdre la piste d'un malfaiteur une fois que le hasard ou la Providence me l'avait fait découvrir.

Comme je l'ai dit, une piste m'attirait, je la suivais. Sur le théâtre de mes exploits, mon rôle de policier me possédait comme le scélérat que j'avais à poursuivre. Je ne m'appartenais plus ; il fallait que le malfaiteur m'appartînt !

Une fois en possession de Troppmann, on a vu, dans le précédent chapitre, avec quelle activité vertigineuse je m'acharnai pour le défendre contre la foule qui, du Havre à Paris, voulait me ravir la proie que le hasard m'avait livrée.

En cette circonstance, le hasard a été le gendarme de la Providence et c'est lui qui a provoqué toutes les surprises qui m'ont aidé à mettre la main sur Troppmann.

Il ne suffit, pour s'en convaincre, que de les compter :

1er hasard. — Il apparaît sous la forme du cultivateur Langlois qui n'avait pas besoin d'aller à son champ, le lendemain du crime.

2e hasard. — Il se montre sous l'uniforme du gendarme Ferrand qui, *sans y songer*, met la main sur l'assassin qu'il prend d'abord pour un voyageur qui n'a pas de passeport.

3e hasard. — Il se manifeste dans la personne du sauveteur *Heuguel*, un calfat qui se trouve précisément sur le port au moment où Troppmann se jette à l'eau, où ce sauveteur rattrape le criminel dont la mort n'eût pu faire decouvrir cet auteur de tant de forfaits.

4e hasard. — Il apparaît encore en me livrant les correspondances du criminel qui m'aident a découvrir tous ses crimes, tant à Paris qu'en Alsace.

Au moment où j'emmenai Troppmann du Havre à Paris, je le dirigeai d'abord a la Morgue, avant de le faire écrouer à Mazas.

Six cadavres trouvés dans le champ Langlois se trouvaient dans ce funèbre entrepôt où le greffier avait délivré ce reçu, terrible par son laconisme :

« Reçu six cadavres, envoyés par le commissaire de Pantin.

« Ce 20 septembre 1869. »

Les victimes, déshabillées, avaient été placées

dans la salle de purification, située sur le quai, der·rière la salle d'exposition.

L'inventaire des victimes se composait, pour Mme Kinck, d'une robe de soie noire, d'un pardessus de même étoffe et d'un chapeau orné de fleurs; pour sa petite fille, d'un costume bleu et blanc; pour ses trois frères, d'un costume de collégien; pour l'aîné, d'un costume noir; sur les boutons des gilets des quatre frères on lisait ces mots : *Thomas, tailleur à Roubaix.*

L'identité des victimes ne pouvait être mise en doute par cette indication; elle devenait un nouveau fil conducteur.

La femme était une puissante créature. Sa tête était à demi détachée du tronc. Le nez, le front, le menton étaient labourés de coups de couteau. Le cou paraissait avoir été fendu d'un coup de hache. L'ensemble de cette tête défigurée par ses blessures était hideuse, repoussante.

L'aîné des enfants, âgé à peine de seize ans, avait le visage bien moins horrible. Les yeux fermés par les paupières gonflées dont l'enflure emplissait l'orbite, le nez également enflé, il paraissait avoir succombé sous les efforts d'une strangulation subite. Il semblait que la mort l'eût surpris en dormant.

Néanmoins il avait les cheveux hérissés sur le front !

Quant aux autres enfants, ils étaient tellement défigurés que leur visage n'offrait plus que le hideux aspect d'nne plaie multiple, atroce produite par l'écrasement. Ceux-ci, saisis sans doute à l'improviste, n'avaient pas eu le temps, comme l'aîné, d'a-

voir peur. Ils avaient dû être tués avant de se rendre compte de l'horrible sort qui leur était réservé.

Troppmann fut conduit par moi devant les six
cadavres étendus sur les tables de marbre. Le juge
d'instruction, qui nous attendait, demanda au
meurtrier, en lui désignant les victimes :

« — Reconnaissez-vous les personnes dont les cadavres sont ici exposés ?

L'assassin avança de quelques pas dans la longueur de la salle. Il se gratta l'oreille, à l'exemple
des félins. En secouant les épaules, il tourna sur
lui-même, puis il dit avec un grand sang-froid, sans
que sa voix tremblât :

« — Oui, monsieur. »

Puis désignant de l'index, qu'il avait presque
aussi long que le pouce, chacun des cadavres, il
ajouta :

« Ça, c'est Mme Kinck ; ça, c'est Émile ; ça, c'est
Henri ; ça, c'est Alfred ; ça, c'est Achille ; ça, c'est
la petite Marie. »

Il les désigna sans même se découvrir.

Les assistants étaient glacés de stupeur par ce
cynisme.

Une fois la confrontation accomplie, Troppmann,
que je n'abandonnai pas avec le sous-chef de la sûreté et mon secrétaire S***, passa dans la salle du
conseil pour signer le procès-verbal.

Avant de le signer, Troppmann, malgré son cynisme, parut faire un violent effort sur lui-même. Il
se recula de la table, du papier où était écrit tout
ce qui venait de se passer. Il déclara de nouveau

qu'il n'avait été que l'instrument de Jean Kinck et de son fils aîné Gustave.

« — J'ai aidé, c'est vrai, dit-il. J'ai poussé vers la fosse ; mais je n'ai pas frappé, je n'ai fait que *tenir* pendant que Jean et Gustave Kinck frappaient. »

Il balbutia à la suite de ces deux noms, un troisième qu'il n'acheva pas.

Le juge d'instruction attendit en vain qu'il complétât sa pensée et sa déclaration.

Mais Troppmann, ayant baissé la tête, ne dit plus un mot.

Après un long silence, le juge d'instruction lui demanda :

« — Ainsi vous aviez des complices ?

« — Peut-être ! répondit Troppmann sans relever la tête ; il ajouta : mais vous *ne les retrouverez pas*, c'est assez de moi ! »

Cette séance, après cette première confrontation, dura deux heures, et la justice ne put rien tirer de plus de Troppmann.

Lorsqu'il fallut conduire le prisonnier de la Morgue à Mazas, les difficultés furent aussi grandes qu'à l'arrivée.

J'eus beaucoup de peine, mon secrétaire et moi, à faire traverser notre fiacre à travers la foule massée à la porte de la Morgue.

Arrivé à Mazas, le meurtrier déclara au directeur se nommer Troppmann (Jean-Baptiste), âgé de dix-neuf ans, natif de Cernay (Haut-Rhin), ayant la profession de mécanicien.

Je le quittai à Mazas, en laissant dans sa cellule

quatre compagnons chargés de surveiller ses moindres mouvements.

D'accord avec le juge d'instruction, Troppmann n'était pas au bout de ses douloureux pèlerinages, et je devais bientôt le ramener à la Morgue.

La découverte des assassinats de Pantin et de leur auteur, en l'absence du père Kinck et de son fils aîné, ne faisait que répandre plus de mystères sur cette épouvantable catastrophe. La curiosité publique, surexcitée par l'horreur de ces attentats, était poussée à sa dernière limite.

En pouvait-il être autrement?

Troppmann était arrêté, mais la justice n'était pas plus éclairée par ses aveux pleins de réticences, aussi inadmissibles qu'intéressées

Les six cadavres retrouvés ne donnaient aucune preuve décisive contre leurs meurtriers. On ne savait rien, tant que Jean et Gustave Kinck n'étaient point retrouvés, morts ou vivants.

Troppmann n'etait-il qu'un aide des chefs de cette malheureuse famille? Gustave Kinck était-il un parricide ou une victime de celui qui prétendait être le complice du père et du fils?

Encore une fois, le hasard ou la Providence devait achever son rôle dans ce mémorable procès.

Le 26 septembre, un nommé Hughs, dit Mustapha, garçon boucher, découvrait à côté du champ Langlois une nouvelle fosse de date plus ancienne que les fosses creusées pour Mme Kinck et ses cinq enfants. Hughs en sortait le cadavre d'un homme frappé de plusieurs coups à la poitrine.

Sa tête dégarnie de cheveux témoignait d'une longue lutte avec son adversaire.

A quelque distance de la fosse, en creusant toujours, on avait découvert une hachette, à peine recouverte de terre, puis des poignées de cheveux bruns de la couleur des cheveux de Troppmann.

Il n'y avait plus de doute à avoir, Troppmann n'était pas qu'un aide des assassins de la famille Kinck, il en était le principal meurtrier.

Une fois le septième cadavre enlevé et retrouvé, on découvrit dans sa gorge un couteau de cuisine dont le manche noir adhérant au col dérobait sa lame dans la chair en putréfaction.

La plaie était large et béante. Elle avait dû être faite avec une rage atroce par l'assassin.

Lorsqu'on lava le visage de ce malheureux défiguré par le sang coagulé, lorsqu'on l'eut délivré des milliers de mouches qui grouillaient sur lui en tatouant son corps putride, on vit un jeune homme aux joues rondes et imberbes, aux cheveux châtains. Une cicatrice placée sous l'oreille droite fut reconnue par deux habitants de Roubaix, comme étant un signe qui distinguait de ses frères le fils aîné de Mme Kinck.

Il devenait évident que Gustave Kinck, le fils aîné de Jean Kinck, était une victime et non un assassin, et que son meurtrier était bien celui qui l'accusait : Troppmann.

Les blessures que cette septième victime avait reçues, tant à la gorge qu'à la poitrine et à la nuque, ici par des coups de pioche, là par des coups de couteau, indiquaient la même main ou les mêmes mains qui les avaient faites avec cette joie féroce qui caractérise les tigres et les hyènes !

La fosse où Hughs avait découvert ce septième cadavre était placée à une quarantaine de mètres des précédentes. Le corps avait été couché les jambes écartées, les bras tordus comme par les convulsions d'une mort chèrement payée dans une lutte suprême.

A peine la découverte de cette nouvelle victime fut-elle connue, que tout Paris courut en foule vers le champ Langlois.

Plus de cent mille personnes vinrent de la rue Lafayette pour entreprendre ce funèbre pèlerinage.

Au moment où les commissaires de police de Pantin et d'Aubervilliers se rendaient sur les lieux pour transférer à la Morgue le septième cadavre, la gare du chemin de fer de l'Est ne pouvait plus contenir les masses de curieux avides de se transporter vers les fosses sanglantes.

Il fallut fermer le guichet de la gare devant la foule qui ne pouvait plus entrer ni sortir, qui criait de toute part dans des explosions de terreur et de rage :

« — Encore une victime de Pantin ! »

Dès que j'appris ce qui se passait, par les dépêches des commissaires de police transmises à la Préfecture, j'envoyai des agents pour prêter main-forte à l'autorité.

Le corps de Gustave Kinck fut hissé dans une carriole appartenant à un marchand de vin de Pantin, la même qui avait transporté à Paris les six premiers cadavres.

La carriole avec le cadavre recouvert de paille

fut escortée jusqu'à la barrière par une escouade de gendarmerie à cheval.

Ce fut à grand'peine que le sinistre cortège put se faire jour à travers la foule qui demandait avec des cris plus ou moins odieux à voir le corps!

Aux fortifications, l'escorte fut abandonnée.

Grâce à la nuit, le véhicule put s'acheminer incognito, sans éveiller l'attention des passants.

Il arriva à la Morgue à cinq heures.

Le bruit qui s'était propagé touchant la découverte du septième cadavre émut encore le public; il se douta bientôt de ce que contenait cette carriole, parce que c'était la même qui avait conduit au funèbre dépôt les six premiers cadavres.

On voulut voir la nouvelle victime; il fallut tous les efforts d'une escouade de sergents de ville pour défendre contre les curieux les portes ouvertes de la Morgue!

Durant le trajet de ce sinistre cortège, je me rendis en toute hâte à Mazas avec une voiture de place. J'allai trouver Troppmann dans sa cellule et je lui dis :

— Il faut que vous vous rendiez avec moi à la Conciergerie.

Puis je l'entraînai avec ses gardiens dans la voiture, que j'avais eu la précaution de faire entrer dans la cour de la prison. Je murmurai très bas au cocher :

— A la Morgue !

Pour que Troppmann ne s'aperçût pas de l'itinéraire suivi par le cocher, je baissai avec précaution les stores de la voiture.

Jusqu'alors l'assassin, avec une ténacité incroyable pour son âge, s'était tenu dans une réserve absolue. J'espérais en le plaçant, par surprise, en face de sa septième victime, ébranler son sang-froid et avoir raison de son inébranlable résolution.

Lorsque j'arrivai avec lui dans l'amphithéâtre, où nous attendaient les docteurs Pinard, Trélat, Bergeron, avec le juge d'instruction, je le poussai inopinément devant le cadavre.

Troppmann, qui croyait aller à la Conciergerie, et qui était loin de se douter de la découverte de sa nouvelle victime, poussa un cri d'horreur et s'écria :

« — Ah! le malheureux! »

Pour déguiser l'impression fâcheuse causée par cette surprise inattendue qui détruisait du même coup son premier système de défense, il mit la main sur ses yeux; sans montrer autrement son visage, il y porta son mouchoir.

Le juge d'instruction lui répliqua impérativement :

— Otez ce mouchoir! vous ne pleurez pas... et regardez.

Alors le misérable croisa les bras sur sa poitrine, sans retirer sa casquette, il fixa des yeux secs sur le corps mutilé.

Le juge d'instruction ajouta :

— Reconnaissez-vous ce corps?

— Oui, répondit-il d'une voix trop brève pour qu'elle ne fût étudiée, oui, c'est Gustave.

— C'est vous qui l'avez assassiné? lui dit vivement le juge.

— Oh! non — se récria Troppmann — c'est son père.

— Mais vous disiez — reprit le juge — que le fils avec le père avaient commis tous ces assassinats. Comment se fait-il maintenant que l'assassin soit l'assassiné ?

— Parce que le père, probablement, l'a tué pour qu'il ne révélât pas un jour ce crime abominable.

— Vous mentez, répondit le juge, vous nous en imposez pour rester dans votre système de défense, mais vous savez bien maintenant que nous ne pouvons vous croire.

— Oh ! reprit Troppmann, sans répondre au juge et comme s'il s'adressait à lui-même, je voudrais être à sa place.

— A la place de qui ? le pressa le magistrat.

Troppmann se tut.

Le juge lui dit :

— Parlez.

Troppmann se tut encore, probablement parce que l'assassin, qui connaissait la défense d'Avinain, se rappelait ses dernières paroles sur l'échafaud : *N'avouez jamais.*

Le silence obstiné de Troppmann coupa court à cet interrogatoire.

Malgré le choc imprévu que son âme avait dû éprouver à la vue du septième cadavre, dans cette seconde confrontation, qui n'avait duré que vingt-cinq minutes, la figure de l'assassin n'avait trahi aucune émotion.

Moi qui l'observais avec attention, je découvrais

cependant dans ces déclarations moins de cynisme que la première fois.

Il était aussi calme, mais plus réfléchi.

Il comprenait que la découverte de ce septième cadavre modifiait son système de défense.

Pendant que je recevais l'ordre de le faire transférer à Mazas, et durant la route que je refis avec lui, Troppmann ne me dit pas un mot.

Peut-être m'en voulait-il du mensonge que je lui avais fait pour le conduire à la Morgue ; peut-être, ce qui était plus admissible, échafaudait-il un nouveau plan de roman pour dérouter ses juges.

Depuis la découverte des assassinats de Pantin, le champ Langlois ne cessait d'être un objet de pèlerinage et son terrain était jonché de couronnes.

Trois croix avaient été plantées à la place où l'on avait retiré les six premières victimes ; une grossière balustrade les protégeait ; sur la plus grande des croix se lisait cette inscription dont j'ai conservé l'orthographe :

Le 20 sartambre a été

découvert le *cadavre* de *si* parsonne

regretté de tout Paris.

Lorsque le corps de Gustave Kinck fut retrouvé un peu plus loin, des laboureurs furent réquisitionnés. Ils remuèrent toute la terre de ce champ funèbre. Trois arrivèrent chacun avec une charrue ; mais le terrain avait été si piétiné par les six cent mille personnes qui étaient accourues sur le lieu du sinistre, que les chevaux ne purent avancer qu'avec l'aide des paysans qui poussèrent les roues.

On cherchait alors le huitième cadavre, celui de Jean Kinck. Mais en vain le champ Langlois fut-il remué en tous sens, rien ne fut trouvé. Il fallait chercher ailleurs.

A la suite de cet étrange labourage dans le champ Langlois, le peuple de Paris qualifia ainsi cet endroit coupé par deux routes : *Le Champ des Cadavres* et *le Carrefour de l'Assassinat !*

Quant à moi, dont l'active carrière avait été signalée par des arrestations aussi délicates que pénibles sur des criminels tels que les La Pommerais, les Poncet, les Avinain et les Lemaire, etc., etc.. je me trouvai, à l'âge de soixante-cinq ans, en face d'un assassin dont les crimes depassaient tous ceux que j'avais connus jusqu'à ce jour.

On verra par quels moyens, qui tenaient plus de mon instinct que de ma raison, je parvins à découvrir la trace de la huitième victime de Troppmann.

Depuis l'affaire de Jud, je savais de quel côté soufflait le vent de l'assassinat.

Lorsque le champ Langlois ne fournit pas le dernier cadavre de cet Alsacien, je me demandai pourquoi Troppmann n'avait cessé depuis un mois de loger du côté du chemin de fer de l'Est, de prendre ses repas dans une maison servant de lieu de réunion à des Allemands ou à des étrangers, dont les différends se vidaient le plus souvent à coups de couteau.

Instinctivement, avant de bien étudier les diverses

correspondances surprises sur lui quand on le retira du bassin du Havre, mes regards se tournaient du côté de la patrie de cet assassin.

Tout me disait que le cadavre de Jean Kinck, qu'on n'avait pu trouver à Pantin, devait être en Alsace; tout me faisait présumer que le premier théâtre de ces crimes ne pouvait avoir eu lieu que dans la patrie de Troppmann, et que la justice avait découvert le dénouement de ces forfaits avant le commencement.

Je ne me trompais pas, j'appris bientôt après, par les dépêches de mon secrétaire S***, la découverte du cadavre de Jean Kinck dans la commune de Watviller, au fond du ravin des ruines du château de Herrenfluch !

Le crime de Troppmann, qui avait eu d'abord la cupidité pour mobile, se rattachait, par une affiliation mystérieuse, à des causes d'un ordre bien autrement important que celui provoqué par l'amour du gain.

Troppmann, ainsi que Lesurques, ainsi que Jud, a été mêlé, à son insu peut-être, à de graves événements qui l'ont dirigé en aveugle.

Innocents et criminels sont tombés avec ce monstre pour enfouir dans la tombe des secrets qui concernaient moins leurs personnes que l'intérêt de deux nations ennemies.

La politique n'a pas été étrangère, c'est ma conviction, à ces assassinats.

Le bras qui a frappé la famille Kinck, peu de temps avant l'invasion, était peut être le bras d'un assassin vulgaire, féroce et cupide. Mais ceux qui ont été frappés par lui ont été aussi bien les victimes de ce monstre que de la situation déjà si critique et si tendue de la France.

Les détails jusqu'alors ignorés de ce procès célèbre, ses points laissés obscurs que Troppmann m'a signalés avant de mourir, ne me permettent aucun doute à cet égard.

Le public jugera entre moi et le texte du jugement concernant ce scélérat.

Troppmann restera un personnage aussi mystérieux que le sera toujours Jud, dont on a été jusqu'à nier l'existence.

CHAPITRE II

LES PLANS DE TROPPMANN

Comme pour Lacenaire, on ne pouvait découvrir à première vue, dans les traits du visage de Troppmann, les propensions mystérieuses de l'âme. Lui aussi avait cette figure douce qui lui donnait l'air d'une jeune fille ou d'un séminariste. Il paraissait chétif, sa structure générale avait une apparence molle et efféminée.

Cette nature d'hyène ou de chacal avait aussi les goûts *antiphysiques* de Lacenaire.

Rien n'a pu détruire dans l'esprit des criminalistes, malgré la bonne réputation dont jouissait Jean Kinck, l'opinion formée par eux sur les relations intimes de Kinck et de Troppmann, relations commençant dans un cabaret de Roubaix et se terminant par un empoisonnement dans le coin le plus mystérieux de l'Alsace !

L'intimité profonde entre la victime et l'assassin, quoique basée sur l'intérêt ou la cupidité, n'a pas été un des moindres mystères des agissements ténébreux de ces deux hommes, l'un dans la force de l'âge, l'autre à peine sorti de l'adolescence.

Malgré son apparente chétivité, Troppmann était d'une agilité merveilleuse, il en fit preuve plus d'une fois aux yeux des gardiens dans les diverses cellules qu'il occupa, à Mazas, à la Conciergerie et à la Roquette. Il possédait, malgré ses allures efféminées, une force musculaire qui dut lui être d'un puissant secours dans l'exécution de ses forfaits.

Il avait le front large, découvert, un peu fuyant à l'extrémité, comme le front des fauves. Ses cheveux châtains, souples et abondants étaient l'objet d'un soin particulier. Il les caressait avec une coquetterie un peu gauche, car, à l'exemple des carnassiers, il n'y avait dans sa désinvolture ni grâce ni goût.

Le bon effet du visage supérieur s'annulait par ses oreilles larges et plates, par son nez étroit et rabaissé comme le bec d'un oiseau de proie, par sa bouche ombrée d'une moustache naissante qui ne déguisait pas sa lèvre supérieure, trop grosse, et ses dents démesurées; elles donnaient à la partie inférieure de sa figure si douce par le haut, une physionomie sauvage, rappelant l'expression hideuse des bull-dogues.

Son regard fuyant ne s'animait que sous le coup d'une forte impression, alors il relevait ses paupières qu'il tenait ordinairement fermées. Ses re-

gards devenaient vifs, très brillants, sans cesser d'ê-
tre astucieux.

Il avait le parler défectueux des gens de l'Alsace;
ce parler donnait à sa diction une sorte de bonho-
mie dont la naïveté jurait avec les circonstances et
les idées qu'il était appelé à exposer.

Devant ses juges lorsqu'il se sentait pressé par
des arguments qui le prenaient en flagrant délit de
mensonge, il répondait par son geste habituel, en
passant sa main au-dessus de son oreille, il répétait
les mêmes paroles qui trahissaient son embarras.

*« Que foullez fous que je fous tise, je ne beux
pas en tire tufantache. »*

Comme pour tous les meurtriers que j'ai connus, comme pour Lacenaire et pour La Pommerais,
c'était par les mains que le caractère de ce monstre
se révélait tout entier. Quoique tout jeune, il avait
la main sèche et rugueuse de Dumollard : c'était une
main forte, décharnée, large dont le pouce montait
jusqu'à la phalange supérieure des doigts. L'écarte-
ment considérable qui existait entre le pouce et le
doigt indicateur, donnait à sa main monstrueuse,
scélérate, quelque chose d'atrocement difforme : elle
ressemblait à la serre du vautour. Lorsqu'à la barre,
on voyait s'allonger sur les rebords de la balustrade, les doigts longs et osseux de cette main hideuse et repoussante, l'impression favorable qu'on
avait éprouvée en regardant sa physionomie can-
dide s'effaçait : on ne songeait plus qu'à la pieuvre
ou à tout autre animal immonde ou féroce.

On comprenait tous les plans infernaux de ce criminel, dès qu'on avait examiné ses mains. Elles dé-

couvraient, par leur configuration assassine , son âme pleine d'astuces, de convoitises et d'idées féroces.

En moins de quelques semaines, le fil de son intrigue sanguinaire put être suivi avec succès, grâce aux correspondances trouvées sur sa poitrine.

Le juge d'instruction ne manquait pas une occasion de placer Troppmann en face de ses victimes, à mesure que la terrible vérité se faisait jour. De mon côté, je dressai avec une égale activité mes batteries, sur la ville du Havre en Alsace, de l'est à l'ouest et au nord de la France.

A Paris le sous-chef de la sûreté, M. Lerouge, ne quittait pas le champ Langlois, il explorait avec ses agents, ses alentours, pénétrant jusqu'au quartier des Allemands où, selon moi, Troppmann avait dû trouver des auxiliaires, sinon des complices.

D'une autre part j'envoyai mon secrétaire S*** qui, de Roubaix à Cernay, ne cessait de visiter les environs pour retrouver Jean Kinck qui, mort probablement comme toute sa famille, manquait cependant à Paris, dans le contingent des cadavres fournis par le meurtrier.

Une lettre trouvée dans la maison de Roubaix mit mon secrétaire S*** sur la véritable piste de la dernière victime de Troppmann.

Cette lettre indiquait que Jean Kinck, un mois avant le meurtre de sa famille, avait l'intention de partir en Alsace avec son compatriote J.-B. Troppmann, et de fonder à Guebviller, lieu de sa naissance, un établissement industriel. En partant avec *son ami* Troppmann, quatre ou cinq semaines, avant l'accomplissement du drame de Pantin, Jean Kinck donnait la marche et l'itinéraire de son assassin. En effet celui-ci ne revenait-il pas à Paris sans Jean Kinck, lorsque Kinck, dans sa lettre, recommandait à sa femme, à ses enfants de quitter Roubaix, de revenir le reprendre avec Troppmann, une fois que leur *affaire* aurait été faite?

Cette lettre répandait une nouvelle lumière sur les faits et gestes de l'assassin. Il était clair que Troppmann, en revenant à Paris et en laissant en Alsace Jean Kinck, avait fait de lui, dans son pays natal, ce qu'il avait fait au champ Langlois, de toute sa famille.

Il s'agissait de retrouver Jean Kinck que Troppmann posait encore comme l'assassin de ceux qu'il avait assassinés.

La découverte du septième cadavre, du fils aîné reparti avant les derniers meurtres de Troppmann, pour rejoindre son père à Paris, détrui t la version de l'assassin.

Et si Troppmann, par les documents du cadavre de Gustave Kinck avait été pris en flagrant délit de mensonge, la lettre de Jean Kinck, avant son départ pour l'Alsace, révélait tous les plans du meurtrier.

Ils furent reconstitués en entier dans les débats.

Ils expliquaient comment Troppmann avait en sa possession, lorsqu'il avait été arrêté, les papiers de la famille Kinck.

Troppmann était le fils d'un compatriote de Jean

Kinck. Il était allé travailler à Roubaix ; là il avait fait la connaissance intime de la famille Kinck.

Il s'y était introduit grâce aux inventions de son père, génie méconnu, dont les précieux brevets ne lui profitaient guère, parce que Troppmann père buvait tout ce qu'il gagnait.

Jean Kinck, qui était très intéressé, avait su apprécier les améliorations apportées dans son industrie, par le génie de Troppmann père.

Et dans le principe, en s'attachant le fils de ce mécanicien, il avait bien compté exploiter le travail de Troppmann fils, très au courant des inventions de son père.

Troppmann fils, pour sa part, savait ce qu'il faisait en s'adressant à ce bourgeois aisé. Après avoir bien étudié son caractère et avoir deviné qu'il était très âpre au gain, il lui avait dit :

— « Ecoutez, mon père est le génie même pour les inventions, mais il ne sait pas en tirer profit. Vous savez qu'il a trouvé le moyen de faire rapidement des milliers de *Busèles*. De plus il a découvert une mitrailleuse qui tire cent coups à la minute. Si mon père, qui ignore les ressources trouvées par son génie, avait une forte somme pour les faire valoir, et si vous vouliez m'aider à exploiter les brevets de mon père, notre fortune serait faite. Il suffirait pour cela de quelques milliers de francs.

Jean Kinck voulait bien tirer parti de l'intelligence inventive de Troppmann père et des applications faites par Troppmann fils, il n'entendait rien livrer au hasard Chaque fois que son jeune ami faisait appel à sa bourse, il restait sourd à ses demandes, quoique fort alléché par ses promesses de fortune.

Enfin, un jour, le jeune Troppmann lui dit :

— Je n'ai plus besoin d'un bailleur de fonds pour mettre mon père et sa famille à l'abri de la misère et pour vous rendre millionnaire.

— Comment cela ? lui demanda Jean Kinck très confiant, très crédule dès qu'il ne s'agissait plus de dénouer les cordons de sa bourse.

— Dans mon dernier voyage d'Alsace, — lui dit Troppmann, j'ai decouvert, aux environs de Cernay, une mine d'or et d'argent qu'il s'agit d'exploiter. En consultant les archives du pays, j'ai appris que cette mine, aujourd'hui oubliee, était la source de l'immense fortune des anciens seigneurs du château de Wattviller. Il ne tient qu'à vous de me suivre en Alsace pour vous convaincre de mes paroles. Avec l'or que nous y trouverons il nous sera facile de devenir les bénéficiaires des inventions de mon père ; bientôt, par le produit de notre mine de Wattviller, ces inventions nous produiront à l'étranger des bénéfices énormes.

Cette fois Jean Kinck ouvrit une oreille complaisante à Troppmann.

Comme Mᵐᵉ Kinck, nature moins confiante et très peu ambitieuse, ne semblait pas convaincue des bénéfices offerts par la mine alsacienne, Kinck pria Troppmann de couper court à cet entretien.

Mais le soir même il lui donnait rendez-vous, loin de la famille.

Dès ce moment le jeune homme et Kinck se revirent au cabaret, se plaçant toujours à une table séparée, et s'entretenant, à voix basse, dans une langue que l'on n'entendait pas.

Plus tard, dans une lettre datée du 21 août, trouvée à Roubaix, Troppmann écrivait à Jean Kinck : « J'ai trouvé une chambre dans laquelle *nous pourrons faire tout ce que nous voudrons.* »

Et quelques jours après, c'était Jean Kinck qui poussait Troppmann à réaliser le voyage d'Alsace et à exécuter ce qu'il disait dans sa lettre du 21 :

« Nous irons, écrivait-il, directement au château de Wattviller. »

Voilà le premier plan de Troppmann réalisé, grâce à la crédulité et au caractère sordide de Jean Kinck.

Mais le plan dressé par Troppmann dans le but de s'approprier toute la fortune de Kinck, ne lui était pas venu tout seul. Il l'avait mûrement conçu après de fréquents voyages à Paris, au *quartier des Allemands.*

Chaque fois qu'il allait à Pantin, il se rendait au champ Langlois, loin de toute habitation. Il se disait qu'on pourrait y assassiner impunément et qu'il serait presque impossible de découvrir les coupables.

La même pensée lui était venue en se rappelant le vieux château de Wattviller en Alsace.

Dès que Jean Kinck avait donné dans les plans du jeune Troppmann, dès que celui-ci était parvenu à le capter en flattant sa cupidité, lui, sa femme et ses enfants étaient autant de victimes désignées par une affiliation de scélérats dont Troppmann devint l'exécuteur *responsable.*

Autrement, il aurait été impossible à Troppmann de frapper simultanément, Jean Kinck en Alsace, Gustave Kinck à Pantin, Mme Kinck et ses cinq autres enfants au même endroit et dans la même soirée.

Et pour que Jean Kinck se prêtât à l'accomplissement des désirs de son bourreau, il fallait qu'il y eût entre la victime et l'assassin une association basée sur un mystère que la justice ne pouvait dévoiler, sur un intérêt plus puissant encore que celui de l'argent.

Sinon, comment expliquer la confiance subite de Jean Kinck donnant à Troppmann une procuration pour réaliser tous ses biens, une fois qu'ils partaient ensemble pour l'Alsace ?

Comment Mme Kinck, aussi défiante que son mari était cupide, consentait-elle à réunir à Roubaix les fonds réalisables pour les envoyer en Alsace où partaient Kinck père et Troppmann.

L'un était encore un enfant, l'autre un homme raisonnable dont la fortune ne pouvait être abandonnée aussi légèrement entre les mains d'un garçon qui n'était pas en âge de disposer de son bien, encore moins de celui des autres.

Le plan de Troppmann avait été conçu sans doute par de nombreux collaborateurs. Le meurtrier avait des complices pour le concevoir comme pour l'exécuter. Autrement Jean Kinck n'aurait pas donné dans toutes les visées de son jeune ami, qui devait être guidé par une autorité supérieure.

Dès que le premier meurtre de Troppmann était accompli en Alsace, dès que la première partie de son plan, mûrie *au quartier desA llemands*, était réalisée, Troppmann se rendait à Guebviller.

Fort des papiers de Jean Kinck, de son autorisation, il réclama alors une lettre à la poste, dans laquelle était renfermée une de ses valeurs pour la somme de 5,000 francs.

Heureusement que le directeur de la poste avait connu Jean Kinck.

Il avait répondu à Troppmann :

— Je ne puis vous donner cette lettre, Jean Kinck est un homme de plus du double de votre âge, vous n'êtes donc pas Jean Kinck.

Troppmann se retira en balbutiant.

Mais il ne s'émut pas pour si peu ; il savait qu'il avait toute la confiance de la famille et il avait écrit au fils aîné que son père, impatient, était parti pour Paris sans prendre les fonds qui lui étaient destinés à Guebviller. Il le priait de se rendre sans retard à cet endroit avant d'aller le rejoindre avec son père à Paris, à l'hôtel du Chemin de fer du Nord.

Mais à Guebviller, Gustave Kinck reçut du directeur de la poste la même réponse que Troppmann; il arriva à Paris, désolé, sans la lettre ni les valeurs de son père.

— Ce n'est rien, répond Troppmann, ton père y retournera, et ce n'est qu'une perte de temps. Viens le retrouver avec moi à son habitation de Pantin.

Mais à Pantin, Gustave est assassiné par Troppmann et jeté dans la fosse creusée près de celle qui va bientôt s'ouvrir pour sa mère et ses frères.

Alors il écrit pour Kinck père qui repose dans le ravin du vieux château des seigneurs.

Il écrit à Mme Kinck que son mari s'est blessé à la main droite et que c'est en son nom qu'il les engage à venir à Paris dans sa nouvelle habitation.

Il ajoute que l'affaire d'Alsace est en bon train et qu'avec la fortune qu'il vient de découvrir, grâce à ce cher Troppmann, ils vont de venir riches et l'être plus encore lorsqu'ils exploiteront en grand, en Amérique, tous les brevets d'invention de Troppmann père.

La confiante Mme Kinck est aux anges. Elle annonce cette bonne nouvelle à ses amis, en même temps que son départ pour Paris et peut-être pour New-York.

Le dimanche soir, Mme Kinck et ses enfants arrivent à Paris.

Il est six heures, et elle ne trouve personne à l'hôtel du Chemin de fer du Nord.

Alors Mme Kinck se souvient qu'on l'attend seulement à dix heures avec ses enfants. Elle attend donc dans le quartier en regardant les étalages.

A dix heures, elle revient à l'hôtel.

Elle y trouve Troppmann.

— Allons, s'écrie-t-il, allons vite, votre mari et votre fils vous attendent.

Gustave Kinck les attendait en effet, mais dans la tombe! On fait signe à une voiture qui semble arriver tout exprès pour les prendre.

Joyeuse et confiante, la famille Kinck saute dans le fiacre. Elle est impatiente d'aller retrouver un mari, un père, un frère qu'ils ne doivent plus revoir!

Et Troppmann, tout à ses desseins, dit à cette famille, une fois dans la voiture :

— Nous avons à traverser un champ avant
d'arriver à la nouvelle habitation de votre père.
Soyez tranquille, je serai avec von spour vous aider
à le traverser. Et si vous avez peur, vous n'aurez
pas peur longtemps !

Une fois arrivée près du champ Langlois,
Mme Kinck s'écrie :

— C'est bien noir ! Si nous allions faire de mauvaises rencontres ?

— J'ai de quoi y parer, répond Troppmann qui
lui montre une petite hachette. Et j'ai tout prévu,
j'ai avec moi deux domestiques de votre mari qui
vont nous accompagner et nous servir d'escorte.

En effet, deux individus sortent inopinément du
champ dès que la voiture s'est arrêtée; .ils sont
armés.

Tous ensemble se dirigent vers ce champ.

Lorsque la famille est en pleine campagne, elle
aperçoit un trou creusé, dont le noir se détache aux
reflets incertains de la lune. Une pelle et une pioche
sont à côté de la fosse.

Alors les assassins sautent sur la famille; six cadavres emplissent bientôt la fosse béante.

On comble la fosse, on la piétine, on marque des
sillons jusqu'à ce que toute trace de meurtre ait
disparu.

Les trois hommes disparaissent : l'un du côté de
la rue de Flandre, l'autre vers Paris, et Troppmann reprend le chemin de son hôtel pour changer d'habit, pour se laver le visage, tout sillonné de
traces sanglantes.

Enfin, tous les plans de Troppmann ont réussi. Il

a pu se débarrasser de la famille Kinck, il possède tous les biens, grâce à sa procuration.

Fidèle au programme qu'il s'est tracé, il dira le lendemain que la famille Kinck est partie en Amérique, qu'il est autorisé à vendre ses propriétés et à lui en retourner le prix d'achat.

Fort de ses projets qui jusqu'alors ont tous abouti, il se rend, dans la nuit, à la Taverne anglaise de la rue Grange-Batelière.

Là l'attend un de ses complices qui doit le lendemain partir avec lui pour le Havre. Il le retrouve à cet endroit qui servait alors de refuge à tous les gens suspects, avides de passer le détroit.

C'était un établissement très connu de la police. Il était tenu par une femme en lunettes. Sa face blême se détachait d'une façon sinistre sur le fond gris de son repaire, dont les armoires étaient intérieurement couleur de sang !

A la Taverne britannique, Troppmann rejoignait celui qui l'attendait pour le conduire vers le chemin de fer du Havre.

Mais de cette taverne un mouton le suivait.

Il prenait avec ces deux hommes un ticket pour la même destination.

Ce mouton ne quitta plus Troppmann jusqu'au moment où celui-ci fut arrêté par le gendarme Ferrand.

Langlois se rendait en même temps à son champ pour découvrir les nouvelles victimes de Troppmann !

Bientôt, grâce aux découvertes des six cadavres et des dépêches que j'envoyai, avec le signalement de l'assassin, dans tous les ports de mer, Paris et la France connurent la sinistre et épouvantable nouvelle.

Mais Troppmann en était aussi informé.

Il allait partir pour New-York, quitter le Havre au moment où je m'y transportai. On sait ce qu'il advint, dès mon arrivée dans ce port de mer.

Par ma présence au Havre, l'édifice sanglant du plus terrible des assassins s'écroula du même coup. Mais si Troppmann fut puni, il le fut seul.

La politique l'exigeait !

CHAPITRE III

LE HUITIÈME CADAVRE.

Pendant que j'envoyai mon secrétaire S*** en
Alsace pour découvrir la huitième victime de Tropp-
mann qui, d'après sa correspondance datée de
Roubaix, devait se trouver aux environs de Cernay,
je ne quittai pas à Mazas le meurtrier de la famille
Kinck.

Je le pressai de questions pour connaître exactement l'endroit où devait être enterré Jean Kinck.
D'après les correspondances de Roubaix et d'un
agent alsacien, sous les ordres de mon secrétaire
S***, je me doutais que le corps de Kinck père devait
se trouver dans les terrains renfermés entre Bollwiller, Soultz, Ollwiller et Cernay.

Je savais aussi, par des renseignements ulté-
rieurs, que Troppmann et Kinck père avaient été vus
buvant ensemble dans un cabaret de Bollwiller, et
que depuis on n'avait plus eu de nouvelles de
Kinck.

J'interrogeai Troppmann en me guidant sur ces renseignements. Il les compléta d'une façon romanesque en me disant :

— Vous voulez connaître ce que nous avons fait après avoir quitté Bollwiller. Eh bien ! nous sommes allés louer un logement au château de Wattviller, près de Cernay.

— Mais, lui répondis-je en haussant les épaules, ce château, comme tous les châteaux d'Alsace, n'est probablement qu'une ruine inhabitable ?

— Qu'est-ce que cela fait, me dit-il, s'il y a des souterrains ?

— Et qu'alliez-vous faire dans ces souterrains ?

— De la fausse monnaie ! C'était là la mine d'où nous devions tirer les billets de mille francs qui devaient venger ma misère, celle de ma famille et enrichir Kinck ! Mais Kinck a eu des scrupules ! Il a voulu s'enrichir sans moi, d'une autre façon. C'est ce qui l'a tué.

— Vous m'en imposez, lui répondis-je avec humeur, par vos histoires à dormir debout. Et ce que vous me dites là, vous avez dû le lire hier dans quelque roman.

— Je vous dis la vérité, monsieur Claude.

Il se tut et dès lors je ne pus rien tirer de lui.

Quelque temps après, je recevais par l'intermédiaire de mon secrétaire S*** et de *Kremp*, l'agent alsacien qui connaissait tout le pays, un pantalon que cet agent venait de découvrir ; il avait été jeté contre une petite cabane de maçonnerie à quelques pas de l'étang d'Obwiller. Le pantalon était taché de sang.

Alors je fis faire toutes les recherches nécessaires dans l'étang d'Obwiller et j'informai à dessein Troppmann de cette initiative prise par le ministère public.

— Des *pétises*, me répondit-il. On ne trouvera rien dans l'étang. Ce n'est pas là qu'il faut chercher. Et si vous ne savez pas faire suivre là-bas vos agents jusqu'à l'endroit où a été tué Kinck, transférez-moi en Alsace, je vous conduirai au *bon* endroit.

Je lui répondis qu'il n'était pas en mon pouvoir de satisfaire à son désir, même dans l'intérêt de la justice, tant que le cadavre ne serait pas retrouvé ; et qu'il ne pouvait espérer être transféré en Alsace que le jour où il serait confronté avec sa victime.

Je lui donnai cette espérance pour le faire entrer dans la voie des aveux, pour caresser son rêve, qui était de faire le voyage de Paris à Guebwiller dans le but d'une évasion dont il me semblait qu'il avait conservé l'espoir.

Ni les indices trouvés par l'agent alsacien, ni les révélations de Troppmann n'amenèrent aucun résultat.

En désespoir de cause, je fis revenir d'Alsace mon secrétaire et l'agent Kremp.

Dans l'intervalle, j'avais revu Troppmann. Après les charges accablantes qui pesaient sur lui, il n'hésita plus à faire de nouveaux aveux, dans le but d'éviter la guillotine, de se transporter en Alsace, parce que, selon moi, les mains *invisibles* qui l'avaient poussé au meurtre pouvaient encore dans son pays travailler contre ses gardiens.

En cette circonstance, je me rappelais Jud, qui, avec l'affaire Troppmann, avait plus d'un point de comparaison et d'analogie.

Une fois mon secrétaire S*** à Paris, je le mis en rapport avec Troppmann ; j'avertis S*** de l'espoir caressé par l'assassin de revoir l'Alsace, moins pour reconnaître sa victime que pour travailler à sa propre évasion.

S*** était intelligent, il me comprit du premier mot. Il fit entendre à Troppmann que probablement les fouilles qu'on avait faites en Alsace, sur son plan, avaient été mal dirigées ; et que s'il voulait préciser davantage ses éclaircissements, la justice lui saurait gré de ses révélations ; elles pourraient l'arracher à la mort et l'indulgence des juges se traduirait peut-être en une déportation à Cayenne.

Troppmann, malgré son astuce, donna dans le piège. Comme tout homme qui se sent perdu, il se raccrocha à une dernière branche de salut.

Il donna de nouveaux détails sur les deux crimes déjà exposés par S*** et Kremp.

Troppmann trompait-il encore la justice? On pouvait le croire puisque mon secrétaire revenait précisément des localités inutilement explorées par lui et Kremp.

Néanmoins, je renvoyai S*** en Alsace, les recherches se poursuivirent sur les indications à nouveau de Troppmann par le commissaire de police de Cernay.

On n'attendait rien de bon de ces explications, la justice allait passer outre, lorsque l'on reçut de Strasbourg la dépêche suivante :

Strasbourg, 3 heures 13.

Kinck père trouvé près du château de Herren-fluch, dans la forêt d'Uffhollz (Haut-Rhin), aujourd'hui midi.

En même temps, je recevais du parquet de Belfort une dépêche datée de Cernay, ainsi conçue :

Cernay, 4 heures.

Cadavre Kinck père trouvé à 1 heure 50, près de la lisière de la forêt qui avoisine les prés de M. Aimé Gros, sur l'arrondissement judiciaire de Belfort, commune de Waltwiller, dans les ruines d'Hitrsheim. Cadavre en putréfaction, méconnaissable, mais chaussettes tricotées de la même laine que celle des enfants Kinck. Linge à la marque de Jean Kinck.

Cette fois, Troppmann n'avait pas menti. Cependant c'était le hasard qui avait présidé à la découverte du huitième cadavre, au moment où je désespérais de le retrouver.

Pendant que je rappelais encore S*** à Paris, les gens du pays n'avaient pas voulu discontinuer leurs recherches, malgré leur peu de succès, malgré le départ des agents envoyés par moi.

Après avoir exploré tous les taillis des environs

du vieux château de Harrenfluch, ils s'étaient avancés jusqu'à ses confins.

Ils avaient recommencé de plus belle leurs explorations au retour de S***, lorsque, tout à coup, ils avaient vu une nuée de corbeaux fuir à leur approche à la lisière du bois.

Les explorateurs étaient conduits par un nommé Heguette de Wattwiller ; depuis huit jours, il marchait aux ordres de mon secrétaire et du commissaire de police de Cernay.

Heguette, à la vue d'une quantité de corbeaux réunis sur un même point, soupçonna que là devait se trouver quelque chose de particulier. Il fit avancer ses hommes plus avant du côté du vieux château.

Plusieurs corbeaux s'obstinaient à rester perchés sur un tas de pierres, se disputant des lambeaux de chair.

Ces animaux funèbres, à l'approche des gens de Heguette, semblaient n'abandonner cet endroit qu'à regret.

Là était un cadavre.

Les corbeaux ne pouvaient tromper les explorateurs guidés par les instructions de mon secrétaire S*** qui avait pris, la veille, de nouveaux renseignements de la bouche même de Troppmann.

Heguette s'élance sur la place que le dernier corbeau vient à peine d'abandonner, lorsqu'il découvre parmi le tas de pierres un bout d'étoffe, et qu'il aperçoit un bouton de cuivre qui luit au soleil.

Aussitôt il lance sa casquette en l'air, il pousse un

appel vigoureux aux travailleurs, qui s'élancent avec lui vers le cadavre.

On retire les pierres qui le recouvrent et l'on découvre deux pieds dont les chaussettes sont de la même laine tricotée par Mme Kinck pour son mari et ses enfants.

Heguette et ses hommes s'arrêtent tant que le procureur impérial de Belfort et mon secrétaire S*** ne sont pas là pour constater la découverte du cadavre de Jean Kinck. Ils arrivent pour envoyer à Paris, l'un des dépêches au parquet, l'autre pour en envoyer à moi-même.

Au reçu de l'avis de mon secrétaire, je m'empresse d'en aviser le préfet et le ministre de l'intérieur.

A ma grande surprise, je n'eus que le lendemain une réponse qui se traduisait ainsi :

« — Ne précipitez rien, et laissez agir! »

C'était absolument comme pour l'affaire Jud. On m'engageait à me modérer au moment où l'action de la justice devait être la plus vive pour découvrir sûrement la vérité.

Encore une fois je devinai que dans l'affaire Troppmann, comme dans l'affaire Jud, il y avait autre chose qu'une double question de vol et de meurtre; ce criminel, qui passait volontiers des alternatives de joie à des alternatives de douleurs insensées, devait avoir ses raisons pour les manifester.

En tous les cas, la découverte du cadavre de Jean Kinck dans le ravin d'un vieux château devint aussi dans l'est de la France tout un événement. Il provoqua un pèlerinage qui rappela celui de Pantin.

Le lieu où l'on découvrit le cadavre de Jean Kinck est à trois cents mètres au-dessous des ruines d'Herrenfluch, dans la forêt d'Uffoltz.

Dans le parallélogramme formé par Vattwiller, Guebwiller et Bollwiller, on avait déjà tout exploré sans rien découvrir, jusqu'à la bifurcation des deux chemins, l'un conduisant à la route de Colmar, l'autre au chemin de Soultz.

C'était pourtant sur ce dernier chemin qu'on avait vu s'arrêter Troppmann et Jean Kinck, à l'auberge du *Cheval Blanc*. Les deux voyageurs venaient de Soultz. Ils avaient dû traverser Wattviller avant de pénétrer sur le territoire d'Uffoltz !

Là s'élève le contrefort des Vosges. La vigne s'échelonne et grimpe vigoureuse au pied des montagnes, les prairies leur succèdent, puis aux prairies, les grands noyers et les chènes ; et après les chênes, des sapins qui les couronnent !

Ce sont trois zones bien distinctes. Elles marquent les pentes des Vosges surmontées invariablement d'un tronçon de tour féodale ! Ces zones sont coupées de chemins tortueux ; ces routes mènent invariablement à une tour décapitée, isolée au bout de chaque forêt de sapins.

L'un de ces chemins conduisait donc d'Uffoltz au château en ruines de Herrenfluch, dont les tours, comme toutes les tours des Vosges, croulent pierre à pierre en se diminuant de jour en jour sur leur mamelon rouge couronné de sapins verts !

C'était dans le château de Herrenfluch que Troppmann avait attiré Jean Kinck pour le tuer, pour le déposer mort, l'enfouir ensuite au bord du ravin du vieux château !

Pourquoi cette promenade au fond d'un bois, au sommet d'un mamelon, dans un château en ruines? Problème !

Pourquoi ce meurtre au fond de ce ravin boisé? Mystère !

Problème et mystère que l'acte d'accusation n'a ni résolus, ni même expliqués!

Dès que le cadavre de Jean Kinck fut retrouvé, je fis rappeler mon secrétaire d'Alsace. Maintenant qu'il s'agissait d'exploiter cette découverte et de tirer de nouveaux aveux de Troppmann, en veine de vérité, S*** se rendit dans sa cellule.

Comme il s'agissait d'obtenir de l'accusé de franches explications, S*** caressa de plus en plus sa manie, il lui dit en entrant dans son cachot :

— Eh bien, Troppmann, nous partons donc pour l'Alsace?

— Ah ! en vérité ! lui dit-il en souriant, vous êtes parvenu à découvrir Jean Kinck à l'endroit où j'aurais été *tout droit en courant!*

— Non, pas encore! fit-il en hésitant, mais *on brûle.* Pour ne plus nous égarer, nous partons avec vous ; vous allez vous en aller d'ici et me mettre dans l'obligation de demander votre transfèrement à Wattviller.

Troppmann, qui se voyait déjà libre par l'espérance de quitter Paris, ne se posséda plus de joie, il s'écria :

— Alors, je puis tout vous dire.

Et il avoua à S*** qu'en quittant avec Kinck père

le chemin de fer de Mulhouse, vers les trois heures, il était entré dans un cabaret, puis qu'il s'était acheminé dans la forêt, vers le château des Seigneurs, entre Cernay et Olviller; arrivé là, Kinck s'était senti fatigué, il avait eu soif, et Troppman, qui s'était muni d'acide prussique, lui avait offert un verre d'eau; alors il était tombé foudroyé.

— Voilà, termina-t-il à S***, ce que je puis vous dire ici. Lorsque nous serons là-bas, à Vattviller, vous en apprendrez *bien d'autres*.

— Alors, partons! s'écria S*** qui avait l'ordre, en vertu de son rôle d'accusé, de transférer Troppmann de Mazas à la Conciergerie.

Mais lorsque je me présentai à mon tour, lors de son transfèrement, pour le recevoir dans son autre prison, Troppmann, qui avait été joué par S***, entra dans une violente fureur. Ses yeux flamboyèrent, ses larges pattes humaines s'agrandirent menaçantes et terribles comme lorsqu'elles durent étreindre et écraser les victimes de Pantin !

Il fallut quatre gardiens pour le contenir, pour le jeter dans sa cellule. Il y avait, dans cette créature, de l'homme et de la bête. Son front intelligent expliquait ses plans audacieux, mais le bas de sa face grossière et bestiale révélait toute sa férocité.

D'ordinaire Troppmann, au milieu de ses compagnons, paraissait indolent et endormi. Quand il était en colère, il se dressait avec une force musculaire qui faisait tout trembler. Son pas, lourd comme celui d'un ours, arpentait la cage de sa cellule à l'ébranler !

Ce fut de cette façon qu'il inaugura sa nouvelle

entrée à la Conciergerie, prison qu'il préférait cependant à Mazas.

« — Parce que, disait-il, à Mazas on y voyait trop clair et que le voisinage du chemin de fer lui apportait trop de bruit.

Il préférait le calme, la demi-nuit, la solitude de la Conciergerie.

Les fauves aiment en effet le noir des cavernes et la solitude des déserts.

La découverte du cadavre de Jean Kinck, le retour de S*** à Paris ayant en mains le procès verbal des médecins légistes et le procès-verbal de cette funèbre découverte, étaient encore un mystère pour Troppman lorsqu'il fut transféré de Mazas à la Conciergerie.

La veille de sa translation, il avait été appelé par le juge d'instruction. Ce magistrat lui avait demandé simplement où il s'était procuré l'acide prussique avec lequel il avait empoisonné sa victime.

Il avait répondu :

« Qu'il l'avait fabriqué lui-même. »

Le juge d'instruction le congédia sans lui en demander davantage. Mais Troppmann, très méfiant de sa nature, en rentrant en cellule, avait dit à ses co-détenus :

« Il y a quelque chose là-dessous. »

Ce qu'il y avait en effet, c'était le corps de sa première victime.

Et il avait ajouté à ses compagnons, dont il se méfiait toujours :

« — Ce qui m'étonne, c'est que depuis mes dernières indications, on n'aille pas droit : *sur le trou!*

Lorsqu'il fut décidé qu'il irait à la Conciergerie, Troppmann, dans sa fureur d'avoir été joué, s'était écrié :

« — Ça y est ! J'ai parlé pour rien ! Avinain avait raison, il ne faut jamais avouer ! »

Mais Troppmann avait parlé, bercé par cette illusion que ses révélations forceraient bien un jour la magistrature à l'envoyer à Cernay où il ne doutait pas, comme il l'avouait lui-même, de trouver un moyen pour échapper à la justice.

Depuis les indications fausses d'abord, vraies ensuite, de Troppmann, S*** avait fait en quinze jours six fois le voyage de Paris à Mulhouse.

Il n'avait cessé en ces quinze jours d'arpenter les montagnes aux environs des ruines d'Herrenfluch : c'était le sergent Heguette qui, le premier, avait découvert, près de la lisière de la forêt d'Uffoltz, l'endroit choisi par Troppmann pour accomplir son premier crime.

Il découvrait le cadavre dans un petit taillis en contre-bas d'un chemin forestier.

Les pieds pointaient à quelques centimètres du sol, les deux genoux et la tête étaient plus profondément entrés dans le sol. La forme humaine se dessinait encore sous sa couche de terre rougeâtre particulière au sol des Vosges.

Le visage de Jean Kinck était à peine reconnaissable ; la bouche entr'ouverte était remplie de terre, la face n'avait plus de peau, plus de nez, le cadavre se réduisait pour ainsi dire au système osseux.

Il y avait déjà trois mois, depuis le jour de cette découverte, que Kinck père était enfoui là, comme avait dû le mettre son assassin dans sa fosse improvisée. Le ventre rentré, les jambes écartées, les genoux repliés. Le corps ne dépassait pas l'orifice du trou.

Il n'était reconnaissable, comme le disait la dépêche, que par le tricot de laine que l'on trouva sous son paletot et par ses chaussettes de laine, l'ouvrage de Mme Kinck.

A peine le procureur impérial de Belfort, le juge d'instruction, les commissaires de police de Cernay, de Soultz et de Guebwiller furent-ils requis sur les lieux, qu'on signala la présence des deux sœurs de Kinck qui, en reconnaissant le cadavre de leur frère, fondirent en larmes.

Les malheureuses femmes répétèrent dans leurs sanglots, en patois allemand :

— Ah! pauvre Jean! Pauvre Jean!

Au moment de la levée du cadavre, un ancien associé de Troppmann père reconnaissait aussi Kinck, à son front fuyant, disait-il.

La foule des curieux s'écartait avec terreur, presque d'un air de menace, à la vue de cet associé de Troppmann père, parce que la réputation de ce dernier n'était pas aussi sans tache.

Au moment où l'on procédait à la levée du cadavre, on ramassait une pipe, une blague à tabac que l'on reconnaissait avoir appartenu à Kinck; puis un docteur de Belfort trouvait sur sa poitrine un énorme crapaud qu'il saisissait par une patte et rejetait au loin.

La présence de cette bête immonde était-elle la révélation symbolique de l'impureté qui, avant ce dénouement horrible, avait cimenté, disait-on, la liaison spontanée, intime et mystérieuse de ces deux hommes ?

CHAPITRE IV

LA VÉRITÉ SUR LES CRIMES DE TROPPMANN

Avant de suivre les dernières phases de ce procès criminel, dont les débats ont été dirigés de façon à rendre Troppmann seul responsable de ses crimes, il faut examiner la situation politique de l'Alsace en 1868.

J'expliquerai ensuite la cause du silence gardé sur les complices de ce criminel. Cette cause fut la même à l'égard de Jud. J'indiquerai d'abord la situation *criminaliste* qui s'accentue de plus en plus, entre le contrefort des Vosges et les Alpes. Il faut qu'on le sache : contrebandiers et faux monnayeurs ont, depuis plus d'un demi-siècle, établi leurs dangereux repaires sur toute la frontière de l'Est.

De plus, en 1869, nos ombrageux voisins enlaçaient dans les mailles de leur diplomatie tous les habitants de l'Alsace.

Je l'avais appris à mes dépens, neuf ans auparavant, lorsque je courais au delà de Mulhouse vers Ferrette à la recherche de l'assassin du président Poinsot.

Eh bien, je n'hésite pas à le dire, la même politique qui entrava les recherches de la vérité lorsque je me dirigeai sur le chemin de Ferrette, suspendit, pour l'affaire Troppmann, les investigations judiciaires qui ne dépassèrent pas les expertises faites sur le chemin de Soultz.

A cette époque, toute cette partie des Vosges, comprise entre Mulhouse et la Suisse, était sous le coup d'une sourde terreur, elle ne s'appartenait plus.

La situation de cette partie de la France, franco-allemande, était intolérable pour les notables de ces contrées Ils en étaient arrivés à s'isoler de la population travaillée par le parti protestant allemand.

La plupart des anciens châteaux forts des vallons des Vosges étaient devenus le rendez-vous des officiers du feld-maréchal de Moltke. Ils étudiaient, cachés dans des tronçons de tour, derniers restes de désastres séculaires, la topographie d'un territoire appelé à être reconquis un an après.

Les appréhensions que ces excursions mystérieuses répandaient sur ce territoire étaient habilement exploitées par des bandits.

Des espions allemands se blottissaient comme des hibous, au fond des forêts de sapins, protégeant les vieux châteaux en ruine, où ils établissaient leur centre d'espionnage ; et les bandits, au fond de leurs souterrains, ne se gênaient pas pour y méditer ou accomplir leurs crimes. Ils étaient sûrs d'être sinon protégés du moins tolérés par nos futurs ennemis.

Cette situation était devenue à la fin si insoutenable, elle inquiétait tellement l'est et le nord de la France que l'empereur et l'impératrice étaient obligés de faire de fréquents voyages à Lille, à Nancy, pour rassurer les populations qui, disait Napoléon III, ne devaient pas s'arrêter *à des craintes chimériques?*

Et ces craintes étaient si peu chimériques que, en 1860, j'avais été arrêté par des Badois, sur le chemin de Ferrette, en courant à la recherche de l'assassin du président Poinsot.

Si à cette époque M. Poinsot avait été frappé par Jud, un vulgaire assassin qui, du reste, avait à venger sur ce magistrat l'honneur de sa famille, Poinsot avait été aussi frappé parce que, favori du château, il avait été désigné, disait-on, pour occuper, un jour, dans les futures provinces du Rhin, le poste important qu'occupait déjà le président Millevoye dans la Savoie annexée.

Neuf ans après, Troppmann, par ses crimes non moins mystérieux, plus épouvantables encore que ceux de Jud, avait d'abord choisi Kinck père pour sa première victime, parce que ce Kinck possédait aussi des secrets que nos ennemis tenaient à garder jusqu'au moment de la guerre.

Et vis-à-vis de Poinsot, comme vis-à-vis de Kinck, nos adversaires n'avaient eu qu'à laisser agir des meurtriers qui avaient pour état de tuer tous ceux qui se refusaient à satisfaire leur vengeance ou leur cupidité.

Troppmann n'était, après tout, qu'un *pégriot* ou *guiche*, allemand, comme Poncet avait été autrefois un *pégriot* parisien. Ainsi que Poncet, et plus tard Maillot, Troppmann avait sa bande. Il l'avait organisée selon son tempérament et ses instincts.

La bande de Poncet et de Maillot a été une bande de Parisiens faubouriens pris aux barrières de Montrouge, au quartier d'Amérique et sous les ponts !

La bande de Troppmann s'est recrutée aux quartiers des Allemands, à l'ancienne barrière de Pantin, l'une venait de l'ouest, la source des vols les plus fameux ; l'autre venait de l'est, la source des crimes les plus abominables.

Et Troppmann, en sa qualité de guiche ou de toucheur, c'est-à-dire de chef d'attaque, a peut-être frappé seul toutes ses victimes, ce qui, malgré son agilité et sa force musculaire, paraît encore invraisemblable ; mais ce que Troppmann n'a pu imaginer seul, c'est le plan si hardiment ourdi, si bien combiné pour diviser toute une famille, afin de mieux l'anéantir.

Ce n'est pas dans un cerveau de dix-neuf ans, quelle que soit la précocité de cette malsaine intelligence, que se conçoit une tactique aussi bien combinée en divisant, sur différents points de la France, tous les membres de la famille Kinck pour mieux en avoir raison.

Du reste, au moment de l'arrestation de Troppmann, j'étais sur la piste d'une bande d'assassins qui, par leurs crimes individuels, procédaient de la même façon.

Ils laissaient, sur le lieu du crime, une pioche et une pelle, semblables à celles que l'on avait trouvées dans la plaine de Pantin.

C'était pour eux en quelque sorte une signature, une marque de fabrique.

L'individu qui paraissait alors le chef, le guiche ou le toucheur de cette bande prenait alors ses repas chez le même marchand de vin où se rendait très souvent Troppmann.

À cette époque, ce repaire servait de rendez-vous à tous les habitants du quartier des Allemands, gens sans aveu, fraternisant avec des individus de toutes les nations et qui jouaient volontiers du couteau.

Il est vrai que Troppmann se faisait remarquer au milieu de cette société cosmopolite par sa réserve, par sa tenue mystérieuse, très concentrée, comme doit l'être celle d'un chef d'attaque qui se respecte.

Oui, Troppmann, que je n'ai cessé d'interroger, d'examiner, était un de ces *toucheurs* dont j'ai parlé précédemment, agissant seul en apparence, pour éviter, par leur jeune âge, la peine capitale réservée à leurs forfaits.

Si la justice a laissé dans l'ombre ses complices, c'est qu'en dehors des crimes épouvantables de Troppmann, le gouvernement avait intérêt à cacher leur début dans la voie où Troppmann s'était ensuite engagé pour son compte personnel.

Le guiche ou toucheur, je le répète, n'agit jamais seul, fût-il poussé par le vent du crime ou par le vent du vol, à l'est et à l'ouest de la France.

Il lui faut au moins quatre complices.

Et comme je l'ai expliqué précédemment : deux l'aident à frapper, pendant que deux autres font le guet.

Voici invariablement le tableau de la position du toucheur et de ses complices, lorsque le toucheur est poussé par le courant de l'est ou par le courant de l'ouest.

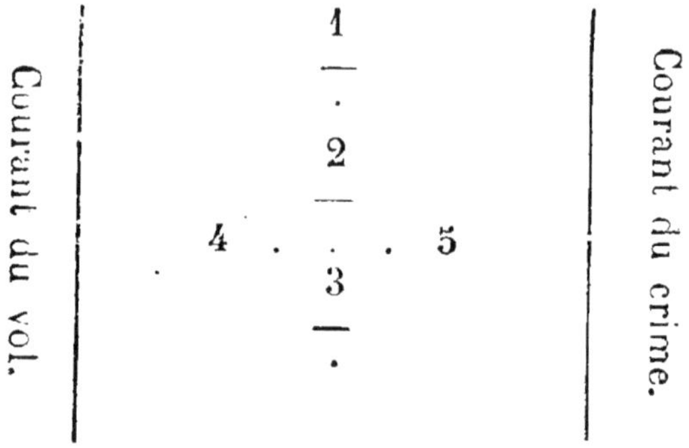

<table>
<tr><td rowspan="5">Courant du vol.</td><td>1</td><td rowspan="5">Courant du crime.</td></tr>
<tr><td>2</td></tr>
<tr><td>4 . . 5</td></tr>
<tr><td>3</td></tr>
</table>

Le numéro 1 est le toucheur, les numéros 2 et 3 sont ses aides qui retiennent la victime pour la dévaliser ou la tuer.

Les numéros 4 et 5 se contentent de faire le guet.

En bonne police, lorsque la bande est prise, il est du devoir du chef de la sûreté d'incriminer les moins coupables, les numéros 4 et 5, pour les forcer à se décharger sur les autres. Ceux-ci ne manquent pas, à leur tour, pour mieux se blanchir, de renvoyer au toucheur sa forte part de responsabilité.

Quoique Troppmann à Paris, à la brasserie de la rue Grange-Batelière, eût été rencontré, buvant avec deux individus avant de partir pour le Havre, quoique, dans ce port dè mer, il n'eût pas été seul, malgré la mort d'un de ses complices, jamais il ne me fut permis de pousser mes investigations en dehors de ce criminel.

En Alsace, mon secrétaire S*** n'était pas plus tôt sur la voie indiquée par le meurtrier, que des compatriotes de Troppmann, intéressés à le dérouter, lui faisaient perdre sa piste.

Sans la volonté acharnée d'Heguette, né à Roubaix, très avide de venger la mort d'un *pays*, mon secrétaire S*** serait revenu de son sixième voyage en Alsace comme j'en étais revenu du temps de Jud.

Les aides d'Heguette avaient-ils un intérêt à le tromper? Je n'en pus douter lorsque je sus que le père de Troppmann, un ivrogne fort mal vu à Soultz, y était revenu à l'arrivée de la police, lorsque plus tard j'appris qu'un parent de Troppmann faisait partie d'une bande de faux monnayeurs.

Malgré la discrétion qu'on m'imposait dans mon enquête, je n'appris pas moins que Troppmann, au Havre, s'était laissé prendre uniquement parce que l'un de ses complices, qui l'attendait avec un faux passeport, était mort subitement dans une auberge du port.

Cet homme paraissait avoir plus de trente-cinq ans, quoiqu'il n'eût en réalité que cet âge. Il était d'une taille au-dessus de la moyenne et d'une force peu commune. Il avait des mains énormes.

D'après les constatations qui furent faites sur le cadavre, au moment de l'instruction du procès de

Troppmann, il fut prouvé que cet individu était le même personnage qu'on avait vu en blouse blanche, la nuit, la veille du crime, à la fosse des victimes, au champ Langlois.

Mais le jeune garçon qui avait aperçu cet inconnu courant avec deux autres personnages dans le champ, ne me fut amené que pour je l'engageasse à faire un désaveu de son premier témoignage à la justice.

Ce désaveu, il ne me le fit qu'en tremblant, contraint et forcé, pour n'être pas grondé par son patron et par ses parents.

On agit de même à l'égard de la patronne de la taverne anglaise ; elle ne cessait de recevoir journellement des lettres anonymes qui la menaçaient de mort, si jamais elle dénonçait les hommes qu'elle avait vus à son établissement avec Troppmann, la veille de son départ pour Le Havre.

Il me fallut protéger cette femme contre les menaces qu'elle recevait des complices de l'assassin, quoique je susse, à la suite des confidences de cet assassin, que c'était elle qui, après le crime de Pantin, avait reçu des propositions du meurtrier. Troppmann lui avait demandé à négocier les valeurs de la famille Kinck ; et si cette femme n'était entrée dans l'*affaire*, c'était parce que Troppmann n'avait pas osé la poursuivre jusqu'au bout.

Il avait prétendu que cette négociation avec elle lui porterait malheur, parce que cette femme, me dit-il un jour, ressemblait à s'y méprendre à Mme Kinck.

Troppmann était superstitieux. Ce monstre, qui massacrait toute une famille, qui tuait sans hésiter des enfants de tout âge, avait conservé un culte profond pour sa mère. Oui, ce misérable aimait sa mère, qui refusait le prix de ses crimes et qui faillit mourir comme sa sœur en couches, en apprenant ses forfaits.

Il n'était pas jusqu'au cocher conduisant Troppmann et la famille Kinck au champ Langlois qui n'eût pu faire des révélations sérieuses qu'on cherchait toujours à étouffer ; car il était impossible, lors du crime, malgré le vent, malgré la nuit, que ce cocher n'eût rien vu, ni entendu !

Lorsque le cadavre de Jean Kinck père fut découvert au château des Seigneurs, lorsque le juge d'instruction lui fit connaître cette découverte pour le décider à faire des aveux, Troppmann, d'une nature très dissimulée et très réfléchie, se renferma dans une nouvelle réserve vis-à-vis du magistrat.

Il ne dit plus rien.

Rentré dans son cachot, décidé à tout tenter pour retourner en Alsace, où il espérait recouvrer sa liberté, il me fit un jour parvenir ce billet :

« Monsieur Claude, je vous prie de vous rendre au plus vite dans ma cellule. J'ai de très *sérieuses* révélations à vous faire.

« Je vous salue.

« J.-B. TROPPMANN. »

Sur l'avis du juge d'instruction, je me rendis auprès du prisonnier, après avoir reçu toutefois l'avis du magistrat instructeur de n'accorder qu'un crédit très limité à ces confidences.

On redoutait en haut lieu qu'il parlât trop de ses complices.

Tout en devinant la pensée du magistrat, je me disposai à profiter de la bonne volonté de Troppmann, qui, depuis quelque temps, était en veine de vérités.

Dès qu'il m'aperçut, il me reçut avec un entrain qui contrastait avec ses allures taciturnes.

Après avoir fait congédier ses gardiens, je lui dis que j'étais prêt à recueillir ses *sérieuses* révélations.

— Monsieur Claude, me dit-il, après la découverte du père Kinck, je n'ai plus rien à déguiser. Pour mériter l'indulgence de la justice, je n'ai qu'à dire la vérité. Eh bien! vous savez déjà, n'est-ce pas, que c'est moi qui ai tué Jean Kinck et que c'est moi qui l'ai enterré?

— Vous ne pouvez plus nier encore ce crime, lui répondis-je, dès que vous nous avez donné les indications nécessaires pour découvrir son cadavre.

— Savez-vous comment il est mort?

— Oui, par l'acide prussique.

— Et savez-vous comment je me le suis procuré?

— Non, lui répondis-je.

— Par des moyens électro-chimiques qui sont très précieux pour la fabrication de la fausse monnaie. Il y a un système d'argenture et de dorure électrique où l'on se sert de cyanure de potassium. En pratiquant ce système pour notre industrie monétaire, je me suis familiarisé avec ce poison, et de là à l'acide... prussique, vous le savez, il n'y a qu'un pas !

— Pourquoi, lui demandai-je, puisque M. Kinck, selon vous, consentait à devenir votre complice au château d'Herrenfluch, pourquoi l'avez-vous tué, dès qu'il devenait pour vous un utile associé?

— Parce que, précisément, M. Kinck, dont la probité était en perpétuel combat avec l'avarice, s'était refusé, à notre dernier voyage, à rester notre associé.

— Pourtant, me hâtai-je de lui objecter, ne disait-il pas à sa femme qu'il était sûr de gagner avec vous un million ?

— Oui, mais par un autre moyen que celui de la fausse monnaie.

— Et vous connaissiez ce moyen?

— C'est parce que je l'ai connu que je l'ai tué.

— Et quel était-il ?

— Le hasard le lui avait fourni, en visitant, un jour, sans moi, les ruines du vieux château d'Herrenfluch, dont les souterrains devaient servir d'atelier à notre fabrique de fausse monnaie.

— Vous m'intriguez, lui dis-je, en le pressant à s'expliquer.

— Eh bien! fit Troppmann en souriant, je ne veux pas vous intriguer plus longtemps. Et ce fut pour me faire sa confidence qu'il m'entraîna une fois encore, de Soultz à Herrenfluch. Arrivé là, il me dit qu'il avait surpris, la veille, des étrangers causant avec animation dans une des tours du vieux château. Ce que Kinck avait entendu en allemand, de la bouche des inconnus, n'était rien autre que des projets de guerre contre la France. Ils devaient aboutir pour l'Allemagne à une victoire certaine, puis au partage de l'Alsace. Sur ces mots, Kinck me dit : « Tu comprends, mon cher, Troppmann, que je n'ai plus besoin de me livrer avec toi à une industrie qui répugne à ma loyauté. Je possède un secret d'État qui peut me donner un million. J'ai noté, mot pour mot, sur mon portefeuille, le récent entretien de ces futurs vainqueurs! En avertissant l'empereur de ce que je sais, de ce que j'ai noté, je suis donc sûr de mon million! Comme tu voulais m'associer à ta fortune, je te suis trop reconnaissant pour ne pas te faire aussi partager la mienne.

— Tout cela n'est pas sérieux, lui objectai-je en l'interrompant, pas plus que votre fabrique de fausse monnaie que vous avez inventée pour noircir la mémoire de votre bienfaiteur. En admettant même votre version, les faits la condamnent. Comment supposer que vous avez tué un homme parce qu'il vous initiait à ses projets et qu'il vous en promettait les bénéfices?

— Cela devient admissible, me répondit-il, — quand vous saurez qu'en quittant le même jour Kinck, je vis un vieillard qui, ayant surpris dans la forêt le secret de notre conversation, me dit : Il faut que le secret de cet homme meure avec lui.

— Quoi, ce n'était pas uniquement pour vous

approprier la fortune de Kinck, ajoutai-je, que vous l'avez empoisonné?

— Non, monsieur.

— Mais, ajoutai-je, vous n'aviez pas les mêmes raisons, à Pantin, pour exterminer ainsi sa famille?

— Dès que cette famille était instruite, comme Kinck, de ce secret, toute la famille devait périr!

— Et, selon votre dire, continuai-je d'un air de pitié railleuse, vous agissiez au compte d'une politique étrangère?

— Oh! non, pas moi, se récria Troppmann, mais mes complices.

— Pouvez-vous me les nommer, afin que je donne quelque créance à toutes vos fables?

— Non, je ne le puis, non, je ne le dois pas! s'écria Troppmann avec une animation extraordinaire. Conduisez-moi à Bobviller, à la place où Kinck a caché son portefeuille, la justice saura tout.

— Vous savez bien, lui dis-je, que je n'en ai pas le pouvoir; indiquez-moi seulement la place où Kinck a caché son portefeuille, comme vous nous avez indiqué la fosse de ce malheureux.

— Des bêtises! m'arrêta Troppmann en riant bruyamment, vous m'avez déjà attrapé! Votre secrétaire m'a mis déjà dans le *lac* en me promettant mon retour en Alsace quand j'ai indiqué la place du cadavre. Je ne serai plus aussi bête et je ne me laisserai pas *mordre* une seconde fois. C'est moi qui vous conduirai à la place où est le portefeuille, ou vous ne saurez plus rien... rien... rien!

Il prononça ces trois mots d'un ton d'autorité.

Pour piquer cet Allemand, dont l'entêtement raisonné abrégeait trop tôt les confidences, je répondis :

— Vous ne direz plus rien, parce que vous n'avez rien à dire, parce que votre fabrication de fausse monnaie, votre prétendu secret d'Etat et votre portefeuille sont autant d'inventions pour noircir vos victimes! Vous n'avez plus qu'un but, celui de gagner du temps avant de vous faire conduire en Alsace pour nous échapper.

— Eh bien, fit l'impudent Troppmann, avec un air goguenard, si je nourrissais cet espoir, j'aurais donc des complices? des complices que vous niez? Si vos juges sont assez simples pour me donner cette force surhumaine qui me fait manier à la fois une pioche, une pelle, un couteau et une hachette pour tuer six personnes d'un coup, et enfouir huit cadavres, les juges ne poussent pas, je pense, la simplicité jusqu'à croire que je filerai comme une anguille entre vos gendarmes sans le concours de certains affiliés? Si j'ai des affiliés, vous admettrez bien que ce ne sont pas des saints : or, ils peuvent être aussi bien des faux monnayeurs que des espions comme ceux que vous me donnez ici?

Je sentais que j'étais battu par sa logique ; toutefois je devinai son but : fuir de Paris pour travailler en Alsace à sa liberté.

Et je lui répondis :

— Oui, mais vous avez tort de ternir la réputation d'un honnête homme comme M. Kinck.

— Laissez-moi donc tranquille, ajouta-t-il en haussant les épaules. Si M. Kinck avait été aussi scrupuleux que vous le prétendez, est-ce qu'il aurait été avec moi en Alsace? Est-ce que, pour arriver au but de notre voyage, il aurait pris une voie détournée? Est-ce qu'il se serait laissé conduire mytérieusement au fond d'un bois, au pied des ruines d'Herrenfluch, où l'on trouve, par l'espionnage, par la fabrication de la fausse monnaie et par la contrebande, des moyens faciles de fortune, quand on n'y trouve pas la mort...

— Vous êtes un homme habile, Troppmann, lui dis-je en l'observant, et vous avez un esprit de combinaison qui vous sert à merveille pour décharger sur les autres ce qui pèse sur vous.

— Vous dites cela, monsieur Claude, reprit l'adroit Alsacien, parce que vous n'avez pas autre chose à me répondre. Cependant je n'ai, moi, ni votre éducation, ni votre esprit, ni votre expérience. Si je suis habile, comme vous le prétendez, c'est que je dis la vérité sur mes crimes, oui, *sur mes crimes*. Vous voyez que je ne le nie plus! Vous le savez bien; si la famille de Kinck ne s'était pas volontairement associée à mon projet par les moyens que je vous ai indiqués, est-ce que j'aurais été son ami? Est ce que Mme Kinck, qui ne m'aimait pas, qui m'*avait dans le nez*, aurait dit à ses voisins, avant de se rendre à Pantin, qu'elle était bien heureuse, parce que son mari était sur le point de *gagner un million*? Et l'heure, le rendez-vous que je donnais à cette famille, dans un endroit désert, en pleine nuit, ne démontrent-ils pas qu'il s'agissait d'une affaire mystérieuse, qu'aucune précaution n'était de trop entre Mme Kinck et moi, le confident, l'ami de son mari? Tout cela saute aux yeux, comme les complices que j'avais à Pantin et ailleurs ! Du reste, vous n'avez qu'à le vouloir pour le savoir. Qu'on me ramène en Alsace. On saura tout par le portefeuille que Kinck y a laissé. On saura que, sans mes complices, instruments d'une affaire *qui ne me regarde pas*, je n'aurais pas tué une famille qui était ma *pondeuse*, ma vache à lait? Ne m'était-il pas facile, après tout, de la dépouiller sans la tuer, aussi facile que de vider une chope? Maintenant, j'ai tout dit, si vous ne me croyez pas, tant pis pour vous ! Si l'on ne veut pas me ramener en Alsace pour prouver la vérité de ce que j'avance, c'est qu'on ne veut pas savoir la vérité !

Je rapporte textuellement cet entretien, une des plus longues conversations que j'ai eues avec Troppmann, à la veille de son jugement, quelques jours avant sa condamnation et sa translation à la Roquette.

Je la donne telle qu'elle est ; si elle est absurde, son absurdité n'est pas exempte de logique. Elle n'est pas plus inexplicable, pas plus en dehors du sens commun que les voyages mystérieux de Kinck et de Troppmann en Alsace, que les rendez-vous à Paris, la nuit, avec Mme Kinck et ses enfants.

Pour avoir complètement raison de ces absurdités, il faudrait avoir eu la clef de tous ces mystères qui enveloppent et envelopperont toujours les démarches incompréhensibles, inexplicables des victimes et de leur assassin?

Sinon, il faudrait admettre en dehors de ces

mystères qu'un commerce impur existât entre Kinck père et le jeune Troppmann, un pégriot qui est généralement une *tante* quand il n'est pas un *souteneur*; autrement rien n'expliquerait la tuerie générale de cette famille par ce pégriot allemand.

Pourquoi détruire d'un seul coup une famille qui, pour ce misérable, était en effet sa poule aux œufs d'or?

Troppmann n'était pas assez simple pour croire qu'il pouvait par sa tuerie s'emparer de la fortune des Kinck. Et ce n'était pas la peine de faire tant d'efforts d'esprit, d'imagination, d'audace pour viser à un but que la loi même lui défendait d'atteindre.

En réfléchissant aux aveux que m'avait faits Troppmann, en me rappelant pour l'affaire de Jud mon aventure dans les Vosges, aventure aussi invraisemblable que les assertions de ce criminel, je finissais par croire que Troppmann avait pu dire la vérité.

Ce qui me confirma dans mon opinion, ce fut l'attitude que prirent mes chefs lorsque je leur rappelai, mot pour mot, l'entretien que j'avais eu avec ce monstre.

Il me fut enjoint de ne rien dire des propos *absurdes* de Troppmann, de les garder pour moi, d'écarter de mes procès-verbaux ce qui avait trait à la politique, aux *prétendus* complices de Troppmann.

Encore une fois, je me rappelai ce qui avait eu lieu à propos de Jud, je sentais avec angoisse que la volonté de nos gouvernants était subordonnée dans cette affaire à une volonté plus puissante que la volonté nationale, dont la funeste influence ne devait qu'irriter l'opinion contre l'autorité.

CHAPITRE V

Ce fut e 28 décembre 1869 que Troppmann, l'assassin de la famille Kinck, parut devant la cour d'assises de la Seine.

Dès la veille la curiosité, surexcitée par l'horreur, par la partie mystérieuse et pittoresque des crimes de Pantin, avait amené, de tous les coins de la France, des gens avides d'assister à ce mémorable procès.

La nature semblait avoir voulu protester aussi contre cette effervescence. Paris était couvert de neige, son blanc linceul faisait ressortir davantage la tragédie sanglante du vingt septembre.

Le tout Paris d'alors, par les plus élégantes mondaines, par les gens les plus célèbres dans le monde et le demi-monde, avait reçu des *places de faveur* au prétoire.

Comme aspect, ce public-là rappelait les habitués des premières représentations.

La nouvelle salle de la cour d'assises était récemment inaugurée. Toute *de festons et d'astragales*, dont le plafond doré encadre une Justice de Lehman, rappelant la Vérité sortant du puits, elle s'harmonisait bien avec son public d'élite, frivole, blasé et avide de scandales.

Rien ne manquait à la fête qui allait se terminer par une tête de plus à donner au bourreau, rien jusqu'aux tables abondamment servies dans des salles à manger dont la justice fait maintenant les frais en l'honneur des jurés qui n'en sont plus réduits au classique petit pain des anciens jours.

Lorsque Troppmann sortit de la Conciergerie pour paraître devant la cour en présence d'un public avide de le voir et de le connaître, il se montra avec le costume sous lequel on avait pris l'habitude de le représenter pour qu'il fût bien ce qu'on voulait qu'il fut : un vulgaire assassin ou une brute monstrueuse.

Il portait le paletot noir moucheté de blanc, le gilet de velours noir à dessins criards, et un pantalon gris.

Sa face blême, ses cheveux longs rejetés en arrière, son front large, bien dégagé, fuyant par le haut, les yeux vagues aux paupières baissées pour en cacher des rayons aigus et incisifs comme les reflets d'une lame d'acier, donnaient à ses traits que j'ai dépeints déjà, un certain air de fausseté.

On devinait au premier aspect, pour un homme

habitué aux assises, le *Pégriot* qui, au compte de son association, joue du couteau parce que, par son jeune âge, il est destiné à être ce qu'elle appelle encore : *un chef d'attaque.*

Le résumé de l'acte d'accusation de Troppmann et sur lequel l'accusé avait à répondre se formulait ainsi.

Jean-Baptiste Troppmann est accusé :

Premièrement. — En août 1869, dans le département du Haut-Rhin, d'avoir attenté à la vie de Jean Kinck par des substances pouvant donner la mort plus ou moins promptement.

Deuxièmement. — A la même époque et au même lieu, d'avoir soustrait frauduleusement, au préjudice des héritiers dudit Jean Kinck, une somme d'argent, une montre, une chaîne et divers papiers.

Troisièmement. — En septembre 1869, à Pantin, d'avoir volontairement donné la mort à Gustave Kinck avec les circonstances aggravantes.

Quatrièmement. — A la même époque, au même lieu, d'avoir soustrait frauduleusement, au préjudice des héritiers dudit Gustave Kinck, des objets précieux.

Cinquièmement. — A la même époque, au même lieu, pour opérer le même genre de vol, d'avoir volontairement donné la mort à Hortense-Juliette-Joseph Rousselle, femme Kinck, meurtre qui a précédé, accompagné ou suivi les meurtres ci-après commis sur Émile-Louis-Henri, Joseph-Achille-Louis, Marie-Hortense Kinck, etc., etc.

Dès l'interrogatoire de Troppmann, le président lui demande :

— Où avez-vous fait la connaissance de Jean Kinck ?

Il répond :

— A Roubaix, au cabaret de la femme Galand.

— A quelle époque, ajoute le juge, êtes-vous arrivé à Cernay ?

— Le 19 août.

— Vous retrouviez à Cernay votre famille, une famille besogneuse, — continue son interrogateur, — car sa situation n'était guère en rapport avec le projet de fortune que vous poursuiviez toujours. C'est alors que vous concevez le plan d'une infernale entreprise.

Le président donne lecture d'une lettre de Troppmann qui dit à Jean qu'il a retenu une chambre à Cernay, qu'il peut se hâter d'en finir avec Mme Kinck et d'arriver en Alsace.

Troppmann répond que cette lettre lui a été dictée par ses complices qu'il a rencontrés, une première fois à Wattwiller, une seconde fois à Pantin.

— Combien d'après votre version, l'interroge le président, étaient-ils ces complices ?

— Trois.

— Qui a versé le poison ?

— Eux.

— Qui a enterré Jean Kinck ?

— Je ne puis le dire.

— Vous ou vos complices ?

— Eux !

Le président, pour le mettre en contradiction

avec lui-même lui rappelle sa première version, lorsqu'il accusait Kinck et Gustave du meurtre de leur famille.

— Je mentais, dit-il, pour ne pas vendre mes complices. Et croyez-vous, sans aller plus loin, qu'un homme puisse commettre tout ce dont on m'accuse ? Non, si j'ai tout mis sur moi d'abord, c'était parce qu'il n'y avait pas moyen de me défendre. Depuis que j'ai fait découvrir le cadavre de Jean Kinck, j'ai dit la vérité, maintenant il ne tient qu'à la justice de tout savoir, elle n'a qu'à m'envoyer à la recherche du portefeuille de Kinck, il éclairera tout, il dénoncera tout ce que je ne puis dénoncer.

On lui demanda le motif de son silence.

— Je ne puis le dire, répond-il avec force, — je ne le puis pas ! Non, je le ne puis pas, entendez-vous, pour l'honneur de Kinck et pour d'*autres raisons !*

Et Troppmann qui, durant le premier interrogatoire, a gardé une attitude modeste, indifférente, presque embarrassée, se redresse, le regard brillant et le geste impératif.

Les juges et l'auditoire sont frappés par l'énergie de cette nature frêle qui prend parfois, pour mieux tromper son monde, des allures gauches et timides.

— Mais, reprend le juge, qui les a vus ces complices ?

— On les a vus partout, en Alsace, à Paris, — répond Troppmann avec assurance. Un garçon d'hôtel l'a dit, puis un autre jeune homme, à Paris, qu'on a essayé de circonvenir, je le sais !

— Ne calomniez pas la justice, dit sévèrement le magistrat.

— Je ne calomnie personne, répond Troppmann, je me défends ! croyez-vous en bonne conscience, que si j'avais été seul à Pantin, j'aurais pu coucher sept personnes, les unes après les autres, le croyez-vous, si j'avais été seul ? Le croyez-vous ?

A ces mots de Troppmann l'œil en feu, la figure exaltée, à son geste énergique, l'auditoire fait entendre un murmure approbateur.

Pour effacer l'impression produite par ce murmure, le président s'écrie :

— Personne n'acceptera votre nouveau système.

— Il faut bien qu'on l'accepte, répond Troppmann, car c'est la vérité. Qu'on retrouve le portefeuille et l'on connaîtra le but de mes démarches avec les noms de mes complices. Vous pouvez faire ce que voudrez pour m'accuser *seul*, rien ne m'empêchera de parler, rien ne m'empêchera de vous dire que si je n'ai pu fuir plus tôt du Havre, c'est que j'attendais encore là mes complices.

Dans la deuxième audience, on entend l'audition des témoins. Un mécanicien de Roubaix vient certifier le dire de Troppmann.

Sa déposition s'accorde avec l'entretien que j'avais eu d'abord avec l'accusé, quelques jours auparavant.

Ce mécanicien de Roubaix dit :

— Kinck m'a assuré qu'en partant de Roubaix pour venir en Alsace, il espérait gagner d'un même coup plus de cent mille francs.

— Eh bien ! s'écrie Troppmann qui se lève avec précipitation, puisque Kinck père disait qu'en venant avec moi il était sûr de gagner plus de cent mille francs, puisque sa femme, avant de me rejoindre à Paris, disait la même chose, il est évident que ce n'était qu'à l'aide de la fausse monnaie ! Peut-on réaliser une pareille somme, du jour au lendemain, à l'aide d'une augmentation de propriété !

Lorsqu'on arrive au crime de Pantin, Troppmann fait remarquer avec justesse qu'il est fort extraordinaire que le cocher, sur le théâtre du crime, n'ait rien soupçonné, que le veilleur de nuit de la fabrique voisine ne soit pas accouru aux cris de : *Maman! maman!* répétés à plusieurs reprises par les victimes expirantes pendant que le chien de garde ne cessait de hurler lamentablement !

Et, signe caractéristique, lorsque la pelle et la pioche de Troppmann sont présentées à celui qui les lui a vendues, le marchand ne reconnaît pas sa marchandise.

Il faut qu'on lui montre son nom gravé sur la pioche pour que ce marchand reconnaisse qu'elle est sortie de son magasin.

« Le 20 septembre au matin, dit un débitant de vin du boulevard Magenta, deux individus sont venus chez moi, ils disaient être pressés et aller partir par le chemin de fer. Le plus jeune avait l'air d'avoir vingt ans, l'autre trente à trente-cinq ans. Ce dernier paraissait appartenir à une condition sociale autre que celle indiquée par son costume d'ouvrier, dans lequel il paraissait très gêné. »

Et le marchand de vin déclare « *reconnaître* Troppmann pour être un de *ces deux* individus. »

« Le dimanche 20 septembre, ajoute le jeune garçon, apprenti en papier peint que j'avais déjà *semonné*, j'ai rencontré, à dix heures du soir, un militaire qui m'a fait passer dans un champ où je vis un individu en manches de chemise faire un grand trou avec une pelle. Nous nous avancions, l'individu était dans la fosse, d'où il rejetait la terre. Ces deux individus s'étant approchés du militaire, il me dit : « Retirons-nous ! » Ce que nous fîmes. »

Enfin, chose digne de remarque, la maîtresse d'hôtel de la Taverne de Londres, rue Grange-Batelière, qui a été le plus souvent en communication avec Troppmann, ne paraît pas à l'audience.

Elle se contente d'envoyer sa déclaration. Elle n'est lue publiquement que parce que maître Lachaud, chargé de la défense de l'accusé, en donne lecture.

Il en résulte que *trois* individus, dont l'un fut trouvé mort au Havre, venaient faire encore à la taverne anglaise des consommations au moment de prendre le chemin de fer.

Elle signale la réception des lettres anonymes qui la menacent de mort si elle dit *la vérité*.

Elle certifie qu'elle a reconnu plus tard l'accusé comme faisant partie des trois personnes.

Après l'audition des témoins et le réquisitoire du procureur général Grandperret, Me Lachaud prend la défense de Troppmann en faisant rejaillir les points laissés obscurs par l'accusation, les relations intimes de la victime et de l'assassin, la question des complices et l'affaire de la fabrication de la fausse monnaie.

« S'agissait-il de fabriquer de la fausse monnaie? s'écrie t-il. Je ne veux pas le croire; mais, d'un autre côté, je ne puis croire aux intérêts d'argent qui ont pu être en cause entre cet homme riche et Troppmann, un jeune homme pauvre et sans expérience. Non! non! Là, il y a un *mystère* que je ne connais pas. Tout est mystérieux à ce point de départ de la cause.

« Ce jeune homme et Kinck ne se voient pas dans l'intérieur de la famille; ils se retrouvent dans un cabaret, ils se placent toujours à une table séparée, et ils s'entretiennent à voix basse, toujours dans une langue que l'on n'entend pas.

« Il y a une lettre que vous connaissez déjà, mais dont il me semble qu'on n'a pas tenu un compte suffisant. Voyez! Elle est du 21 août : « Mon cher monsieur Kinck, je suis Troppmann, je suis allé voir si tout est en ordre. »

« Que veut dire cela? Et plus loin : « ... J'ai trouvé une chambre dans laquelle nous pourrons faire tout ce que nous voudrons... »

« Et cela encore, qu'est-ce que cela veut dire? Comment! une chambre mystérieuse dans un pays où toute sa famille aurait été trop heureuse de l'accueillir avec transport! Est-ce que vous ne voyez pas qu'il y a là quelque chose d'inconnu, une espérance trompeuse, je le veux bien, mais enfin quelque chose qui prouve qu'il ne s'est pas mis en route pour acheter un peu de terrain. Plus loin : « Nous irons directement au château de Wattwiller. »

« Pourquoi cette promenade? Je ne veux pas chercher, je ne veux pas affirmer que l'explication de Troppmann soit vraie, Dieu me garde de cette accusation qui serait peut-être une supposition calomnieuse ; mais j'affirme qu'il y avait là un but mystérieux, et vous savez que Jean Kinck partait avec l'espérance de gagner beaucoup d'argent.

« Écoutez ce qui va se produire : Qu'est-ce que Kinck? Il est parti pour entreprendre une grande exploitation qui doit rapporter des millions. Il y a une lettre signée de son nom, adressée à sa femme, lettre fausse, écrite par Troppmann, c'est vrai, mais qui prend une importance énorme parce qu'elle prouve que Mme Kinck était au courant. Il est censé écrire à sa femme de ne pas se tourmenter, qu'il ne peut pas revenir aussi vite qu'il l'avait cru, qu'il faut que toute la famille vienne à Paris pour deux eu trois jours : « Ne vous préoccupez pas de la dépense, ajoute-t-il, cela ne nous fera pas grand tort, car Troppmann m'a donné un demi-million ! »

« Et comment Mme Kinck aurait-elle pu croire cela si Kinck ne lui en avait rien dit d'avance? Oui, il avait fait courir, d'accord avec elle, certains bruits pour expliquer son départ ; mais elle savait bien qu'il allait à la conquête de la fortune. Et enfin vous avez entendu ce témoin honorable, M. d'Aussonville, le voisin de Kinck, qui s'effrayait des propos mystérieux de Mme Kinck. C'est le point de départ. Oui, l'on a frappé Jean Kinck, on l'a attiré dans un piège horrible où il a succombé. Oui ! mais ce premier mystère peut expliquer bien des choses quand je me demanderai si Troppmann a pu commettre seul ce premier crime.

« Il a pu le commettre seul, puisqu'il a dit : « C'est moi qui ai empoisonné Jean Kinck, c'est moi qui ai fabriqué le poison ! » Pourquoi donc alors ne pas le croire aussi quand il vous dit : « Cherchez le portefeuille et vous trouverez les noms que je ne puis vous désigner ! »

« On a fait déjà des recherches, dites-vous ? Oui, une fois, on n'a pas trouvé et l'on s'est arrêté. Quand il s'est agi de trouver Jean Kinck, on ne s'est pas arrêté. Pourquoi ?

« On a traité bien légèrement cette partie de la défense.

« Maintenant, arrivons aux complices. Le crime du père a pu se commettre seul. Le crime, pour Gustave, a pu s'accomplir seul. Mais pour la famille, c'est impossible ; je le dirais quand même je n'aurais pas de témoins, et j'en ai ; quand même personne n'aurait vu les complices, et on les a vus !

« Que dit l'accusation ? Ici, il faut l'examiner de près. Troppmann, dit-elle, a acheté la pelle et la pioche à cinq heures ; il est venu les prendre à huit heures, et il est parti par l'omnibus d'Aubervillers, et il a fait la fosse, et il est revenu, et, rentré à Paris, il est allé au chemin de fer du Nord ; il a trouvé la famille Kinck, et il l'a fait monter en voiture, et ils sont tous arrivés au point indiqué par le cocher Bardot ; il a fait alors, au point indiqué, descendre la mère et deux enfants, et il les a tués. Après avoir fait cette première hécatombe avec le même couteau, dont la lame s'est brisée, il est venu rechercher les trois autres enfants, et il a accompli un nouveau crime : il a enfoui tous ces cadavres, et il a ramené la terre avec soin, et il est rentré à Paris à cinq ou six heures. Voilà comment les choses se sont passées, dit l'accusation ; et elle ajoute : J'ai la science avec moi.

« Permettez-moi de vous dire que d'abord le temps matériel a manqué, et ensuite que des témoins ont donné des détails tels, qu'ils prouvent que Troppmann avait des complices.

« Et d'abord le temps? A quelle heure Troppmann est-il passé par Aubervilliers et qu'a-t-il fait? Il a acheté à cinq heures les instruments au taillandier ; il est venu les chercher à huit heures. Est-ce lui qui est monté dans l'omnibus avec les instruments? Je n'en sais rien. Si c'est lui, c'est à neuf heures moins quelques minutes ; il est arrivé à neuf heures aux Quatre-Chemins. Or, là, il lui a fallu se rendre au point où la fosse a été creusée, à plus de six cents mètres.

« Et cette fosse, quelle est sa dimension?

« Elle a une longueur de trois mètres sur une profondeur de quarante centimètres, sur une largeur de soixante centimètres. Dites-moi, quel temps faut-il pour creuser une semblable fosse? Et puis, il lui a fallu revenir, retourner au chemin de fer du Nord ; quelle heure était-il alors? C'est le cocher qui le dit : « Il était dix heures cinquante quand on est monté dans ma voiture. » Comment, dans un laps de temps si court, aurait-il pu aller au champ Langlois creuser la fosse et aller au chemin de fer

du Nord? Si vous admettez que ce soit possible, ce
sera la vérité; car vous êtes les juges et vous êtes
les maîtres, et ce que vous déciderez sera la vérité;
mais vous ne pouvez le décider, car il y a là une im-
possibilité radicale contre laquelle l'accusation vient
e briser.

« Quand il dit : « J'avais des complices, et lorsque je suis arrivé, la fosse était déjà faite, » est-ce
qu'il n'y a pas là quelque chose qui doit saisir vos
esprits?

« Continuons. Troppmann prend le cocher à dix
heures cinquante minutes ; ils font ensemble le par-
cours des Quatre-Chemins, au point où la fosse est
creusée, cinq cent cinquante à six cents mètres;
puis, les trois victimes égorgées, il revient, encore
six cents mètres. Et combien de temps a-t-il mis?
Vingt minutes, dit le cocher.

« Est-il possible qu'en vingt minutes, il ait fait ce
trajet de douze cents mètres et qu'il ait tué trois
personnes? Ce travail de forcené a-t-il pu être accompli en vingt minutes? S'il avait mis une heure,
trois quarts d'heure, j'admettrais ; mais vingt minutes, c'est impossible.

Or cet homme serait-il d'une force herculéenne,
aurait-il la force que lui donne son métier, il ne
pourrait accomplir des choses impossibles, tuer
trois enfants en même temps, de façon à ce que pas
un ne crie, pas un ne résiste, pas un ne prenne la
fuite.

« Est-ce que je suis ici pour réhabiliter Troppmann? Est-ce que c'est ma tâche? Non! Je dis à
l'accusation : *Il y a quatre misérables, et vous*

n'en jugez qu'un. Au nom de Dieu, de la justice, cherchez et vous trouverez. Ne fermez pas la porte à la vérité. »

La vérité sous l'Empire ! Que demandait donc là Me Lachaud ? Un contre-sens !

Aussi l'accusation fut-elle dirigée de telle sorte qu'il fut impossible aux jurés de voir clair dans tous ces crimes. Les ombres des complices de Troppmann passèrent devant tous les yeux comme des ombres fugitives dont personne ne put apercevoir les corps.

A défaut de complices qui, faute de témoins sérieux, n'avaient pu être trouvés, le résumé des débats ne porta que sur Troppmann.

Sur les questions relatives aux victimes, le jury donna un *oui* à la majorité. Il repoussa les circonstances atténuantes.

L'accusé entendit le résumé des délibérations du jury d'un air dédaigneux, seulement son visage devint très pâle.

Il était neuf heures du soir lorsque le chef du jury remit au président la déclaration signée par le chef du jury.

La salle des cours d'assises avait un aspect lugubre.

Trois lampes, recouvertes chacune d'un abat-jour, projetaient la lumière par terre, pendant qu'elles coupaient une partie de la salle par une lugubre pénombre.

Les ors du plafond paraissaient rouges, les panneaux de chêne, noirs. La foule ne présentait plus qu'une masse effacée, confuse et grouillante. On la distinguait à peine.

Troppmann, debout, dominait le public ; il semblait flotter dans une sanglante auréole.

Immobile, il entend le greffier lui lire le verdict. Il tressaille, la sueur perle sur son front, sa figure s'allonge, cependant il ne fléchit pas.

L'orgueil le soutient.

Quand il sent que tout est perdu, il ne peut dissimuler les efforts qu'il tente pour ne pas faillir.

Lorsque la Cour se retire dans la chambre du conseil pour délibérer, Troppmann cache sa tête dans ses mains ; il ne veut pas montrer la vive émotion qui bouleverse ses traits.

Dix minutes après, le président rentre en séance ; il prononce l'arrêt qui déclare Troppmann coupable de tous les meurtres sur la famille Kinck et qui le condamne à la peine capitale.

Alors des applaudissements retentissent au fond de l'auditoire.

Ils sont réprimés par le président qui adresse au condamné la phrase sacramentelle :

— Troppmann, vous avez trois jours pour vous pourvoir en cassation contre l'arrêt que vous venez d'entendre. Gardiens, faites retirer le condamné.

Troppmann se lève et salue la Cour.

Il parle à voix basse au gendarme, il regarde la foule qui s'écoule dans une vive agitation.

Aux clartés douteuses et blafardes des lampes, cette foule sort en se prolongeant comme l'enfilade des héros de la danse macabre.

On dirait des spectres !

Troppmann les tient sous la puissance de ses regards, comme il a tenu ses cadavres du champ Langlois.

Il parle au gendarme ; il sourit.

On dirait la mort qui raille en comptant ces gens, curieux désœuvrés qui, comme lui, doivent, avant un an, finir presque aussi misérablement : lui sur l'échafaud, les autres dans l'effondrement de l'Empire.

Aux crimes de Troppmann succède tout à coup le meurtre de Victor Noir, car pour l'Empire le moment de l'expiation et du châtiment s'accentue, se précipite de plus en plus !

CHAPITRE VI

LA DERNIÈRE HEURE

Le 31 décembre, Troppmann, condamné à mort, prenait la camisole de force, avant d'être transféré à la Roquette il signait son pourvoi.

Au moment de quitter la Conciergerie, Troppmann laissait cette étrange lettre qui le dépeint sous son véritable jour : vaniteux comme les criminels !

Voici cette lettre avec son orthographe :

Monsieur Grosbont, Directeur de la Conciergerie.

Avan de monté aux Acise, je viens vous offrir mais sincer remairciman pour vos aimable complaisan pour moi.

On dit que vous ete un directeur sever mais vous ete juste, compatissan au malheur. Merci don et accepté cette hautograff, la seule chose que je puisse offrir puisque le monde est si curieux d'en avoir de moi.

Si je suis condamner à mort, j'aurai pas peur si l'empereur me laisse exécuté, je voudrais monté à l'échafau le 21 janvié, le jour de la mort du plus inno-cen des roi.

Si c'était un effé de votre bonté, je voudrai avan de partir qu'on me fit visité le cacho de la raine, cette malreuse épouse de Louis 16,

Je vous salut arec respect,

J.-B^te TROPPMANN.

Conciergerie, 30 décembre 1869.

Sur le point d'être transféré à la Roquette dans la cellule des condamnés à mort, Troppmann n'en-dossa pas sans protester la camisole de force.

Toujours présomptueux, il dit à ceux qui l'en-touraient :

— Je suis résigné à mon sort. Mais avouez qu'on aurait pu trouver mieux que cette camisole. Elle est aussi bête que celui qui l'a inventée ; il me se-rait facile, si je le voulais, de me débarrasser de ce supplice inhumain et inutile.

Quand il signa son pourvoi, Troppmann ajouta avec assurance :

— « Je vais casser tout cela ! »

Lorsqu'on lui donna un gardien dans la voiture cellulaire le transportant de la Conciergerie à la Roquette, il dit à son compagnon de route :

— On pouvait bien vous dispenser de cette corvée. Ce n'est ni vous, ni personne qui m'empêcherez de me détruire quand je le voudrai.

Une fois Troppmann à la Roquette, je ne cessai, pour ma part, de le visiter dans sa cellule.

Je craignais qu'il ne mît à exécution de sinistres projets, malgré la camisole qui ne le quittait plus.

En retournant à la Roquette avec mon secrétaire S***, je conseillai à Troppmann d'écrire tout ce qu'il m'avait raconté autrefois, au procureur général.

Le même soir, lorsque je revins dans sa cellule, il me remit une lettre cachetée. Cette lettre, je la fis parvenir sur-le-champ à mes chefs.

Elle contenait ce que Troppmann m'avait dit au sujet du portefeuille.

Il le désignait comme étant un portefeuille noir enveloppé dans un foulard à carreaux rouges, enterré près de Cernay. Dans le maroquin, prétendait-il, étaient renfermés les noms de ses complices.

Comme la Cour avait nié le concours des complices de Troppmann, elle ne vit dans cet aveu qu'un but, prolonger sa dernière heure.

Les recherches ne furent pas ordonnées.

Piqué par ce parti pris de l'administration et qui renouvelait pour Troppmann le jeu de Jud, je pris sur moi d'amener au condamné Mme D***, la propriétaire de la taverne anglaise, celle qui l'avait vu le lendemain du crime causer avec l'un de ses complices que Troppmann devait retrouver mort au Havre.

Cette dame qui ressemblait à Mme Kinck lui avait fait déjà une très vive impression. Quand il la revit dans sa cellule, il fut encore très ému, il lui promit de lui écrire, de lui donner les noms de ses complices.

Cependant il ne lui écrivit pas.

Lorsque je lui demandai pourquoi il n'avait pas tenu sa promesse, il me répondit :

— Par intérêt pour elle. Si mes complices se savaient en son pouvoir, ils la tueraient.

Le 19 janvier était pour Troppmann son dernier jour.

Depuis deux jours et deux nuits la populace, très surexcitée à cette époque par la politique, ne cessait d'envahir la place de la Roquette. Elle riait, elle chantait la *Marseillaise* pendant que Troppmann, dans sa cellule, méditait sur sa dernière heure en lisant le *Dernier Jour d'un condamné*!

Alors il entrait dans la période la plus atroce qui précède l'heure suprême où le condamné à mort a la frayeur de son supplice.

Troppmann éprouva ce combat horrible, désespéré où le désir de vivre se mesure impuissant avec la justice qui lui crie : Tu vas mourir !

Dans cette lutte, il s'opère instantanément chez chaque condamné des effets physiologiques d'un caractère effrayant; il tombe dans une prostration presque complète ; il faut un Lemaire qui a la vanité de la guillotine pour paraître dédaigner la mort !

Poncet lui-même, qui sourit à la foule devant l'échafaud, n'eut pas moins un *tic* nerveux ; il se trahit par les dernières convulsions d'une crise dont les ravages allongèrent son visage au point de le rendre méconnaissable.

Troppmann, qui avait à peine vingt ans, sortit de la Roquette et parut à l'échafaud avec un visage de cinquante ans.

Il était déjà vieux sur la place de la guillotine. Il était pâle, abattu, les traits bouleversés, les yeux rougis par la fièvre, non par les larmes car il ne pleurait pas.

On avança pour lui l'heure des exécutions ordinaires, tant on redoutait les représailles de la populace qui voulait *son cadavre !*

Le cabaret, les arbres étaient remplis de monde, on buvait et chantait la *Marseillaise* pendant que l'on montait les bois de justice.

Il n'y avait pas que la place et la rue de la Roquette qui étaient bondés d'un monde jaloux de voir l'exécution de ce criminel; la prison de la Roquette était aussi occupée par un grand nombre d'auteurs, de journalistes français et étrangers. Ils avaient été convoqués par *faveur spéciale* à l'acte final du plus grand drame des cours d'assises dont Troppmann était l'épouvantable héros.

On ne soupait pas que dans les cabarets de la Roquette, on soupait chez le pharmacien d'en face, jusque dans les salons du directeur de la prison.

Les lunchs au buffet de la cour d'assises qui avaient eu lieu avec tant de scandale au moment où le président prononçait la sentence de Troppmann, se continuaient dans la prison, à deux pas de l'échafaud; c'était scandaleux, cynique, effrayant, et écœurant !

Lorsque je rejoignis l'abbé Crozes, il était près de

six heures et demie. J'étais accompagné de mon secrétaire, du directeur de la prison, du greffier de la
cour et du commissaire de police.

Le vénérable abbé me dit en me voyant :

— Il est un peu tôt.

Je lui répondis :

— Il vaut mieux être en avance, s'il résistait, s'il
fallait le porter ?

Nous arrivâmes à la cellule de la troisième cour
des bâtiments.

Lorsque je fus en présence de Troppmann, je lui
dis :

— Votre pourvoi en cassation a été rejeté le
recours en grâce repoussé, le moment est venu ; du
courage !

— Je n'ai pas peur ! murmura-t-il en courbant la
tête d'un air farouche.

Je profitai de ce dernier effort de volonté chez
ce criminel pour lui dire :

— Allons, vous n'avez pas failli à la première
nouvelle, c'est bien ! Faites votre devoir jusqu'au
bout, avouez tout, nommez vos complices.

— Je ne puis les nommer ! murmura-t-il sans
lever les yeux sur moi.

On lui enleva sa camisole de force, on lui passa
les courroies, et le prêtre, tremblant d'émotion, lui
dit les dernières prières.

La toilette terminée, on jeta un vêtement sur ses
épaules presque nues. On lui demanda encore avant
l'arrivée de l'exécuteur :

— Persistez-vous dans vos allégations?

— Parfaitement ! parfaitement !... balbutia-t-il à deux reprises différentes.

Alors l'exécuteur le tint par la courroie qui lui liait les mains.

L'aumônier marchait à sa droite, je me tenais à sa gauche, à une distance respectueuse de façon à ne pas trahir le secret de la confession.

Il embrassa le prêtre à deux reprises ; arrivé à la guillotine, j'entendis distinctement les dernières paroles prononcées à l'abbé :

— Ah ! « Dites bien à M. Claude que je persiste.... »

Il s'arrête, regarde l'échafaud :

Par un effort désespéré, plein de rage, il brise les entraves qui le gênent.

Pour la première fois, en public, Troppmann donne des signes manifestes de terreur et de révolte,

On parvient non sans peine à l'étendre sur la bascule ; il porte brusquement la tête et le corps du côté droit.

Ramené vers la demi-lune, il s'élance violemment en avant, cherche à y introduire l'épaule droite.

Par son agilité, par sa force extraordinaire, que seconde l'élasticité de son corps, il se cramponne, il *s'acharne* à la vie.

C'est une lutte ignoble, épouvantable entre l'exécuteur et l'exécuté.

L'exécuteur le maintient de la main droite tandis que, de la gauche, il presse un ressort et fait tomber le couteau.

Avant l'expiation, Troppmann reparaît tel qu'il a

été sur le champ Langlois ; il mord la main du bourreau !

Quand la tête tombe, deux individus sortis on ne
sait d'où, se précipitent sous l'échafaud.

Ils ramassent avec leur mouchoir le sang qui
coule à travers les planches des bois de justice pour
se répandre sur le pavé.

Lorsqu'un officier de paix s'élance sur les deux
hommes, ils se sont enfuis.

Quels pouvaient être ces inconnus ?

Deux admirateurs de Troppmann... Deux complices.... peut-être ?

CHAPITRE VII

LE DEUXIÈME COUP DE FOUDRE : VICTOR NOIR.

A peine Troppmann sortait-il de la prison de la Conciergerie, qu'un prince de la maison de l'Empereur y entrait, le prince Pierre Bonaparte.

Et le journal officiel publiait le décret suivant:

« Napoléon

etc., etc.

Vu les rapports qui *attribuent* au prince Pierre Bonaparte un homicide commis le 10 janvier 1870, sur la personne du *sieur* Victor Noir.

Attendu que l'inculpé appartient à notre famille, dès lors l'instruction doit être faite par *La Haute Cour de Justice.*

Vu les articles du sénatus-consulte de 1858 et du sénatus-consulte de 1852.

Sur la proposition de notre garde de sceaux, ministre de la justice, décrétons :

La chambre des mises en accusation sera convoquée pour statuer sur le fait d'homicide imputé au prince Pierre Bonaparte.

Notre garde des sceaux est chargé de l'exécution du présent décret.

Fait au palais des Tuileries, le 10 janvier 1870,

NAPOLÉON. »

Par l'Empereur,

Le garde des sceaux, ministre de la justice et des cultes,

ÉMILE OLLIVIER. »

Mais le nouveau ministre de l'empire libéral n'avait pas eu besoin d'ordonner l'arrestation d'un des cousins de Sa Majesté.

Le prince Pierre Bonaparte avait été au devant de cet ordre en se constituant prisonnier entre les mains du commissaire de police d'Auteuil.

Il avait été immédiatement conduit à la Conciergerie.

Voici ce qui s'était passé dans la journée du 10 janvier : un jeune homme sortait en trébuchant de la porte entr'ouverte de la maison d'Auteuil, appartenant au prince Pierre Bonaparte.

Immédiatement, un individu moins grand, un peu

plus âgé que le premier, sortait par la même porte,
il criait en agitant fébrilement son chapeau :

« — On assassine chez le prince Pierre !

Alors un concierge de la rue Erlanger, le nommé
Fauch voyait tomber le premier jeune homme au
moment où il s'épuisait à traverser la chaussée. Il se
précipitait sur lui. Aidé d'un maçon, il transpor-
tait l'agonisant chez un pharmacien voisin.

Dans ce quartier assez désert, peu de personnes
avaient été témoins de ce drame ; le cortège, jusque
chez le pharmacien, n'était à peine formé que par
une vingtaine de personnes.

Lorsque la victime fut transportée dans la boutique, on l'étendit sur le sol, Fauch lui souleva la tête ;
un râle s'exhala de la poitrine du malheureux.

Le concierge de la rue Erlanger déboutonna sa
redingote, il aperçut du sang qui s'échappait d'une
blessure au sein gauche.

« — Un petit trou où l'on ne pouvait entrer que
le petit doigt. »

Le pharmacien, nommé Martreux, en constatant
la gravité de cette blessure, s'écria :

« — Sans un médecin, je ne puis rien faire. »

A peine avait-il dit ces mots que le second individu
sorti de la porte cochère de la maison du prince,
entra dans la pharmacie.

Le concierge Fauch le reconnut et lui dit :

— Comment, monsieur, vous n'avez pas défendu
votre ami ?

— Mais, lui répondit-il, en montrant son paletot
déchiré, je suis blessé moi-même.

Il n'avait pas achevé ces mots qu'un médecin pé-

nétrait chez le pharmacien. Il venait du côté de
la rue où était un fiacre qui n'avait cessé de sta-
tionner depuis l'arrivée des deux blessés à la
maison du prince.

Dès que le docteur entra, le compagnon du jeune
homme ne donnant plus signe de vie demanda à ce
dernier :

— Vous ne le connaissez pas? C'est Victor Noir.

— Oui, c'est lui, répondit le docteur en secouant
tristement la tête, ou plutôt c'était lui. Pauvre garçon! C'est fini!... A vingt ans!

Celui qui, le premier faisait connaître à la foule
le nom de Victor Noir tué par le prince Pierre Bonaparte, c'était Ulrich de Fonvielle.

Le fiacre, qui stationnait pendant l'entrevue de
Fonvielle et de Noir avec le prince, était occupé par
Paschal Grousset.

Le docteur qui accourait au secours du moribond,
qui constatait sa mort, n'ignorait pas l'issue affreuse
de cette entrevue, depuis que Fonvielle avait abandonné Louis Noir pour aller au fiacre de Paschal
Grousset, avant de retourner au pharmacien.

Alors Victor Noir avait cessé de vivre.

Deux heures après, tout Paris savait que le plus
jeune des reporters de la presse démocratique avait
été frappé à mort par un Napoléon.

La nouvelle arrivait au château en même temps
qu'aux faubourgs; au château, pour aviser aux
moyens de parer sur-le-champ à ce nouveau coup
de foudre; aux faubourgs, pour profiter du coup de
tonnerre qui, habilement dirigé, pouvait mettre le
feu aux poudres et faire sauter les Tuileries!

Avant d'expliquer ce qui avait amené ostensible-
ment Victor Noir et Ulrich de Fonvielle à Auteuil et
secrètement Paschal Grousset, je cite textuellement
le récit que de Fonvielle fit de sa rencontre avec le
prince Pierre et qui se termina par la mort de Victor Noir :

« Le 10 janvier 1870, écrit-il, nous nous sommes
rendus, Victor et moi, chez le prince Pierre Bonaparte, rue d'Auteuil, 59 ; nous étions envoyés par
M. Paschal Grousset, pour demander au prince Bonaparte raison d'articles injurieux contre M. Paschal Grousset, publiés dans l'*Avenir de la Corse*.

« Nous remîmes nos cartes à deux domestiques
qui se trouvaient sur la porte. On nous fit entrer
dans un petit parloir, au rez-de-chaussée, à droite.
Puis, au bout de quelques minutes, on nous fit
monter au premier étage, traverser une salle
d'armes, et enfin pénétrer dans un salon.

« Une porte s'ouvrit et M. Pierre Bonaparte
entra.

« Nous nous avançâmes vers lui et les paroles
suivantes furent échangées entre nous :

« — Monsieur, nous venons de la part de M. Paschal Grousset vous remettre une lettre.

« — Vous ne venez donc pas de la part de M. Rochefort, et vous n'êtes pas de ses manœuvres ?

« — Monsieur, nous venons pour une autre
affaire, et je vous prie de prendre connaissance de
cette lettre.

« Je lui tendis la lettre ; il s'approcha d'une
fenêtre pour la lire. Il la lut. Après l'avoir froissée
dans sa main, il revint vers nous.

« — J'ai provoqué M. Rochefort, dit-il, parce qu'il est le porte-drapeau de la *crapule*. Quant à M. Grousset, je n'ai rien à lui répondre. Est-ce que vous êtes solidaires de ces charognes?

« — Monsieur, lui répondis-je, nous venons chez vous, loyalement et courtoisement, remplir le mandat que nous a confié notre ami.

« — Êtes-vous solidaire de ces misérables?

Victor Noir lui répondit :

« Nous sommes solidaires de nos amis.

« Alors, s'avançant subitement d'un pas, le prince donna de la main gauche un soufflet à Victor Noir, tira un revolver à dix coups qu'il tenait tout armé dans sa poche et fit feu sur Noir.

« Il bondit sur le coup, appuya ses mains sur sa poitrine, s'enfonça dans la porte par où nous étions entrés.

« L'assassin se précipita alors sur moi et me tira un coup de feu.

« Je saisis un pistolet que j'avais dans ma poche, et pendant que je cherchais à le sortir de son étui, il se rua sur moi; mais lorsqu'il me vit armé, il recula, se mit devant la porte et me visa.

« Comprenant que si je tirais un coup de feu, on ne manquerait pas de dire que nous avions été les agresseurs, j'ouvris une porte derrière moi, je me précipitai en avant en criant : A l'assassin!

« Au moment où je sortais, un second coup de feu retentit pour trouer mon paletot.

« Alors je trouvai Victor Noir qui venait de descendre l'escalier et qui expirait! »

Voilà le récit d'Ulric de Fonvielle, dans lequel il

n'est nullement question de l'attitude des témoins de Paschal Grousset devant leur agresseur.

Mais ce qui est incontestable, c'est l'attitude héroïque du jeune Noir, ayant encore la force, une balle dans la poitrine, de descendre l'escalier pour expirer sur la chaussée !

Au moment où la terrible nouvelle courait dans Paris, l'empereur revenait de la chasse.

Un agent, qui avait été de service à Auteuil, venait de prévenir la police du château et la police de sûreté.

La mort de Victor Noir fut connue de l'empereur lorsqu'il descendait du train pour se rendre à Paris.

Le garde des sceaux et le ministre de l'intérieur se rendirent aux Tuileries dès l'arrivée de Sa Majesté.

En l'absence de l'Empereur, le décret qui convoquait la haute cour de justice avait été préparé pour répondre aussitôt à l'opinion terrifiée et indignée.

L'Empereur, en apprenant la terrible nouvelle, devint très pâle. Il sentait que le pistolet dirigé par son imprudent cousin contre Victor Noir le visait plus directement qu'il n'avait visé la victime. Il parut très accablé par ce nouveau coup de foudre.

Malgré son flegme, il ne put cacher ses poignantes émotions. Il dit à Ollivier, son confident, et au ministre de l'intérieur :

— J'approuve tout ce que vous avez fait. Personne, dans ma famille ne doit être au-dessus des lois.

De son côté, le prince Pierre Bonaparte, comprenant la gravité de sa position, n'attendit pas la justice pour se constituer prisonnier.

En vain, les bonapartistes zélés, les amis du prince accoururent-ils à Auteuil pour le féliciter d'avoir si bien répondu aux *menaces de la canaille*, le prince leur répondit :

— Ne me félicitez pas, c'est un affreux malheur !

Et il se rendit à la Conciergerie, en se faisant accompagner par le commissaire de police d'Auteuil.

Voici en peu de mots ce qui avait amené cet affreux malheur, selon l'expression d'un prince qui l'avait provoqué.

Une vive polémique s'était engagée entre M. Tommasi, rédacteur en chef de la *Revanche*, journal libéral, publié en Corse, et M. Della Rocca, rédacteur en chef de l'*Avenir de la Corse*, journal dévoué à la famille impériale.

Le prince Pierre qui avait des loisirs, qui n'avait pas d'emploi au château, utilisait ses vacances à défendre le château.

Il écrivit à l'*Avenir de la Corse* en fustigeant les adversaires de sa famille :

« Laissons ces *vitioli*, écrivit-il, à l'opprobre de leur trahison, et qu'il me soit permis de rappeler un mot d'un diplomate américain qui, à propos des *ordures* que certains journaux ont jeté à la colonne, disait que la France elle-même, ce grand pays, est plus connue dans l'univers par Napoléon que Napoléon par la France

« Malgré les *escargots* rampant sur le bronze

pour le rayer de leur bave, l'auréole du **grand** homme ne sera pas ternie.

« Que les Corses ne se préoccupent du disparate que d'*infâmes* folliculaires de Bastia tentent d'établir dans nos sentiments presque unanimes et qui se sont élevés ici au niveau d'une religion nationale.

« Et que notre chère Corse soit toujours fière de sa solidarité avec la France et avec son élu.

« *En viva* li nostri.

« Je vous serre la main, et je suis votre affectionné

« P.-N. Bonaparte. »

M. Tommassi répondit à cette lettre par l'article suivant que publia la *Revanche :*

« Ce prince n'est pas Corse. Il qualifie de *mendiants*, de *vituli*, des citoyens indépendants qui pourraient lui donner des leçons de patriotisme.

« Prince, avez-vous oublié ce que vous écriviez aux citoyens de la Corse en 1848, alors que, plus *républicains que nous*, vous veniez mendier nos suffrages, parce que vous voyiez dans le gouvernement de la république le moyen de faire fortune.

« Au surplus, nous prenons acte des extravagantes menaces de Pierre-Napoléon Bonaparte, et nous en laissons à notre adversaire toute la responsabilité.

« Louis Tommasi,
« Bâtonnier de l'ordre des avocats,
près la cour de Bastia. »

La *Marseillaise*, dirigée par Rochefort, qui comptait parmi ses rédacteurs Paschal Grousset, l'un des collaborateurs de Tommasi, et des fondateurs de la *Revanche*, la *Marseillaise* intervint dans le débat.

La querelle s'envenima à Paris ; elle prit d'autres proportions que celle d'une lutte de clocher. Alors le prince Pierre écrivit à Henri Rochefort :

« Vous m'insultez par la plume de vos manœuvres, c'est tout naturel, et mon tour devait arriver.

« Si votre poitrine ne se trouve pas garantie par votre encrier, si vous consentez à tirer les verrous qui rendent votre honorable personne inviolable, vous ne me trouverez ni dans un palais ni dans un château. J'habite tout bonnement, 59, rue d'Auteuil, et je vous promets que si vous vous présentez, on ne dira pas que *je suis sorti*.

« En attendant votre réponse, j'ai encore l'honneur de vous saluer.

« A Monsieur Henri Rochefort,

9, rue d'Aboukir,

Paris. »

Durant cet échange de lettres entre le prince et le rédacteur de la *Marseillaise*, Paschal Grousset chargeait Victor Noir et Ulric de Fonvielle de demander en son nom une explication au prince Pierre Bonaparte.

On a vu, au début de ce chapitre, l'issue de cette démarche, tandis que Paschal Grousset attendait dans un fiacre le résultat d'une entrevue aboutissant à la mort de Victor Noir !

Le drame d'Auteuil a été le prologue d'un autre drame qui marque dans la vie d'un peuple ; il s'appelle l'année 1870-1871, l'année de la guerre, de la déchéance, de l'invasion et de la commune, l'Année terrible !

Pour que rien n'amortît le choc violent que les *irréconciliables* préparèrent contre le château, le rédacteur de la *Marseillaise* écrivit le soir du meurtre, en tête de sa feuille :

« J'ai eu la faiblesse de croire qu'un Bonaparte pouvait être autre chose qu'un assassin.

« J'ai osé m'imaginer qu'un duel loyal était possible dans cette famille où le meurtre et le guet-apens sont de tradition et d'usage.

« Notre collaborateur Paschal Grousset a partagé mon erreur, aujourd'hui nous pleurons notre pauvre et cher ami Victor Noir, assassiné par le bandit Pierre-Napoléon Bonaparte.

« Voilà dix-huit ans que la France est entre les mains ensanglantées de ces coupe-jarrets qui, non contents de mitrailler les républicains dans les rues, les attirent dans les pièges immondes pour les égorger à domicile.

« Peuple français, est-ce que décidément tu ne trouves pas qu'en voilà assez ?

« Henri Rochefort. »

Cet entrefilet menaçant, écrit sur le corps encore chaud de Victor Noir, était une provocation à la guerre civile.

L'empire était arrivé à sa fin de bail.

Comme tous les régimes à nouveau qui gouvernent la France depuis près d'un siècle, l'empire tombait par ce qui l'avait fait naître.

Un coup de pistolet parti du boulevard des Capucines avait décidé de la chute de la royauté de Louis-Philippe, un coup de pistolet parti de la maison d'Auteuil allait décider de la chute de l'empire !

Rochefort ramassait la balle qui tuait un de ses lieutenants, pour la relancer d'une façon plus meurtrière contre ses adversaires.

Les nuages qui portaient la foudre se rencontraient pour pulvériser un trône n'ayant plus pour soutien qu'Emile Ollivier.

Le nouveau ministre de la justice prenait personnellement une étrange attitude en face du vengeur de Noir.

Rochefort et Ollivier, deux républicains, étaient portés cependant en sens inverse vers le gouffre ouvert sur la France impériale.

Personne, du reste, ne s'appartenait plus dans l'orage épouvantable qui soufflait sur la France.

Le jour de la catastrophe, j'étais requis pour agir contre de ténébreuses légions dont les chefs déclaraient la guerre à l'empire, sorti naguère de leurs défaites !

Toute la police de sûreté dut être sur pied à l'appel du rédacteur en chef de la *Marseillaise* ; et la maison de justice ne s'ouvrit au cousin de l'empire que pour en faire sortir tous mes agents.

Je les dirigeai dans les quartiers les plus excentriques pour maintenir l'ordre menacé, pour contenir partout les esprits surexcités.

J'avoue que j'étais aussi très troublé par ce terrible événement.

Ne remettait-il pas en question un pouvoir ébranlé, lorsque son chef, malade, sans soutien, était à la merci des moindres incidents, qui se précipitaient en devenant plus inattendus, plus sinistres, plus inquiétants de jour en jour ?

Je sentais comme tout le monde, dans la mort de Victor Noir, le commencement de la fin !

Appelé par devoir, obligé par ordre à surveiller ceux qui nous surveillaient en menaçant le pouvoir que nous avions tant à défendre, je résolus, dans cette situation perplexe, d'aller trouver celle qui était venue si souvent solliciter mon concours et mon appui.

Je me rendis chez Mme X***, parce que je la savais, en dehors de sa nature excentrique et bizarre, une femme avisée et très énergique ; parce que, indépendamment de l'appui que je pouvais en tirer, je me rappelais qu'elle était la voisine du prince Pierre Bonaparte.

Mme X*** devait, en effet, m'apprendre des détails que j'ignorais sur le drame d'Auteuil.

Cette femme m'en apprit trop pour mon malheur !

On en jugera par les phases où je passai moi-même à cette funeste époque, dont l'événement d'Auteuil fut le sanglant précurseur !

CHAPITRE VIII

MON ÉGÉRIE

Lorsque j'arrivai à Auteuil, le soir même de l'événement, je trouvai la rue, les abords de la maison du prince Pierre, envahis par une foule compacte, houleuse et sinistre.

Ses cris, ses huées, ses sifflets entremêlés des chants de la *Marseillaise*, ses menaces contre le prince Pierre et sa famille, m'annonçaient que l'Empire était à la veille dè subir les effets d'une révolution longtemps préparée.

Cette fois, le peuple n'avait pas eu besoin des *blouses blanches* de M. Lagrange pour se masser contre les agents de l'autorité.

Je n'étais plus en face d'une manifestation *pour rire* du boulevard Montmartre.

Autant les rancuniers de Décembre s'étaient méfiés des émeutes faites naguère par des révolutionnaires salariés, chantant une *Marseillaise* dont chaque note était réglée par le bâton d'un chef d'orchestre dont la police payait les violons, autant les vieux proscrits de Décembre s'étaient empressés d'accourir à Auteuil pour venger *un enfant du peuple tué par un prince!*

La police politique n'avait plus besoin de chercher une occasion pour provoquer une révolution.

La révolution s'annonçait d'elle-même.

Elle pouvait bien ne pas vaincre, être vaincue encore une fois? En tous les cas, elle mettait de plus en plus l'Empire dans son tort, jusqu'à l'heure de la revanche définitive!

Ce fut, le cœur navré, l'âme désespérée qu'en traversant la foule hostile, je me dirigeai au bout de la rue Erlanger, à la petite maison d'Auteuil de mon amie Mme X***.

Il fallut que je répétasse mon nom plusieurs fois à travers la porte barricadée, pour qu'elle s'ouvrît discrètement par la concierge.

J'entrai à la maison d'Auteuil, comme un voleur, pour échapper à la multitude qui, déjà, confondait dans la même haine, tous les voisins du prince Pierre.

A peine fus-je annoncé par un domestique au visage bouleversé et à l'air inquiet, que Mme X*** s'empressa de me recevoir dans son petit salon de travail.

Elle était enveloppée d'une longue robe de chambre qui faisait ressortir sa maigreur. Ses traits altérés, quoique énergiques, exprimaient une expression d'angoisse et de colère causée par le terrible événement.

Dès qu'elle m'aperçut, elle se croisa les bras sur la poitrine, elle eut un sourire dédaigneux.

Comme si elle eut deviné ma démarche, elle me dit en haussant les épaules :

— Eh bien, monsieur l'orléaniste, vous devez être content ! Voilà un coup de pistolet qui avance les affaires de M. Thiers ?

Je ne m'attendais pas à cette attaque.

Il était évident que Mme X*** augurait mal de ma démarche auprès d'elle et qu'elle la mettait sur le compte d'un manque de générosité qui n'était pas dans mon caractère.

— Ma chère amie, lui répondis-je, vous me jugez bien cruellement lorsque un affreux malheur menace l'Empire. Vous me jugez bien mal, si vous croyez que je viens chez vous pour vous défier ! Non, telle n'est pas mon intention. Au moment où l'Empereur a le plus besoin de tous ses soutiens, je me rends auprès de vous, au contraire, pour me renforcer de votre intelligence, de vos lumières et de votre énergie. Mon intention, en me rendant chez vous, n'a qu'un but : agir plus efficacement contre la révolte allumée par une étincelle jetée si imprudemment sur cette traînée de poudre.

— Excusez-moi de vous avoir méconnu encore une fois, me répliqua-t-elle en me souriant tout à coup et en me prenant affectueusement les mains. Et votre démarche est d'autant plus méritoire que l'empire est *fichu*, archi-fichu !

Mme X*** courba le front, puis elle reprit son expression mélancolique et sombre.

— Oui, ajouta-t-elle en marchant à grand pas, comme si elle se parlait à elle-même, l'Empire est perdu! La grande duchesse, qui a si longtemps habité ici, a achevé son œuvre commandée depuis dix ans par la Prusse. Maintenant l'Empereur ne s'appartient pas plus aux Tuileries qu'ailleurs! Cerné par l'étranger dans son palais, cerné par la démocratie jusqu'au cœur de Paris, il aura beau, par un nouveau plébiscite, forcer encore en sa faveur le suffrage universel des *paysans*, rien n'y fera! L'étranger est d'accord avec nos ennemis de l'intérieur pour le déloger des Tuileries! Lui-même n'a-t-il pas donné le premier coup de pioche à sa maison en y laissant pénétrer des républicains comme cet Emile Ollivier? L'Empereur se perd, il est perdu, vous dis-je? En appelant à la curée des places, céux qui n'étaient autrefois habitués qu'au martyre, l'Empereur a rendu plus envieux, plus haineux, plus irréconciliables les gens qui ne vivent pas encore du pouvoir livré aux *infidèles*! Vous voyez aujourd'hui le beau résultat de la conspiration de Compiègne contre les anciens serviteurs de l'Empereur. En nous forçant à céder la place à des conspirateurs, à des traîtres, l'Empereur est menacé de tous les côtés, lui-même s'est désarmé, s'est dépouillé, après avoir, dans un but de popularité illusoire, travaillé à l'affaiblissement de son autorité!

A mesure que Mme X*** parlait, elle s'exaltait et son exaltation, en prenant de plus grands élans, faisait accélérer sa marche.

Je la considérai d'un air de stupeur.

En entendant du dehors les rumeurs de la populace, je me disais que cette femme, toute exaltée,
toute folle qu'elle pût être, pouvait bien avoir le
don de la seconde vue.

Je me hâtai de lui répondre pour la pousser sur le
terrain où elle se plaçait elle-même.

— Avouez, lui dis-je, tout en mettant sur le
compte de votre mauvaise humeur, vos paroles inspirées par l'imprudence du prince Pierre, avouez
que les ennemis de l'Empereur ne tiendraient pas un
autre langage !

— Eh ! exclama-t-elle, piquée par ma leçon.
C'est la faute de l'Empereur ! Pourquoi conspire-t-il
aux Tuileries, absolument comme s'il était encore à
Ham ? Puisqu'il ne sait plus régner, depuis qu'il
n'a plus son Morny, son Billaud pour le gouverner !
Eh bien, qu'il abdique !

— Vous croyez? lui demandai-je avec inquiétude,
que l'Empire en est là !

Mᵐᵉ X*** me regarda d'un air dédaigneux.

— Et vous êtes encore assez simple, vous, qui
avez connu la révolution 1848, riposta-t-elle, pour
ne pas voir que la situation est aujourd'hui la
même et qu'elle est empirée par les orléanistes qui,
derrière M. Thiers, se joignent aux royalistes, afin
de soulever les chefs les plus violents de la plus
basse démocratie ?

— Excusez-moi, lui répondis-je, je ne suis qu'un
modeste policier ! Habitué au monde des voleurs
et des assassins, j'ai peu franchi le cercle de cette

sphère immonde, et je ne posséde pas comme vous cette profondeur de vue...

— Eh bien, interrompit Mme X*** en verve de boutades, élargissez la sphère du monde des assassins, des voleurs et vous aurez devant vos yeux la sphère du monde politique !

— Vous m'avez accoutumé, lui ripostai-je en souriant, à vos paradoxes. En un autre moment, je me plairais à les écouter et à les discuter ; à cette heure, je me suis donné une autre mission en me rendant auprès de vous.

— Parlez, mon ami, je vous écoute, acheva-t-elle, en s'asseyant près d'une table chargée de papiers sur lesquels j'entrevis le timbre de la préfecture et du bureau de la division politique.

— Vous êtes, lui dis-je, la voisine du prince Pierre Bonaparte ; et en votre qualité d'Egérie politique du ministre de l'intérieur...

— Vous désirez, m'interrompit-elle, que je devienne aussi la « vôtre ».

— Précisément.

— Alors, me dit-elle en me persiflant, les rôles, cette fois, sont changés. Ce n'est plus moi qui viens vous trouver, dans un cas difficile, c'est vous à votre tour, comme chef de la sûreté, qui venez vous éclairer auprès de moi.

— Je vous devais bien cette visite, lui répondis-je, depuis l'affaire Orsini, j'ai su apprécier la justesse de vos appréciations ; et vous êtes trop près du prince Pierre, pour ne pas savoir comment s est passée l'affaire du coup de pistolet qu'exploitent les républicains contre l'Empire menacé.

— Et, me répondit-elle en se levant, en me désignant du doigt un papier sur lequel étaient écrits ces mots : *Rapport sur le drame d'Auteuil* ; et je vais sur-le-champ vous satisfaire. D'abord, ajouta-t-elle, je vous crois trop intelligent pour prendre à la lettre le témoignage du petit Fonvielle.

— En effet, lui répondis-je, autrement le prince Pierre serait une brute féroce.

— Et le qualificatif est de trop ! m'arrêta-t-elle.

— Alors, lui dis-je vivement, veuillez m'expliquer comment les choses se sont passés.

— Très volontiers, me répondit-elle, et les détails que je vais vous donner, je les tiens des domestiques de la maison du prince. Je vous les donne comme ils me les ont donnés. Vous pensez bien que le prince Pierre n'a pas tiré sur Victor Noir sans qu'il y ait eu de sa part ou de la part de son compagnon une provocation. Or, toujours sur les on-dit, Victor Noir et Ulrich de Fonvielle n'ont pas été, vis-à-vis du prince, les envoyés très courtois de Paschal Grousset. Il y a eu guet-apens.

— Ce n'est pas, l'interrompis je, ce que dit Fonvielle ?

— Non, mais pouvait-il dire autrement.

— Les domestiques du prince, lui objectai-je et pour presser davantage Mme X***, peuvent-ils être plus croyables que les amis de Paschal Grousset ?

— En tous les cas, me répondit-elle, les faits parlent d'eux-mêmes en faveur du prince. Des témoins ordinaires arrivent-ils dans le domicile de celui que leur désigne un ami offensé, armés jusqu'aux dents ?

— Mais, continuai-je, c'était le prince qui était armé.

— Comme Fonvielle qui portait aussi une canne à dard et un revolver à six coups.

— Ah ! m'écriai-je très étonné, mais le rapport de ce dernier ne parle pas de cela ?

— Pas plus, ajouta Mme X***, que du coup de poing de Victor Noir, attribué au prince et appliqué pourtant à la joue gauche du prince pendant que Fonvielle, blotti derrière un fauteuil, armait son pistolet pour répondre au coup de revolver qui tuait Victor Noir.

— Alors, m'écriai-je, au comble de la surprise, si les choses se sont passées ainsi, c'est que, comme vous le dites, elles étaient préméditées. Mais la passion politique, qui a suggéré cette entrevue pour la faire dégénérer en un duel à l'américaine, se refusera toujours à montrer le prince autrement que sous les sombres couleurs étalées par les amis de Paschal Grousset.

Ils y comptent bien ! ajouta Mme X***, c'est là où est le malheur.

— Et lui demandai-je, que croyez-vous entre la version de Fonvielle et celle des domestiques du prince...

— Mais la vérité, ajouta-t-elle, la vérité qui saute aux yeux des gens les moins prévenus.

— Ne l'êtes vous pas vous-même ? lui ripostai-je.

— Vous ne le croyez pas, ajouta-t-elle, ou si vous le croyiez vous feriez tort à votre intelligence. Mais si les choses ne s'étaient pas passées ainsi, comment admettriez-vous la présence de Paschal Grousset à

Auteuil, lorsque ses témoins armés se présentaient en son nom pour demander raison au prince? Comment un quatrième personnage, ami des trois derniers, se trouvait-il aussi là, comme par hasard, en cas où l'explication trop vive des témoins aurait tourné d'une façon tragique? Il est constant qu'on connaissait le caractère du prince Pierre; il ne s'agissait que de l'aigrir pour arriver au coup de pistolet qui, aujourd'hui, vise l'empereur en passant par-dessus le cadavre de Victor Noir. Voilà mon opinion. Je la résume ainsi dans mon rapport adressé à la division politique. Si elle n'est pas la vôtre, c'est que vous n'êtes pas de nos amis, c'est que je ne suis votre Égerie que par la forme, en attendant que vous retourniez à nos ennemis, à votre ancien ami M. Thiers qui sert de cheval de renfort à tous ceux qui n'osent encore se passer de lui pour mettre dans leur jeu la France révolutionnaire! N'en doutez pas, mon cher Claude, le coup de pistolet qui vient de tuer Victor Noir par la main de cet imprudent prince, est le même coup de pistolet qui, en 1848, a tué une royauté aussi en péril que l'est aujourd'hui l'empire. Je vous ai dit ce que je savais, ce que je pensais de ces malheureux événements! Maintenant, si vous aimez l'empereur, ou tout au moins si vous tenez à faire votre devoir, agissez comme doit agir un bon serviteur contre les ennemis acharnés du Souverain, c'est votre Égerie qui vous parle et qui, au besoin, vous l'ordonne.

Alors Mme X*** se leva d'un air inspiré; elle me salua avec une majesté de reine. J'étais subjugué par cette étrange créature qui s'exaltait autant par le danger que par l'amour du plaisir et qui, se complaisait aussi bien dans les émotions violentes que dans les sentiments exagérés.

Sur la fin de notre entretien, j'entendais dans la rue les voix de plus en plus menaçantes de la multitude.

Il semblait que pour cette femme, altérée de jouissances, les cris de la foule excitaient encore sa fougueuse et cruelle âpreté. Ses ardeurs m'exaltaient; et en la quittant mon parti était pris.

Il le fut bien davantage quand, après avoir gagné la porte de la maison de mon Égerie que, par prudence, la concierge ne fit qu'entre-bailler, je me glissai dans la foule furieuse.

Partout je n'entendais proférer que des cris de mort, je ne voyais que des visages sinistres qu'on ne rencontre que dans des jours de révolution.

Des gens à barbe grise, des enfants au teint hâve, les mains sous la blouse, murmuraient en roulant des yeux farouches des mots comme ceux-ci, un mot d'ordre, sans doute :

— Demain, au Corps législatif, puis au château !

Si ces gens-là m'avaient reconnu, ils auraient probablement fait de moi ce qu'ils devaient faire de plusieurs de mes agents, à l'arrestation de Rochefort.

Rentré à la Préfecture, je n'hésitai pas à prendre des mesures en rapport avec l'attitude de la foule et avec l'opinion que m'avait suggérée mon Égerie.

Hélas ! malgré moi, je devais rester le soldat du devoir, il ne m'était plus permis d'apprécier la mauvaise cause à laquelle j'étais lié par reconnaissance. Au nom de la société en péril je n'avais plus qu'à obéir à la loi de la hiérarchie qui m'enchaînait à l'empire!

CHAPITRE IX

LE PRINCE ET LE REPORTER

Lorsque le prince Pierre Bonaparte reçut le jeune Victor Noir il ne croyait pas qu'il en deviendrait sitôt le meurtrier.

L'insouciant reporter, à la veille de se marier, ne se doutait pas non plus, en se préparant à être reçu par un prince, que cet honneur que lui faisait son parti, le conduirait à la mort et à la popularité !

Non, l'enfant de Paris dont la verve et la jovialité étaient surexcitées par le rôle qui lui était donné, ne songeait guère à ce qui l'attendait chez un prince, jaloux du nom de Napoléon dont il était fier, comme Victor Noir était fier de ses gamineries... de reporter.

Les événements ont été plus forts que ces deux hommes. L'un descendait déjà le chemin de la vie, l'autre le montait à peine pour être trop tôt broyé par des événements épouvantables.

Victor Noir n'a été qu'un enfant terrible. Il a joué avec le feu, quand l'incendie était préparé pour allumer, après la plus épouvantable des guerres, la plus épouvantable des révolutions.

A l'époque où éclata ce nouveau coup de foudre, le prince Pierre était convalescent. Dédaigné du château, il était depuis son mariage plébéien, presque mis en quarantaine par son auguste famille.

Ce fils de Lucien, après avoir mené à travers le monde une vie d'aventures ; carbonaro en Italie, trappeur dans le Nouveau-Monde, jouant partout aussi bien de la dague et du revolver que de la guitare, avait fini, en touchant à la vieillesse, par se réfugier dans une retraite absolue.

Il ne demandait qu'à être oublié à Auteuil. Il se livrait à des travaux de lettré et de savant.

Ce ne fut qu'à son corps défendant qu'il se jeta dans la lutte lorsque les journaux corses de l'opposition vinrent le traquer dans la retraite paisible qu'il s'était choisie, à l'exemple de son père.

Ce ne fut pas sa faute si un Corse ambitieux, **en** s'attaquant à son nom, le força à rentrer dans la lice.

On a vu par sa polémique avec le rédacteur en chef de la *Revanche de la Corse*, qu'en défendant le nom de Napoléon, le prince Pierre ne défendait que sa famille vertement attaquée. Le malheur voulut que la discussion, par la volonté des ennemis de l'empire, s'étendit sur un terrain plus vaste, de la Corse à Paris.

Alors un gavroche, Victor Noir, se mit de la partie. Le malheur voulut que le plus honnête des Bonaparte commît un acte odieux contre un gamin parisien qui ne voyait que la *chance* de porter un cartel à un prince *pour de bon !*

Comme ce gavroche ne le cédait en rien pour la fougue, pour les reparties brutales à ce prince, il advint de tout cela le drame d'Auteuil qui, pour tous ceux qui avaient lancé les témoins de Grousset contre un Bonaparte, devait préparer la révolution future.

La mise en scène de ce drame ne passa pas inaperçue pour la police.

Les adversaires de l'empire savaient fort bien, et mieux que Victor Noir, que de cette lutte d'un prince avec un enfant de Paris devait surgir la révolution, parce que la capitale aime ses enfants !

Le coup de pistolet de Pierre Bonaparte, en tuant un enfant de Paris, retentit jusqu'aux faubourgs.

Trois jours après le meurtre, si Paris ne vengea pas Victor Noir, si Paris attendit, c'était parce que la police était, en ce temps-là, mieux organisée que l'émeute,

Mais si la révolution n'eut pas lieu derrière le corbillard de la victime de Pierre Bonaparte, elle ne fit que s'ajourner, pour s'inscrire à la date du 4 septembre !

Les sentinelles perdues de la grande armée révolutionnaire qui, à l'enterrement de Victor, ne comptaient pas moins de deux cent mille Parisiens, se recrutaient déjà dans des journaux comme le *Corsaire,* et le *Citoyen* dont les rédacteurs en chef avaient plus d'amendes que d'abonnés.

En revanche, leurs journaux possédaient une clientèle de bourgeois commanditaires qui répondaient de leurs amendes.

Ils fournissaient, en outre, aux feuilles mieux posées dans la démocratie, de jeunes écrivains qui venaient grossir le bataillon des journalistes plus influents, comme ceux du *Réveil*, du *Rappel* et de la *Marseillaise*.

Victor Noir appartenait à cette dernière catégorie de rédacteurs, il avait commencé par le reportage... politique.

A voir ce grand et fort garçon, à la figure de baby, rosée et poupine, souriante avec des lèvres pleines d'appétit, au nez effronté, goguenard, aux joues d'api, aux petits yeux à la chinoise d'où jaillissait un regard vif et malicieux, à voir cette tête ronde et jeune sur ce corps de géant bon enfant, on ne pouvait supposer qu'il fût l'auteur de ces terribles *Nouvelles à la main*, ou plutôt *à la poigne* qui, dans le *Corsaire*, le *Rappel*, la *Marseillaise*, furent plus désagréables à l'autorité qu'une bataille dans la rue.

Victor Noir, le reporter, avait déjà figuré dans l'affaire de l'imprimeur Rochette et de l'*Inflexible*. Victor Noir, sentinelle de la démocratie, enfant taquin et turbulent, ne pouvait manquer l'occasion d'être, pour ses amis, un témoin très désagréable contre un prince de la famille Bonaparte.

Lorsque son parti le désigna pour se rendre à la maison d'Auteuil en compagnie d'Ulrich de

Fonvielle, Noir dit avec son rire de gamin :

— Moi, Victor Noir, témoin contre un prince, est-ce assez chic ?

Avant de prendre un fiacre pour se diriger avec Fonvielle vers Auteuil, il arpenta le boulevard Montmartre en répétant du café de Madrid au café de Suède :

— On me charge **de** porter le cartel de Grousset à un Bonaparte, juste à la veille de me marier. Ai-je assez de veine, je suis deux fois de noces !

Et la veille, ce grand enfant qui faisait la joie des boulevards avec sa longue houppelande, son immense chapeau gris à larges bords et à poils rébarbatifs, apparaissait tout de noir habillé. Il était vêtu comme un gentleman des plus *chic*, pour représenter dignement celui au nom duquel il allait demander au prince Pierre réparation par les armes.

Avant de rejoindre Ulrich de Fonvielle, il fit un détour comme s'il eût été pris par un sinistre pressentiment ; il alla trouver sa fiancée et sa belle-sœur, et leur dit :

— Mesdames, suis-je assez beau ? On dit que les républicains manquent de tenue ! Eh bien ! regardez-moi, admirez-moi, ne suis-je pas correct ?

Sur l'assentiment des deux dames, qu'il ne devait plus revoir, Noir s'écria avec la même insouciance :

— Maintenant, embrassez-moi, vous me devez bien ça !

Hélas ! ce fut celle qu'il devait épouser, qui lui rétablit, avant de le quitter pour toujours, l'harmonie de sa cravate et qui lui boutonna ses gants craquant dans ses grosses mains de vingt ans.

Noir, avant de partir, comme s'il eût cédé à une voix intérieure, s'écria :

— Embrassez-moi une dernière fois, je ne l'ai pas volé !

Et il partit !

Et Victor Noir ce garçon plein de vie, cet insouciant reporter, tenant encore son chapeau d'une main gantée, tandis que de l'autre main il serrait sa poitrine comme pour y retenir la vie qui s'enfuyait, Victor Noir, deux heures après, descendait en trébuchant la maison du prince Pierre.

Il venait s'abattre dans la rue, la face contre terre.

Il était mort !

Avait-il été tué à bout portant par le prince Pierre, sans qu'il y eût aucune provocation de sa part ?

Le prince reçut-il, comme le nia Fonvielle, un soufflet à poing fermé qui força ce prince à se défendre chez lui ?

Ces questions seront éternellement à l'état de problème entre le prince et le reporter.

L'affaire d'Auteuil, comme l'affaire de Jud, comme l'affaire de Troppmann, restera un mystère.

La police ne peut qu'en dévoiler imparfaitement une partie, parce que ses causes sont d'un ordre supérieur à ses attributions.

Toujours est-il que, sous l'empire, il a fallu sans cesse marcher dans les ténèbres !

Comme notre souverain n'était jamais sûr de ses soutiens, parce que du jour au lendemain, par sa politique à bascule, ses soutiens se trouvaient être des ennemis, son histoire et le récit de ses événements imprévus seront éternellement remplis d'erreurs, de partialité et de contre-sens !

Je laisse au lecteur le soin de démêler la vérité entre le rapport d'Ulrich de Fonvielle et le rapport de Mme X***.

Ces deux rapports, selon moi, sont entachés d'une partialité dont la haute cour de justice n'a pas non plus été exempte vis-à-vis d'un prince, trop prompt à réparer les injures faites à sa famille par la mort de Victor Noir, victime de la politique des *irréconciliables* qui, à tout prix, rêvaient l'anéantissement de l'Empire !

Dans cette lutte fatale, dans ce duel à l'américaine entre un jeune reporter qui ne connaissait pas le prince, pas plus que le prince ne le connaissait, s'il n'y a pas eu guet-apens, il y a eu le jeu de la destinée.

La Providence, depuis dix-huit ans, était lasse d'être calomniée par un souverain né d'un parjure, d'un guet-apens nocturne, et la Providence se vengea en employant les mêmes armes dont s'était servi ce souverain qui prétendait gouverner en son nom !

Victor Noir, un enfant ! le prince Pierre, un prince pauvre, ont été les feuilles sèches balayées par le vent de la tempête qui grondait violemment sur l'empire.

La preuve de ce que j'avance se trouve dans les nombreux rapports que je reçus sur cette malheureuse affaire.

Si ce duel à l'américaine n'avait pas été un prétexte pour faire descendre contre le château deux cent mille hommes, prêts à saisir la moindre occasion, ni le prince Pierre ni le compagnon de Victor Noir ne se seraient abordés, le revolver au poing ; Fonvielle n'aurait pas été obligé de répondre, pour s'excuser devant la justice, comme le prince Pierre, qu'il avait, lui aussi, l'habitude *de porter toujours* un revolver dans sa poche.

Et d'ordinaire, lorsque des témoins se présentent au nom d'un ami insulté, la personne en cause ne les attend pas à la porte de celui qui est l'objet de leur entrevue.

Ce fut pourtant le cas de Grousset, le cas de Fonvielle qui, en dehors de tous les usages, rendit visite au prince avec une canne à dard et un revolver à six coups !

Une nouvelle preuve se trouve dans l'attitude d'un député irréconciliable qui, sitôt le meurtre accompli, accourut au Corps législatif pour demander justice de *la mort d'un enfant du peuple !*

— Mais nous sommes tous des enfants du **peuple**, lui répondit avec à-propos le président du Corps législatif.

La note de la *Marseillaise*, tout en annonçant la mort de Victor Noir, fut un appel à l'insurrection ; Elle fit lever, dès le lendemain matin, toutes les *centuries* de Belleville, du faubourg Saint-Antoine et de la rue du Temple.

Chaque *centurion* conduisait par groupes de trente, cinquante et cent citoyens, tous les vengeurs de Victor Noir. Ceux-ci, en se rendant à Neuilly, où le corps de Noir avait été transporté auprès de sa fa mille, ne demandèrent rien moins que de transporter le cadavre à Paris pour en faire le trophée de la révolution.

Heureusement pour l'empire qu'un écrit de Blanqui circula parmi les centurions, la veille de l'enterrement. Il contenait ces mots :

« Se méfier des étrangers et des mouchards. »

Cette note détruisit l'unité d'action qui, dès l'appel aux armes de la *Marseillaise*, avait groupé les sections de Paris, de Londres et du comité central de la place de la Corderie.

L'appel aux armes fait par la *Marseillaise* fut désavoué le lendemain par l'attitude même de son rédacteur en chef.

Pendant ce temps-là le château prenait les mesures les plus énergiques.

Nous recevions de la préfecture des ordres du ministère de l'intérieur pour couvrir d'agents en bourgeois et en uniforme l'avenue de Neuilly.

Le ministre de l'intérieur allait prendre lui-même le maréchal Canrobert au Sénat. Il arrêtait avec lui le plan d'une attaque défensive, de concert avec le ministre de la guerre.

Le jour des funérailles, l'armée attendait.

On l'avait fait venir de Versailles. Les troupes campaient, massées au Champ de-Mars et au Palais de l'Industrie.

Des mitrailleuses protégeaient le Corps législatif, où la veille un député de la gauche avait demandé justice pour *un enfant du peuple tué par un prince*, où un ministre de l'empire, sorti de la gauche, avait dit à l'opposition : « Nous sommes la modération, mais au besoin nous serons la force ! »

Et les journaux de l'empire, qui avaient vu d'un très mauvais œil entrer aux Tuileries l'empire libéral avec la personne d'Emile Ollivier, n'étaient pas fâchés de son triste début.

Le 12 janvier 1870, le soir de l'enterrement de Victor Noir, le palais du Corps législatif était protégé au dedans et au dehors par un régiment de voltigeurs de la garde, sac au dos, colonel en tête, avec des sentinelles en vedette sur le pont de la Concorde.

Une escouade de sergents de ville gardait la tête du pont.

A cinq heures du soir, l'avant-garde du peuple révolutionnaire, revenant de l'enterrement de Victor Noir pour envahir la Chambre, rencontrait cette escouade.

Derrière elle piaffaient les chevaux ; à travers les baïonnettes se dessinaient les mitrailleuses prêtes à cracher la mitraille sur le peuple prêt à venger un de ses enfants.

Les officiers ricanaient comme ils avaient ricané au 2 Décembre. Ils montraient, au peuple, arrêté par leur barrière de fer, les mitrailleuses qui allaient faire :

« Rran ! »

L'avant-garde populaire se débanda sans attendre la troisième sommation de l'armée. La révolution n'eut pas lieu ce jour-là !

Mais dès ce jour-là le Paris révolutionnaire se sentit les coudes. Il se dit que si un malentendu entre un prince et un reporter pouvait compromet-

tre les destinées de l'empire, l'empire ne restait toujours à la merci d'un coup de main !

Déjà Paris antiimpérialiste était le **nombre**, il
n'était pas loin d'être la force !

L'empire ne tenait plus qu'à un **fil. Il** le brisa
de lui-même quand, pour éviter la révolution,
il se tourna vers la guerre pour tomber dans l'invasion !

CHAPITRE X

CHASSE AUX FILLES, AUX SOUTENEURS
ET AUX RÉPUBLICAINS

Le ciel impérial s'assombrissait de plus en plus. La foudre courait dans l'air. L'appel à l'insurrection dans le journal *la Marseillaise* avait amené, après le meurtre de Victor Noir, l'arrestation de Rochefort.

A la suite de cette arrestation, Belleville s'était soulevé, des barricades avaient été élevées. L'émeute avait été réprimée, mais le volcan révolutionnaire n'était pas éteint, loin de là !

En vain, l'ancien député du Var, avant le nouveau plébiscite, disait-il : « L'empereur vient de couper le bois mort de sa constitution, afin qu'elle ait une vigueur nouvelle et comme un rajeunissement. » Les chefs des vaincus de Décembre n'étaient que plus irrités contre un des leurs, contre Émile Ollivier, le garde des sceaux, qui faisait de l'em-

pire, né du despotisme et élevé par le despotisme,
un plastron de la liberté !

Les efforts impuissants des irréconciliables ne les
rendaient que plus furieux contre leurs ennemis
qui, pour mieux les battre, leur empruntaient leur
langage.

Pour revenir à l'affaire d'Auteuil, lorsque le
prince Pierre Bonaparte parut à Tours à la haute
cour de justice, les soutiens de l'empire ne purent
envisager sans effroi l'attitude que prirent devant
l'accusé les vengeurs de Victor Noir.

Paschal Grousset insulta en pleine audience la
mère du prince, l'empereur et le gouvernement.
Il fallut le faire taire et le ramener au cachot
entre des gendarmes. A cette époque, Rochefort
était détenu ; les avocats de la famille Noir plai-
dèrent moins en faveur de la victime que contre l'empire, qui, tout en opérant une volte-face
vers la liberté, mettait en prison ses martyrs, et
laissait encore du sang derrière sa nouvelle évo-
lution !

Ce qui, en cette circonstance, irrita le parti extrême de la révolution future, ce fut la déposition
du prince Pierre, aussi arrogant que ses adversai
res qui le traitaient d'assassin.

Le prince détruisit par sa déposition ce qui avait
été ourdi par ceux qui, pour en finir avec le régime impérial, n'avaient pas hésité à s'attaquer à
un membre de la famille de Napoléon, dont le caractère irritable et indépendant, était aussi bien
une gêne pour le château qu'une amorce pour les
irréconciliables.

Voici ce qu'avança le prince Pierre devant ses juges :

« — En recevant les témoins de Paschal Grousset, je croyais recevoir les témoins de Rochefort. Quand j'entrai au salon, je trouvai ces deux messieurs debout. Ils avaient un air menaçant ; ils m'ont présenté un papier tout déployé. Je le pris, et voyant la signature de Paschal Grousset et qu'il ne s'agissait pas de mon duel avec Rochefort, je dis : *avec Rochefort, volontiers, avec un de ses manœuvres, non.* Le plus grand, que je sus depuis s'appeler Yvan Salmon, dit Victor Noir, me dit d'un ton provocant : « Lisez donc la lettre. » Je lui répondis : « Elle est toute lue ; en êtes-vous solidaire ? » Pour toute réponse il me frappa au visage et l'autre tira aussitôt un pistolet de sa poche. Et, maintenant, qu'il me soit permis de demander *à tous les hommes de cœur qui sont ici comment ils auraient agi s'ils avaient été à ma place ?* »

Cette interrogation à l'auditoire fit une vive impression sur les jurés.

La haute cour de justice ne condamna le prince que pour le tort qu'il avait causé à la famille de Victor Noir. Elle écarta le crime, elle ne vit que le dommage fait par un prince à un citoyen. L'amende pécuniaire que le prince dut payer aux parents de la victime fût une humiliation de plus infligée à ses vengeurs.

Ils jurèrent de la faire payer cher à l'empire et à tous ceux qui s'étaient associés à l'acquittement du prince. Ils tinrent leurs serments.

Pendant que ces terribles événements avaient lieu

afin de précipiter l'empire dans l'abîme, la police ne dormait pas. Pour ma part, je voyais avec tristesse le bureau de la division politique, par une volonté souveraine, redevenir, comme à l'épo que du coup d'État, le bureau dirigeant de la police de sûreté.

Et je l'avoue avec sincérité, sans la situation critique où se trouvait l'empire, sans le serment que j'avais fait au lit de mort de mon ancien bienfaiteur, je n'aurais pas hésité à me démettre de mes fonctions, à faire valoir mes droits à la retraite.

Mais ce que j'eusse considéré en temps de calme comme un devoir je le considérais en ce temps de calamités publiques comme une lâcheté.

Il était de mon honneur, au moment où le bâtiment en détresse était battu par la tempête, de rester à mon poste, d'aider le navire à lutter contre tous les périls qui le menaçaient !

Un mois après les troubles de Belleville, à la suite de l'arrestation de Rochefort, fut tué l'inspecteur de police Meurot. Le directeur de la sûreté ordonna une battue générale dans tous les garnis de Belleville, de Montmartre et des Batignolles.

Il s'agissait de découvrir non seulement les principaux meneurs de l'armée, de l'émeute commandée à cette époque par Flourens, mais aussi de rechercher plusieurs souteneurs qui avaient profité des troubles de Belleville pour se livrer à des vols considérablés chez de riches particuliers.

La division politique avait à poursuivre à cette époque un tout jeune homme, ami de Grousset et de

Mégy, qui, dans les réunions publiques, se faisait remarquer par son exaltation.

C'était un enragé. A la manifestation Baudin, au milieu du recueillement farouche et de la sourde colère des assistants, il s'etait écrié :

— Vive la République ! La Convention aux Tuileries, la Raison à Notre-Dame !

Aux troubles de Belleville, ce jeune homme avait été le premier à exciter la foule contre les agents ; s'il avait échappé souvent à la poursuite des sergents de ville, il le devait à sa minuscule personne.

Quoique d'une taille au-dessous de la moyenne, il avait la figure presque couverte de barbe, des favoris très noirs, d'où émergeaient deux verres de binocle abritant deux prunelles du noir le plus foncé. Ce jeune homme était d'une mobilité, d'une vivacité extraordinaire. Il s'appelait Théophile Ferré. C'était le futur membre de la Commune qui, avec Raoul Rigault, devait partager bientôt à la préfecture de police l'emploi de M. Lagrange, pour dépasser les excès de la Terreur et pour demander avec lui l'exécution des otages !

De son côté, la direction de la sûreté avait à rechercher un souteneur, un colosse, surnommé *Bouquin.*

Surpris au moment où il dévalisait un apartement situé au deuxième étage de la place du Château-d'Eau, Bouquin était parvenu à se soustraire à toutes les poursuites, grâce à l'émeute provoquée par Flourens.

Quoique forçat et récidiviste, Bouquin s'était

posé, au moment d'être empoigné par les sergents
de ville, comme républicain. Avant qu'un des agents
eut pu détromper la foule, Bouquin avait frappé
à la tête l'homme qui l'avait saisi, il l'avait tué aux
applaudissements de la foule!

Son triomphe s'était complété en esquivant les
autres agents, tenus en respect par la multitude
heureuse de voir s'échapper un ennemi de l'autorité.

En raison de l'importance de cette battue dans
des garnis situés vers les anciens faubourgs, les
commissaires de police avaient été requis de prêter
leur concours, ainsi que les officiers de paix, pour
cette razzia générale.

Moi-même, accompagné de mes limiers, je me
dirigeai sur Belleville où je savais découvrir le colosse Bouquin, souteneur, voleur et assassin.

Parmi ces limiers se trouvait la Fouine. En sa
qualité d'ancien agent des mœurs, il connaissait
tous les garnis de filles fréquentés par Bouquin.

Je dirigeai l'inspecteur Bagasse avec OEil-de-Lynx
et son escouade vers les Batignolles où je savais
où logeait aussi Ferré en compagnie de sa mère et
de sa sœur.

Bagasse, pour mon malheur, devait être aussi
heureux dans son expédition contre Ferré que je le
fus dans mes recherches contre Bouquin.

Dès que j'avais appris, quelques jours auparavant, le vol de ce souteneur, suivi de son meurtre contre un sergent de ville, je m'étais transporté
sur les lieux, je m'étais fait expliquer les circonstances qui avaient fait naître ce meurtre et ce vol.

La personne, qui en avait été victime, était une jeune élégante qui ne devait son luxe qu'à sa beauté. Lorsque je m'étais rendu chez elle sur la plainte qu'elle avait adressée au parquet, elle m'avait dit :

— Si ce misérable n'avait fait que me voler, je m'en serais consolée. Comme il a tué un de vos agents; je ne veux pas que ce bandit reste impuni, je donnerai le double de ce qu'il m'a pris pour qu'il soit traité comme il le mérite.

— Madame, lui répondis-je, je crois que vous serez satisfaite ; je sais déjà le nom du voleur et de l'assassin, c'est un ancien boucher, un nommé Bouquin.

— A quoi, monsieur, me demanda-t-elle avec curiosité, avez vous reconnu cet assassin ?

— A la blessure mortelle, lui répondis-je, qu'il a faite au sergent de ville. Il l'a tué non avec un couteau, mais avec l'os d'une épaule de mouton qui lui a fendu la tempe. Il n'y a que ce Bouquin, dans Paris, pour tuer encore les gens de la sorte avec une arme bien autrement terrible qu'un couteau ou un poignard. Maintenant, madame, je puis vous indiquer son domicile.

— En vérité, monsieur, me répondit-elle, vous m'étonnez et je m'aperçois que vous n'avez pas volé votre réputation. Comment avez-vous pu découvrir sa retraite ?

—A ce bouton de manchettes, madame, lui répondis-je, qu'un de mes agents a ramassé au moment où ce malheureux sergent de ville tombait frappé par Bouquin. Un pareil bouton a été reconnu à la man-

che d'une fille, la maîtresse de ce misérable. Il
doit demeurer à la cité Doré, dans un garni ayant
pour enseigne à l'*Espérance.* C'est là, madame,
que j'espère retrouver mon assassin et votre voleur
qui, à l'Espérance, est le souteneur d'une nommée
Adèle.

Et je quittai cette dame pour me disposer à visiter la cité Doré, à Belleville; pendant que de son
côté une partie de ma brigade, sous les ordres de
Bagasse et Œil-de-Lynx, se dirigeait vers les Batignolles, commissaire et officier de paix en tête.

Comme on le voit, c'était une battue générale,
une chasse en règle faite aux filles, anx souteneurs... et aux républicains.

Le soir, vers les dix heures, je me dirigeai avec
une douzaine d'agents vers le bureau du commissaire
de police du quartier de Belleville; nous partîmes
ensemble vers la cité Doré, située entre Pantin et
Belleville.

Dès que nous fûmes arrivés à cette cité, le commissaire, fit cerner par les officiers de paix les
abords de l'impasse. Nous pénétrâmes, le commissaire, son secrétaire et moi, dans le garni à l'enseigne de l'*Espérance.*

Les autres maisons furent également l'objet d'une
active surveillance par mes agents, dirigés par la
Fouine.

Partout eurent lieu les mêmes investigations.

Après avoir fait connaître notre qualité et demander au maître du garni son livre de police,
nous allâmes faire l'inventaire des clefs.

Toute clef qui manque au râtelier dénote une

chambre occupée. Alors il s'agit voir sur le livre si le locataire de cette chambre est inscrit, comment il est inscrit et ce qu'il est.

Comme dans les garnis de la catégorie de celui de l'*Espérance*, moitié maison meublée, moitié maison de prostitution, les défauts d'inscription sont moins fréquents qu'ailleurs, je prêtai une vive attention aux noms inscrits sur le livre de police.

Je m'arrêtai au nom d'Adèle, c'était le nom de la maîtresse du Bouquin, de celle que la Fouine avait reconnue à l'*inspection* pour porter à l'un de ses poignets le bouton de manchettes pareil à celui qu'on avait trouvé sur le lieu du meurtre, place du Château-d'Eau.

Immédiatement, je fis garder chaque étage, je fis monter devant le commissaire et son secrétaire; et l'hôtelier me conduisit, une chandelle à la main, vers la chambre d'Adèle.

Nous n'eûmes pas besoin de demander à la locataire de nous ouvrir la porte, l'hôtelier se chargea de ce soin; il portait le trousseau de doubles clefs que, dans la plupart des maisons de ce genre, le logeur garde toujours par devers soi.

Après avoir frappé à la porte pour la forme, il nous ouvrit la chambre, à la stupéfaction de l'homme et de la femme réveillés en sursaut dans leur lit.

Ceux-ci bondirent à l'aspect du commissaire ceint de son écharpe.

Je ne fus pas long à reconnaître dans cette fille la grande Adèle. C'était une fille en carte, une assez belle brune, dont la figure flétrie, dégradée avait un aspect repoussant par l'effronterie de ses regards cyniques.

Quant à mon Bouquin, je le connaissais de longue date.

Il n'eut pas besoin d'apercevoir le commissaire pour se douter de ce dont il s'agissait.

Le Bouquin, la terreur des boulevards extérieurs et des barrières, était un grand et fort gaillard, aux cheveux roux et aux regards louches.

Malgré son ossature puissante qui, dans son lit, se développait avec tous ses avantages, car il couchait tout à fait nu, ce colosse avait un visage pâle et blafard.

Le vice avait tellement déteint sur lui qu'il lui avait pris ses couleurs purpurines, particulières à la physionomie du boucher.

Quoique Bouquin n'eût que vingt-huit ans, il y avait longtemps qu'il avait quitté son état pour prendre le métier de souteneur ; il avait subi huit condamnations depuis qu'il vivait de vol, de meurtre ou aux crocs des prostituées de la cité Doré.

Je m'avançai vers lui quand la belle Adèle regardait le commissaire, son secrétaire et moi, d'un air hébété. Elle se frottait les yeux comme pour s'assurer qu'elle n'était pas le jouet d'un mauvais rêve.

Moi, je montrai à Bouquin son bouton de manchette trouvé place du Château-d'Eau, et je lui dis :

— Je vous rapporte l'objet que vous avez perdu en descendant de chez Mme C*** pour tuer un sergent de ville, place du Château-d'Eau.

— C'est bon, la *Renacle !* s'écria Bouquin en se grattant violemment la nuque d'un air de mauvaise humeur, pas tant de frais de crachoire, je suis *chopé.* Ça y est ! ça suffit.

— Vite ! reprit le commissaire, habillez-vous avec madame et suivez-nous.

La belle Adèle avait encore une chemise sur elle ; elle passa à Bouquin la sienne. Le bandit avant de s'habiller, nous regarda tous trois de travers et d'un air menaçant.

Il se demandait si trois hommes comme nous pouvaient résister à sa terrible arme de boucher qu'il tenait en réserve contre la police.

Lorsqu'il aperçut derrière nous le renfort d'agents se promenant dans le couloir, Bouquin courba la tête, il s'habilla, se mit en devoir de nous suivre en compagnie de sa largue.

A deux heures du matin, la battue dans la cité Doré et dans les environs était terminée.

Je tenais le héros de cette légion de filles et de souteneurs.

Nous rentrâmes au poste avec une dizaine de filles et cinq souteneurs, dont l'espèce rappelait celle de Bouquin et de la belle Adèle.

Les uns et les autres avaient des figures ignobles : L'un s'appelait le *Beau blond,* grand garçon, aux yeux livides et aux hanches molles ; l'autre, *Nenest,* court, trapu, à la face de mulâtre ; il avait des jambes de basset, des cheveux drus et luisants ; un troisième était hâlé, il avait des yeux chassieux et le cou d'un scrofuleux. Les femmes, sauf Adèle, avaient les chairs avachies, tombantes, les voix qui râlaient par l'abus des spiritueux.

Le lendemain, cette cargaison humaine, après avoir été triée par le commissaire, était envoyée à la préfecture. Pour mon compte, j'attendais à la *Permanence* ma principale capture, mon voleur et mon assassin Bouquin.

Mais le panier à salade, cette voiture cellulaire que les récidivistes dénomment par dérision, le *courrier du palais*, devait me renvoyer deux captures autrement importantes : c'était deux politiques récidivistes cueillis, le soir même, aux Batignolles par Bagasse et sa brigade.

Bagasse et Œil-de-Lynx, à Batignolles, comme nous-mêmes à Belleville, n'avaient pas perdu leur soirée.

Leur chasse aux politiques valait notre chasse aux filles et aux souteneurs.

Après avoir terminé mon inspection au petit parquet sur les gens arrêtés de la veille et destinés au Dépôt, sauf Bouquin gardé en *consignation* pour le juge d'instruction, je vis venir deux jeunes gens. Leurs allures assez distinguées, tranchaient avec la mine et les façons ignobles de nos vagabonds. Tous les deux étaient de petite taille tous les deux avaient la barbe longue et épaisse, les regards, perçants, voilés par un lorgnon ou un binocle qui semblait adhérent à leur nez.

Ils paraissaient n'avoir guère plus de vingt ans, malgré l'air rébarbatif qu'ils se donnaient, en grossissant à dessein leur voix pour se rendre plus terribles.

L'assurance et la morgue qu'ils affectaient en se présentant devant moi, le lorgnon sur le nez et en ricanant, me les fit deviner.

Ce ne pouvaient être que des meneurs de l'armée de Flourens et des internationalistes enragés.

Immédiatement, je fis venir l'inspecteur Bagasse et Œil-de-Lynx pour reconnaître les deux inculpés, qu'ils avaient ramassés la veille dans leur battue aux Batignolles.

Je ne m'étonnai plus si la chasse avait été aussi heureuse lorsque, pour reconnaître ces individus, le planton de service m'amena avec Bagasse Œil-de-Lynx qui l'avait accompagné dans son expédition nocturne.

Comme toujours, ce fut l'orgueilleux Bagasse qui se donna tous les mérites de cette importante capture : importante est le mot, car ces deux jeunes que j'avais devant moi devaient, un an après, devenir les héros de la Commune et les plus terribles bourreaux de ma vieillesse?

L'un s'appelait *Raoul Rigault,* l'autre *Théophile Ferré.*

Rigault était le lieutenant de Blanqui ; c'était à cette époque un étudiant en médecine, fréquentant plus les brasseries que les cours de l'Ecole, menant une vie des plus agitées, fulminant dans les clubs, ne négligeant aucune occasion de se faire la terreur de tous les sergents de ville.

Comme son ami Ferré, il avait un aplomb, une arrogance qu'il ne cherchait à atténuer que par une prétention à l'élégance et au dandynisme trop affectés pour être *nés.*

Un lorgnon voilait ses regards froids, durs; il assombrissait son visage mordant et sarcastique, il était éternellement fiché sur son nez, défiant tout ce qui ne reconnaissait pas sa supériorité.

Lorsque j'interrogeai Bagasse sur les inculpés et sur la façon dont il avait opéré l'arrestation de Rigault et Ferré, signalés déjà à la police par leurs provocations au cimetière Montmartre, au club du Pré-aux-Clercs et aux émeutes de Belleville, ce fut Ferré qui prit la parole.

Il dit avec une véhémence qui n'était pas faite pour le recommander au juge d'instruction :

— Vos mouchards, monsieur le chef de la sûreté, se sont conduits, en m'arrêtant dans ma famille, **de** la façon la plus ignoble, la plus brutale, **la plus** dégoûtante.

Et désignant OEil-de-Lynx, il ajouta :

— Je te reconnaîtrai, toi! tu ne t'es pas contenté de fouiller dans mes meubles! Sous prétexte de chercher des papiers que tu n'as pu trouver, tu **as** été jusqu'à outrager ma mère et ma sœur!

A ces mots, je jetai des regards sévères sur OEil-de-Lynx, qui répondit pour sa défense :

— Dame! c'est que vous êtes des malins, messieurs les politiques! Vous pensez bien que ce n'est pas pour rien que nous avons fait deux heures le *poireau* au bas de votre turne? Nous y sommes entrés aussi bien pour fouiller vos femmes que pour vous pincer !

— C'est bon! exclama Ferré en grinçant des dents, que je te repince, toi et ton chef quand nous aurons le dessus, et ton affaire et la sienne seront bonnes? Je t'en donne ma parole.

— On ne vous craint pas! répondit OEil-de-Lynx avec son sourire jaune, entendez-vous, monsieur le *carreau dans l'œil!*

Impérativement je fis taire OEil-de-Lynx. De son côté, Bagasse caressait son col de crin avec orgueil, il se balançait avec complaisance de façon à en faire tomber son chapeau amoureusement incliné sur l'oreille droite.

Lui aussi défiait du regard Ferré et Rigault, comme OEil-de-Lynx qui pourtant d'ordinaire **ne** parlait presque jamais.

Quand à Rigault, nature beaucoup plus cultivée que Ferré, il se contenta de répondre à mes agents, en m'interpellant directement:

— Monsieur le chef de la sûreté, me dit-il, je connais un peu, par les tracasseries de vos maîtres, la hiérarchie policière que Badinguet me force trop à étudier sur le vif. Or, je sais que je ne suis pas amené ici pour nous entendre insulter, mon ami et moi, par vos subalternes! Ce sont des malappris. de sales argousins que nous mettrons à la raison quand le jour sera venu! Veuillez, comme c'est votre devoir, nous conduire devant nos juges,

C'est à eux, non à vos mouchards, que je veux dire ce que je pense, pour leur certifier, que nous ne voulons pas d'indulgence et que, le jour où nous serons au pouvoir, *nous n'en accorderons à personne.*

Je souris à cette boutade de Raoul Rigault.

Hélas ! je ne me doutais pas, un an après cette chasse aux filles, aux souteneurs et aux républicains, que la boutade ou la vantardise de Raoul Rigault deviendrait une terrible réalité !

CHAPITRE XI

UNE SAINT-BARTHÉLEMY DE FILLES PUBLIQUES

Les tragiques événements de Troppmann et de Victor Noir qui marquèrent, d'une façon si épouvantable, la fin de l'empire, m'ont entraîné trop loin. Ils me forcent à rétrograder de deux années, au moins, pour parler d'un drame mystérieux qui me mit sur les traces d'un nouveau tueur de filles.

Cet assassin ne cédait en rien pour la férocité, à son maître dans le crime, au meurtrier de la belle Jeannette. à *Gugusse*, dit La Cravate.

L'assassinat commis en 1866, rue de la Ville-l'Evêque, 54, sur une fille nommée Bodeux, rappelle, dans tous ses détails, le meurtre commis sur la fille de la rue des Anglais.

Depuis que ce nouveau meurtre venait alarmer la population, c'était le dixième assassinat commis dans les circonstances à peu près identiques.

C'était, à cette époque, une véritable Saint-Bar-thélemy de filles.

Les auteurs restaient introuvables comme l'avait été le cynique Gugusse qui n'échappa à la justice que pour être immolé à la vengeance de son complice.

Cette fois le crime s'était perpétré avec une audace incroyable. Il avait eu lieu, sur la malheureuse femme, dans une maison où elle aurait cru être à l'abri de toute atteinte. Car dans l'habitation où elle logeait, étaient établis les bureaux du commissaire de police.

Il fallait que l'assassin fut bien sûr de lui pour oser commettre un pareil meurtre à la porte du commissaire.

Les premiers soupçons pesèrent sur un voisin de la femme Bodeux, un vieillard qui, depuis vingt ans, entretenait avec cette fille des liaisons très intimes.

Dès la première enquête faite par le commissaire, voisin de la femme, il fut cependant prouvé que le vieillard, absent de chez lui lors du crime, avait passé une partie de la nuit chez une de ses parentes, et qu'il n'était pour rien dans le meurtre.

Ce meurtre, le dizième depuis trois ans, commis sur des filles dans les différents quartiers de Paris, toujours accompli de la même façon, restait encore à l'état de problème.

Le service de sûreté se livra aussitôt à des recherches incessantes sur l'auteur de ce crime abominable.

Cependant la police ne mit la main sur le criminel que par hasard, lorsque, encouragé par l'impunité, il sortit de sa spécialité pour tenter d'assassiner une femme, une artiste qui, par sa position et son honorabilité, ne relevait plus cette fois, de la préfecture.

Avant de signaler l'événement fortuit qui fit mettre la main sur ce tueur de filles, je dois constater l'un des *hauts faits* de ce massacreur de prostituées et indiquer la façon dont il procédait pour exercer en plein Paris, jusque sous les yeux de l'autorité, ses meurtres successifs, presque à coup sûr, et toujours opérés de la même façon.

La nuit du crime commis sur la fille Bodeux, le vieillard, qui lui portait un vif intérêt, ayant frappé en vain à sa porte, vint avertir le commissaire, après être entré dans sa chambre, qu'elle n'était plus occupée que par un cadavre!

Il se trouvait que ce jour-là, la Fouine et Bagasse étaient de service dans les environs.

Le commissaire accompagné des deux agents, guidés par le vieillard, pénétrèrent dans le domicile de la fille Bodeux.

Ils trouvèrent, après avoir traversé la première pièce servant de petit salon, l'infortunée étendue sur le plancher de la seconde chambre, sa chambre à coucher.

Le corps était encore chaud.

La face était violacée comme pour tous les cadavres qui reçoivent la mort par une forte et prompte strangulation.

La femme portait aussi les traces d'une terrible blessure faite par un instrument tranchant.

Le commissaire ne tarda pas à découvrir à côté

d'elle un rasoir laissé, par l'assassin. Le parquet était inondé de sang ; le désordre qui régnait dans la pièce, les draps du lit arrachés et pendants, témoignaient de la lutte de la femme avant de subir l'étranglement de son bourreau.

A côté du rasoir, était placée une cuvette remplie d'eau rosée. Évidemment l'assassin s'y était lavé les mains.

Les tiroirs forcés de la commode né présentaient aucune tache ensanglantée ; ils attestaient la présence d'esprit du meurtrier.

Avant de dévaliser la victime, l'assassin s'était préalablement fait sa toilette pour ne laisser presque aucune trace de son passage.

Bagasse, toujours présomptueux, après avoir procédé avec la Fouine à l'inspection du lieu, eut, par son manque de perspicacité, un soupçon sur le vieillard qui les avait conduit.

Après avoir tourné, retourné autour du cadavre, il opéra avec sa canne des dégagements dans l'espace ; il fit, d'un air fanfaron, des contres de tierce et de quarte, puis il dit avec un aplomb plein de suffisance :

— Un habitué de la maison a commis le crime. Ce rasoir n'est pas venu ici tout seul. Il n'y a qu'un voisin de la victime qui, connaissant les êtres, a pu avoir tout sous la main pour combiner son forfait, et le commettre avec autant d'impunité à la porte de M. le commissaire.

Cette accusation contre l'ami de la fille Bodeux flattait l'officier civil ; elle faillit faire tomber à la renverse l'accusé innocent.

Il alla au-devant des présomptions de Bagasse, il demanda qu'on fît aussitôt une perquisition chez lui.

Sans repousser cette enquête, la Fouine, moins prompt que Bagasse à se former un jugement, fît observer que le voisin de la Bodeux n'avait pas la poigne assez solide pour terrasser cette femme dans la force de l'âge, et qui paraissait avoir joui d'une santé assez robuste.

La Fouine, avec ses yeux de chat, avec son flair de limier, avait fouillé tous les coins et recoins de la chambre; il fit remarquer au commissaire que ce meurtre, comme tous les précédents crimes de ce genre, ne pouvait avoir pour auteur, un criminel vulgaire, non expérimenté dans l'assassinat.

Il montra le lit défait, teint de sang, la cuvette à l'eau rosée, les places occupées par l'homme et la femme, les oreillers jetés l'un sur l'autre dans la lutte, l'empreinte des corps marquée sur la couverture, celle de la femme et celle de l'homme, trop accusées pour être aussi l'empreinte du corps débile du vieillard.

Il indiqua, sur la victime, la marque des doigts du meurtrier, la place du genou placé sur sa poitrine, avant que la main du misérable se fût emparée du rasoir pour lui couper le cou.

Enfin, la Fouine doué d'une pénétration que n'avait pas son collègue, termina en disant :

— Le meurtrier doit être dans la force de l'âge, il faut qu'il soit animé des plus ardentes passions. Ce n'est pas un vieillard qui, après avoir étouffé sa victime, s'acharnerait sur elle, au point de lui couper le cou, lorsqu'il en fait un cadavre! Si le vol est le but du crime, il n'en est pas l'unique mobile ; ce mobile est réglé par une passion effrénée qui n'entre pas dans le cœur glacé d'un vieillard. L'homme qui a commis le crime est celui que nous cherchons depuis deux ans, et qui les commet de la même façon, dans les mêmes circonstances, sur des *femmes seules.* En un mot, c'est ici, comme ailleurs, toujours le *même travail!*

Grâce à la Fouine qui avait facilement raison du présomptueux Bagasse, l'ami de la Bodeux fut mis hors de cause.

Le soir, je me rendis, rue de la Ville-L'Evêque, 54, pour reconnaître avec le commissaire, la vérité des déductions du rapport du collègue du Marseillais.

Le corps de la fille Bodeux fut transporté à la Morgue.

La confrontation du cadavre avec tous ceux qui l'avaient connu n'amenèrent aucun résultat. Il se passa plusieurs jours avant de découvrir son assassin.

Le 11 janvier 1866, trois jours après le meurtre de la fille Bodeux, des agents arrêtaient dans la rue Jacob un individu qui prenait rapidement la fuite.

Conduit au poste, chez le commissaire, cet individu de trente-cinq ans à peine, à l'allure militaire et portant une blouse, fut fouillé ; il cachait dans l'une de ses poches un fort couteau de table, dans l'autre une enveloppe de traversin en coutil.

Voici ce qui s'était passé :

Cet homme, ancien homme de peine chez un encadreur de la rue de Seine et demeurant rue

Dauphine, était sorti de chez lui dans l'intention de *revoir* une des clientes de son ex-patron.

Alors il s'était muni d'un couteau et d'une enveloppe de traversin.

Il s'était rendu rue d'Erfurt, 3 ; il avait sonné à la porte de l'atelier de Mme M***.

Celle-ci ayant ouvert, il avait commencé par réclamer et chercher un outil qu'il prétendait avoir oublié lorsqu'il était venu une première fois chez cette artiste avec son patron, M. D***.

Il avait tiré de sa poche l'enveloppe de traversin dont il s'était muni, il avait demandé à la dame si cet objet ne lui appartenait pas.

La dame, importunée de ces questions, finit par détourner la tête et par se remettre à son chevalet.-

Aussitôt l'inconnu lui jeta le linge sur le visage, de manière à l'envelopper ; et portant l'une de ses mains au cou, l'autre à la bouche de la victime, il lui enfonça le doigt dans la gorge à travers l'étoffe pour la suffoquer.

L'artiste tomba sur le parquet, éprouvant les angoisses de la mort.

Dans ses efforts desespérés, elle mordit la main qui cherchait à l'étouffer.

Un peintre dans l'atelier voisin, qui n'était séparé que par une cloison de l'atelier de Mme M***, entendit ses cris.

Il sonna, il frappa sans obtenir une réponse. Il courut à la fenêtre du palier, appela le concierge, et revint frapper de nouveau à la porte de Mme M***.

Cette intervention ne permit pas au malfaiteur d'accomplir son crime.

Avec un sang-froid qui trahissait bien l'auteur de l'assassinat de la fille Bodeux, il ouvrit la porte et dit au voisin charitable :

« — Ce n'est rien ! Elle est malade ! »

Puis il commença à descendre l'escalier sans précipitation apparente. Mais aux cris de la dame qui avait repris ses sens et qui criait : « Arrêtez-le ! » le meurtrier fut saisi au coin de la rue Jacob, encore nanti du couteau et de l'enveloppe du traversin.

Immédiatement on me convoqua pour me présenter au domicile du malfaiteur.

Sur la perquisition qui s'ensuivit, j'y trouvai un mouchoir ensanglanté, une redingote, un paletot largement taché de sang, un pantalon récemment lavé, taché de sang à des époques distinctes, puis un étui à rasoir complètement vide.

Cet étui me frappa.

J'envoyai immédiatement chercher à la préfecture le rasoir saisi au domicile de la fille Bodeux.

L'instrument tranchant s'adaptait parfaitement à l'étui.

Je découvris aussi un porte-monnaie de femme en peau de daim, souillé de sang, qui avait dû évidemment appartenir à la fille Bodeux, assassinée trois jours auparavant.

Enfin je tenais l'assassin qui, depuis 1864, se dérobait à toutes nos recherches.

L'enquête, faite précédemment par les soins de la Fouine, corrobora mon opinion.

Voici quel avait été le résultat de cette première enquête au sujet de la fille Bodeux :

Le lundi 8 janvier 1866, le même individu sortait de la rue Dauphine, il emportait dans sa poche un rasoir.

Vers quatre et cinq heures, il s'installait dans un cabaret situé rue Saint-Etienne-Bonne-Nouvelle.

Il y restait jusqu'à neuf heures du soir.

A onze heures, on le retrouvait rue de la Ville-l'Evêque, abordant la fille Bodeux.

Un factionnaire, placé à l'une des portes du ministère de l'intérieur, avait vu cette fille rentrer au n° 54, précédée d'un individu qui paraissait connaître les accès de la maison.

La porte-cochère du n° 54 servait habituellement, à cette époque, de station pour les voitures de remises.

Elle aboutissait à une cour, au fond de laquelle étaient établis les bureaux du commissariat du quartier.

A gauche se trouvait l'escalier desservant les trois étages du bâtiment donnant sur la rue.

La fille Bodeux, comme je l'ai dit précédemment, occupait deux pièces au deuxième étage. Au-dessus d'elle demeurait le vieillard de soixante-treize ans, qui vivait avec elle dans une sorte de communauté.

Comme pour l'artiste, ce vieillard, son voisin, fut sur le point de déranger le meurtrier. Il montait chez son *amie*, au moment où l'assassin en descendait, il l'effleurait même sur le palier !

S'il fût entré sur-le-champ chez la Bodeux, il eût

pu devancer de quelques jours l'arrestation de ce tueur de filles.

Mais un quart d'heure s'écoula avant que le vieillard pénétrât chez la Bodeux, ce qui permit à l'assassin de se dérober à toute poursuite.

Le vieillard trouva le cadavre de la victime dans la position que j'ai décrite.

Ce qui donna plus de poids à ma déposition qui signalait l'auteur de l'homicide tenté sur la dame M*** comme étant aussi l'auteur de l'attentat de la fille Bodeux, ce fut le porte-monnaie de cette dernière trouvé au domicile de l'assassin.

L'étui du rasoir qui s'adaptait à l'instrument du meurtrier et le porte-monnaie de la fille Bodeux trouvé dans le même domicile faisaient du meurtrier de Mme M*** le même individu qui avait été l'assassin de la fille Bodeux.

Du reste, le vieil ami de cette fille reconnut le porte-monnaie pour un cadeau qu'il lui avait fait; ce qui ne permit plus à l'inculpé de nier le dernier crime.

En présence du cadavre de la fille Bodeux, il avoua qu'il avait donné la mort à cette prostituée. Il nia les autres tueries qu'il avait commises sur bien d'autres filles dans l'espace de trois années.

Cependant les victimes avaient été toutes assassinées de la même manière par l'étranglement, précédant leurs blessures toutes reçues au cou par un instrument tranchant.

L'auteur de cette Saint-Barthélemy de filles et qui avait à peine trente ans s'appelait : JOSEPH PHILIPPE.

CHAPITRE XII

L'ASSASSIN PHILIPPE.

Philippe était un homme de taille ordinaire, très brun de visage. Il avait les cheveux noirs en brosse et portait une barbiche noire très fournie. Ses yeux creux avaient une vivacité extraordinaire. L'expression de son visage avait quelque chose de sournois et de farouche qui ne trompait pas un observateur.

C'était un personnage des plus cruels, il avait tous les instincts du fauve. Il était sanguinaire et lascif.

L'ivrognerie avait développé sa férocité.

Lorsqu'il était à jeun, la mauvaise impression, causée par ses allures brutales, par sa physionomie farouche s'effaçait sous un air cauteleux et patelin.

Le tigre savait se transformer en agneau.

Du félin, il avait jusqu'à la désinvolture hypocrite et caressante.

Au régiment, il n'avait pas encouru de graves

punitions jusqu'au jour où l'ivrognerie l'amena à
entrer dans une compagnie disciplinaire. Il en fut
de même pour lui dans la vie civile. Les patrons qui
l'avaient employé comme homme de peine, le ci-
taient comme un travailleur zélé et rangé.

Mais lorsqu'il avait bu, surtout de l'absinthe,
Philippe n'était plus le même, les ardeurs san-
guinaires, lubriques qui le possédaient, éclataient
à la surface et démasquaient tout à coup le bon
apôtre.

Malgré les services qu'il rendait par son travail,
par son obéissance à ses patrons lorsqu'il était à
jeun, ceux-ci n'avaient pu le garder, une fois lancé
dans ce qu'il appelait *ses bordées.*

Cependant Philippe, sous l'apparence d'un travailleur honnête et soumis, cachait une nature avide
de jouissances.

C'était un homme de proie.

La nuit, il fréquentait les endroits les plus mal
famés pour se livrer aux plaisirs les plus crapuleux.

Ce monstre avait l'hystérie du sang.

Comme le marquis de Sade, il ne mettait aucun
frein à ses fougueuses passions. Pour les assouvir, il
les poussait jusqu'à provoquer sur ses victimes les
spasmes de la mort.

Là était pour lui le comble de la volupté !

C'était un monomane, un fou comme le *Vampire* dont j'ai signalé les terribles penchants qui
l'attiraient vers les cadavres des filles vierges. Philippe, à l'encontre du Vampire, ne recherchait que
les prostituées.

Sa plus grande joie était de jouir de leur agonie !

L'ivrognerie à laquelle il s'adonnait n'était qu'un moyen de s'exciter pour accomplir ses meurtres. Les vols dont ces crimes étaient suivis n'avaient qu'un but, celui de défrayer ses horribles et sanglantes orgies.

La terreur que cet homme inspirait dans le monde des filles fut telle qu'elle contribua à lui permettre pendant trois années l'impunité.

On se doutait chez les prostituées du meurtrier qui se déclarait depuis dix ans leur bourreau, quand la police ne le connaissait pas encore!

Un jour qu'il était gris, il dit à une fille qui n'osa le répéter qu'après son arrestation :

« — J'aime les femmes et *je les arrange bien*. Je les étouffe et je leur coupe le cou! »

En quatre ans, surtout de 1862 jusqu'en 1866, une panique régna dans le domaine des filles soumises, elle intrigua sérieusement le bureau des mœurs.

L'assassinat de la Jeannette par *Gugusse*, dit la Cravate, fut le début de cette Saint-Barthélemy. Elle se continua de la même façon par Philippe, qui possédait les traditions épouvantables de son devancier.

Les annales de la prostitution ont à signaler trois types de tueurs de filles qui, à peu d'années de distance, exercèrent les mêmes meurtres, quoique animés de passions différentes.

Ce fut Gugusse, dit La Cravate, qui tuait les prostituées uniquement pour s'approprier leur argent, Gugusse, lui, n'agissait jamais que par cupidité.

Le second s'appelait Ernest Bouda, dit la belle *Er-*

nestine ou la belle *Bordelaise*. Bouda ne sacrifiait les filles que guidé par l'aversion qu'elles lui inspiraient. C'était un *antiphysique*, il était l'amant de leurs *souteneurs*, il prétendait que les femmes lui faisaient concurrence.

Devenu très riche, possesseur d'un hôtel meublé, il faillit un jour être assassiné par un de ses amants, après avoir, par représailles, tué plus d'une fille publique.

Enfin, après Gugusse, après Ernest ou *Ernestine* Bouda, survint Philippe.

Loin de concevoir l'aversion de Bouda pour les femmes, Philippe les aimait avec une ardeur telle qu'il finissait par les étouffer de caresses avant de les achever à grands coups de rasoir !

Les annales de la prostitution, depuis 1860 jusqu'en 1866, sont pleines de crimes commis par Philippe et ses émules.

Durant cette période, la disparition des filles étranglées et assassinées causa, je le répète, une véritable panique dans le troupeau des femmes tributaires de la police. Elles n'abordèrent plus qu'en tremblant le chaland, croyant découvrir dans chaque appréciateur de leurs charmes un assassin et un étouffeur.

Ce fait est constaté aux assises par le président, qui rend Philippe responsable de tous les crimes commis dans le monde des filles de cette époque.

« Il y a quatre ans, s'écrie le juge à Philippe n'avouant que ses deux derniers homicides, à la place où vous êtes, s'asseyait un jeune homme qui accostait comme vous les filles, qui comme vous leur demandait si elles étaient *seules*. Toujours il laissait aller celles qui n'étaient pas seules, puis après, en ayant trouvé une comme il le désirait, il était allé chez elle, il y avait passé la nuit et avait fini par l'assommer pendant son sommeil. Son désir était de reprendre ce qu'il lui avait donné. Vous aussi, Philippe, avez accosté plusieurs de ces femmes qui vous *reconnaissent* et qui s'estiment très heureuses d'avoir échappé à *vos surprises*.»

En 1864 déjà, la rage homicide de Philippe s'assouvit sur la fille Robert, rue Saint-Joseph.

Une serviette démarquee, ayant appartenu à la victime de ce tueur, est reconnue par la femme Desjardin qui l'a ourlée au compte de cette prostituée.

Plus tard, la fille Fouché, demeurant rue Marguerite-Saint-Antoine, avoue au tribunal qu'elle a failli passer par les mains de cet égorgeur.

Elle certifie au juge d'instruction qu'elle n'a échappé que par miracle à l'horrible destinée que Philippe lui réservait comme *à tant d'autres* :

« Il m'accueille rue Sainte-Marguerite, dit-elle dans son langage imagé, au moment où j'avais fini *d'allumer la quirtourne* (d'allumer la lumière derrière le rideau de la fenêtre). Mes *mirettes* (mes yeux) l'avaient chauffé. Mais moi qui, pourtant, faisait le *crottard* (le trottoir) pour pêcher *un Philistin*, je me défie du *pante*. Je ne l'ai pas plutôt attiré dans ma *turne* que je le fais sortir du *pieu*, prétextant que j'ai besoin, avant de batifoler avec le *zig*, de fader (de partager) avec lui, sur le comptoir du *mastro*, un verre de verte (d'absinthe). Nous

9.

redescendons et je lui rends sa *bougie* (son argent).
Chance! car j'évitai le butteur qui, quatre heures
après, attirait chez la *Blafarde* (conduisait à la
mort) ma *faridole* (ma compagne) avec son *gosse!*
Ah! le gredin! termina-t-elle, m'a-t-il fait *baver
des clignots* (pleurer), depuis qu'il a suriné ma
vieille Mage et son gosse! que je serai heureuse le
jour où je verrai son *mufle moufionner dans le
son!* » (quand je verrai sa tête tomber dans le panier du bourreau).

Voici ce qui expliquait l'indignation et la douleur
de cette fille dans son étrange argot.

Philippe connaissait tous les lupanars indépendants de Paris.

Il n'*opérait* jamais deux fois de suite dans le
même endroit, et il se rendait, après l'affaire de la
rue Saint-Joseph, dans la rue Sainte-Marguerite.

Il accostait d'abord la fille Fouché.

.Cette fille, une fois chez elle, avec son client,
eut des pressentiments.

A peine Philippe était-il dans son lit qu'elle hésitait à faire comme lui.

L'égorgeur, au moment d'immoler sa victime,
avait pris une expression farouche qui avait fait
peur à cette fille.

Il ne déguisait plus ses sentiments féroces, sa
figure au teint sombre, un peu grêlée, marquée
d'une cicatrice, la glaça d'épouvante.

Ce qui la frappa surtout, ce fut le tatouage qu'il
avait au bras gauche : une fleur avec ces mots :

« Né sous une mauvaise...., » et une étoile pour
achever la phrase.

Alors la fille Fouché, sans deviner pourtant l'horrible pensée qui dominait Philippe, crut qu'elle avait affaire, par le tatouage qui ornait son bras, à un galérien.

Ce fut, comme elle l'avoua aux assises, pour éviter d'être en contact avec un forçat qu'elle imagina une ruse afin d'esquiver une cohabitation qui la sauva de la mort.

Cette ruse fut fatale à l'une de ses faridoles (compagnes en libertinage); la malheureuse Mage devait, avec son enfant, âgé de deux ans, être tuée pour sa compagne, et rendre doublement assassin l'odieux Philippe.

Voici à ce sujet le témoignage de la fille Fouché, que les rapports des tribunaux ont dépouillé de son langage trop expressif.

« Samedi dernier, 5 novembre, écrit-elle, vers onze heures du soir, un homme, vêtu d'une blouse, me trouvant dans la rue Sainte-Marguerite, près de ma demeure, m'a demandé à monter chez moi.

« Arrivé dans ma chambre, il a voulu me donner sa montre, sa chaîne en argent, puis une pièce de vingt francs. J'ai refusé. Comme il n'avait pas d'autre monnaie qu'une pièce de deux francs, il m'a dit d'aller chercher la monnaie de vingt francs. Je n'ai voulu ni descendre seule, ni mettre en dedans la clef de ma chambre pendant qu'il était *déjà dans mon lit.*

« Je le fis se relever, sous prétexte que j'étais altérée et que j'avais la fièvre.

« En effet, je tremblais, mais de peur.

« Mon individu tremblait presque autant que moi, il avait l'air inquiet, préoccupé.

Je le redoutais d'autant plus que je suis faible et n'ai guère de santé.

« C'était probablement pour cela qu'il m'*avait choisie*, après avoir abordé Mme Mage.

« Il paraissait cacher dans son pantalon, au moment où je l'accostai, quelque chose d'assez volumineux et dur, ce qui m'avait déjà donné des soupçons.

« Lorsque je descendis avec lui chez la marchande de vin, ma logeuse, je profitai du moment où il demandait deux petits verres pour m'esquiver. Je fis signe à la logeuse qui comprit que j'avais peur. Elle me remit une chandelle et me fit passer dans son couloir, en me disant :

« — Montez vous coucher.

« Elle faisait croire à l'homme qui m'accablait de ses propositions et de ses poursuites, que je demeurai chez elle. »

Le lendemain matin, entre cinq heures et cinq heures un quart, des ouvriers de la maison entendent des cris.

Ils ne s'en préoccupent pas, car le bruit et le scandale sont choses ordinaires dans la rue Sainte-Marguerite.

Ces ouvriers entendent cependant les cris lamentables d'un enfant et ces mots prononcés à deux reprises différentes :

« — Maman ! maman ! »

Une demi-heure après, d'autres ouvriers passaient dans la rue, voyaient la fenêtre de cette chambre ouverte, et une femme cramponnée à la barre, poussant des cris rauques, inarticulés; quelque chose de rouge s'échappait de sa bouche.

Ils croyaient que c'était du vin et se disaient :

« — En voilà une qui a bu de bon matin. »

Et ils partirent.

Un peu plus tard, le concierge trouvait, en balayant, la clef de la chambre de la femme Mage dans un tas d'ordures, au bas de l'escalier. Il la ramassait, la remettait au souteneur de la femme Mage, en lui disant :

« — Tenez ! voilà comme on perd les clefs. »

L'amant de la Mage se hâte de monter.

Il entre et se trouve en face d'un épouvantable spectacle. La femme Mage et son enfant sont criblés de coups de couteau, inondés de sang.

L'arme employée était précisément l'instrument dur et tranchant que Philippe avait caché dans sa poche et qui faisait tant peur à la fille Fouché.

Tout indiquait dans sa chambre qu'il y avait eu une lutte ardente, prolongée. Des appels inefficaces de secours avaient été entendus, mais ils n'avaient produit que des cris rauques auxquels on n'avait pas pris garde.

On fit des recherches, elles furent inutiles.

Cela se passait en 1864, et c'était déjà le troisième meurtre reconnu et commis par Philippe sur une fille publique.

L'assassin procédait toujours de la même façon, il étranglait d'abord les filles avant de leur couper le cou, soit avec un rasoir, soit avec un couteau.

C'était toujours le *même travail* opéré par la même main, comme disait la Fouine.

Le corps de la troisième victime, la femme Mage, qui s'était plus débattue que les autres, présentait cinq plaies à la face, plusieurs blessures à la poitrine et aux jambes, c'était encore au cou que les plaies étaient plus profondes; les incisions en avaient coupé les artères, et elles avaient occasionné la mort.

L'enfant avait été frappé avec plus de cruauté.

Le visage était lardé de coups de couteau, dont l'un s'était enfoncé dans la bouche. Plusieurs incisions existaient au coude, au poignet droit, faites par un instrument tranchant et manié avec autant d'habileté que de furie.

Les constatations faites sur les lieux avaient permis, comme pour la fille Robert, comme pour la fille Bodeux, de reconstituer le drame qui se répétait, à cette époque, de la même manière, sur chaque victime choisie par le meurtrier.

Le drap taché de sang semblait indiquer aussi que la femme Mage avait été d'abord frappée dans son lit.

Elle avait dû se lever, comme l'avait fait la fille Bodeux, comme le fit aussi Mme M***, pour frapper à la cloison et pour appeler du secours.

Déjà à demi étranglée par son agresseur, la fille Mage ne put soutenir la lutte, lutte si furieuse, si désespérée dans le lit, qu'un chat qui s'y reposait fut écrasé entre la ruelle et la muraille.

Frappée à la gorge, la femme Mage s'était précipitée vers la fenêtre, et l'avait ouverte.

Cramponnée à la barre d'appui, qu'elle inondait de son sang, elle avait articulé des sons rauques qui n'avaient attiré l'attention que de l'enfant réveillé en sursaut.

Lorsque l'innocent avait appelé sa mère, l'assassin s'était rué sur lui, l'avait frappé dans son berceau avant de l'achever au milieu de la chambre.

Après ce meurtre, il était revenu à sa première victime, qu'il avait égorgée tout à fait, en rejetant le corps de la mère à côté du corps de l'enfant!

Une fois ces meurtres accomplis, Philippe avait mis au pillage le logement de la fille. Il avait pris dans les tiroirs de la commode son argent et ses objets précieux, était parti sans laisser d'autre trace de son terrible meurtre que le sang qui coulait des cadavres de la mère et de l'enfant.

Dès cette époque, grâce aux différents rapports de la fille Fouché, le signalement de Philippe parvenait à la Préfecture avec une rare précision.

Il répondait d'une façon infaillible aux indications données deux ans après par l'agent la Fouine.

Et lorsque Philippe fut arrêté dans la rue Jacob, il lui fut difficile de nier ses crimes de la rue Sainte-Marguerite, de la rue de la Ville-l'Évêque, de la rue d'Erfurt, comme il le fit aux assises pour d'autres crimes de même nature.

Il était condamné à l'avance sur la marque caractéristique signalée par la fille Fouché à son bras gauche, tatoué en lettres circulaires et formant ces mots et cette devise :

« Né sous une mauvaise étoile. »

Cette devise était bien la sienne, car ses nuits, qui étaient agitées par le remords, le remettaient sans cesse en présence de ses nombreuses victimes.

Avant d'être arrêté, trois ans après son premier meurtre, le souvenir des scènes de carnage dont il était constamment l'auteur agitait son sommeil.

Il redoutait la nuit parce qu'elle lui amenait d'horribles visions.

Il cherchait alors, dans un redoublement d'ivresse, à noyer son sanglant passé et les révoltes de sa conscience.

Pour moi, les crimes connus de Philippe ne sont pas la moitié des crimes qu'il a commis ; et lorsqu'il fut pris, la Saint-Barthélemy des filles s'arrêta, ou du moins ne se renouvella plus avec autant de persistance et d'acharnement.

Cet homme, dont l'audace, l'habileté et la ruse égalaient la cruauté, eût pu jouir de l'impunité s'il n'eût pas été à la fin si insupportable à lui-même.

Il est constant que le dernier crime commis par Philippe ne répond plus à l'habileté qu'il montra dans l'exécution de ses autres forfaits.

Quand il se laissa prendre en descendant de chez Mme M***, Philippe s'était déjà condamné.

Lorsque le tribunal l'incrimina pour avoir tué la fille Bodeux et pour avoir tenté de tuer Mme M***, Philippe entendit prononcer sa condamnation avec indifférence, sans manifester la moindre émotion.

Il resta impassible, presque souriant ; on eût dit

que l'arrêt qui allait le retrancher du reste des humains était pour lui une délivrance !

Il mourut avec *une sorte de contentement intérieur*. Il monta sur l'échafaud sans effroi; il s'avança vers le fatal couperet sans être aidé ni soutenu de personne, comme s'il eût dit déjà : *Merci à la mort!*

CHAPITRE XIII

L'AFFAIRE DE LA RUE MONT-THABOR.

Le 11 janvier 1869, M. de T***, membre de l'Institut, occupant, rue Mont-Thabor, n° 24, un appartement au deuxième étage, trouve en rentrant chez lui, à six heures du soir, sa bonne, Célina N***, dissimulée en partie sous un fauteuil et gisant dans une mare de sang.

Elle ne donnait plus signe de vie. Son cadavre était presque froid.

Elle portait à l'abdomen, au poignet gauche, de larges blessures paraissant avoir été faites avec un couteau très tranchant, et qui, par leur nature et leur caractère, révélaient de la part de l'assassin une implacable férocité.

Deux de ces blessures étaient mortelles. La première avait pénétré profondément dans l'abdomen et déterminé un épanchement de sang considérable.

La seconde avait traversé les poumons et pénétré jusque dans le sein gauche.

La mort avait dû être foudroyante.

Cette victime, servante depuis vingt ans de M. de T***, et jouissant de toute sa confiance, avait été trouvée morte dans sa chambre.

Cette chambre faisait corps à l'appartement de son maître.

Le vol, à en juger par les meubles fracturés de la servante, avait été l'unique mobile de ce crime.

Dans l'appartement de M. de T***, le secrétaire avait été forcé par l'assassin ; il y avait pris un portefeuille contenant 2,500 francs en billets de banque. Il s'était emparé aussi d'un couteau-poignard à manche à corne de cerf.

Lorsque le rapport sur ce crime parvint à la Préfecture avec les déclarations de M. de T*** et du propriétaire de la maison, il était accompagné d'une note qui indiquait le meurtrier probable de la malheureuse Cœlina.

C'était un nommé Filon.

Ce Filon avait toujours été un affreux garnement. Il avait été renvoyé du chemin de fer de l'Ouest.

Il vivait aux dépens d'une actrice de banlieue depuis qu'il s'était trouvé sans place.

Il rendait souvent visite à Cœlina N***, très liée avec sa mère.

Cœlina aimait cet homme, en raison de l'affection qu'elle avait vouée à sa famille. Sur les derniers temps elle ne le recevait plus qu'en cachette, le lundi, jour de séance à l'Institut.

M. de T*** avait signifié à sa servante qu'il ne

voulait plus revoir ce mauvais sujet, parce qu'il s'était aperçu qu'à la suite de ses visites des objets de certaine valeur avaient disparu.

Connaissant depuis longues années la probité éprouvée de Cœlina, il ne l'avait pas accusée; il n'en avait pas été de même à l'égard de son protégé.

Il avait donné à Cœlina le conseil de ne plus recevoir ce Filon, qui, non seulement vivait aux dépens d'une actrice, mais qui entretenait dans un monde bien moins avouable de dangereuses fréquentations.

Cœlina, tout en reconnaissant la justesse de ces observations, n'avait pu s'empêcher de céder à ses bons instincts et d'accueillir encore Filon dans sa chambre.

Cependant elle ne s'illusionnait pas sur ses mauvais instincts; elle avait dit un jour : Quand sa mère sera morte, Filon se fera voleur.

Elle ne croyait pas dire si vrai et être encore au-dessous de la vérité en retrouvant Filon assassin et en devenant elle-même sa victime.

Lorsque je me rendis, accompagné de plusieurs de mes agents, sur le lieu du meurtre, je dus me convaincre que tout ce qui avait été dit sur le premier rapport était de la plus grande exactitude.

Il n'y avait qu'un familier de la maison qui eût pu commettre ce crime.

Le couteau-poignard dérobé à M. de T*** ne devait être connu que d'un individu qui connaissait jusqu'aux moindres objets de son appartement.

Les meubles forcés aux endroits renfermant

d'importantes valeurs indiquaient, comme le disait la note jointe au procès-verbal, que seul Filon avait pu commettre ce vol et cet assassinat.

Le jour où les larcins et le crime furent commis, le concierge de la maison avait certifié que le nommé Filon était arrivé à une heure, heure à laquelle M. de T*** se rendait à l'Institut, qu'il n'en était sorti que peu de temps avant sa rentrée chez lui, vers les six heures du soir.

Et M. de T*** en rentrant n'avait pas tardé à trouver la malheureuse Cœlina assassinée, le corps poignardé et dissimulé en partie sous un fauteuil.

Immédiatement, après avoir procédé à une nouvelle enquête dont les moindres détails s'accordaient avec le rapport du commissaire du quartier, je dépêchai deux agents au domicile de l'actrice, la maîtresse en titre de ce Filon, qui demeurait aux Batignolles.

Pour ne pas donner l'éveil à cette maîtresse, qui pouvait être la complice de l'assassin et l'instigatrice de son crime, je recommandai à mes agents de ne pas se montrer à elle.

Ils exécutèrent mes ordres, ils se contentèrent d'interroger les voisins sur les agissements de cette artiste et les rapports qui existaient entre elle et son amant.

Mes agents ne reçurent de la part des voisins que de très bons renseignements au sujet de cette comédienne; ils n'entendirent proférer que des plaintes sur le compte de Filon.

« Non seulement, dirent-ils, ce mauvais sujet vit aux dépens de sa maîtresse, mais encore, pour mieux entretenir ses débordements, il excitait celle-ci à la débauche. Cependant, ajoutèrent-ils, l'artiste a toujours repoussé ses odieux conseils par ce que c'est une honnête femme, parce qu'elle aime pardessus tout un misérable qui ne la paie guère de retour. »

Lorsque je reçus ces renseignements, mon jugement était formé.

Ce n'était pas de ce côté que je devais suivre la femme qui l'avait poussé au meurtre.

Cet assassin était d'autant plus odieux qu'il avait trouvé dans l'ancienne amie de sa mère, dans sa compagne illégitime deux guides, qui avaient essayé de le retenir dans le droit chemin.

Il fallait ailleurs chercher la femme où les femmes criminelles qui l'avaient penssé au crime où le portaient ses malsaines inspirations.

Changeant de tactique, je me rendis chez la maîtresse de Filon, je lui racontai sans ambage ce qui s'était passé chez M. de T···, ce qu'elle savait du reste en partie par le récit des journaux.

Je trouvai une femme tout en pleurs. Elle m'avoua que depuis le jour du crime, elle n'avait revu Filon qu'une fois; et que loin d'être sa complice, comme on pouvait le supposer, c'était elle qui l'avait toujours engagé à ne·pas fréquenter de mauvaises connaissances qui, sans aucun doute, l'avaient poussé à ce meurtre abominable.

Aux derniers mots de l'actrice, je compris qu'elle pouvait me placer sur une nouvelle piste.

Je lui répondis que, par les renseignements que j'avais pris sur elle, par la bonne réputation dont elle jouissait, je ne mettais pas ses paroles en doute.

Après l'avoir rassurée sur ce point, je la priai, dans l'intérêt de la justice de me signaler les connaissances que son amant fréquentait à son préjudice.

L'actrice hésita à me répondre.

Je compris ses hésitations, je lui dis pour les vaincre, qu'elle me devait cette confidence dans l'intérêt de Filon.

« Je vous avertis, ajoutai-je, que votre silence, dans ces terribles circonstances, serait considéré comme une complicité tacite de votre part. Au nom de votre repos, de votre réputation, vous devez tout dire, Filon ne pourra que vous savoir gré d'une confidence qui lui donnera, je n'en doute pas, un complice, appelé à amoindrir la terrible responsabilité qui pèse sur lui.

La dame qui avait tout à craindre pour son amant et qui, malgré son crime l'aimait encore, n'hésita pas à me dire ce qui la tenait tant au cœur.

Elle m'avoua que, depuis plusieurs mois, Filon fréquentait un nommé Michel Rezé, un cordonnier âgé de quarante ans, qui cohabitait avec deux filles publiques.

C'étaient deux sœurs dont Filon s'était amouraché, et pour lesquelles il était capable de commettre, lorsqu'il était ivre, les plus grandes infamies.

« Il est certain pour moi, ajouta-t-elle, que sans les fréquentations de ces trois misérables qui vivent de vol et de libertinage, Filon n'aurait jamais commis ce crime abominable sur sa bienfaitrice. »

Par cet aveu arraché autant par la crainte que par la jalousie de sa maîtresse, je savais à quoi m'en tenir sur le compte de l'assassin.

Après cet aveu, je quittai l'actrice. Je voulus jouer le tout pour le tout afin de mettre la main sur le coupable.

Je fis mander ce Michel Rézé qui ne se cachait pas comme Filon.

Je dis à ce cordonnier, sans pourtant être certain de ce que j'avançai :

« Un crime a été commis rue Mont-Thabor. La justice sait que vous connaissez l'assassin, que vous le cachez, que c'est sur vos instigations qu'il a commis le crime dont s'occupe aujourd'hui tout Paris. Dites-moi donc ce que vous savez sur votre complice ?

A ces mots, cet homme balbutia, pâlit. Il jura les grands Dieux qu'il n'était pour rien dans le meurtre. Il ajouta pour se disculper, en me mettant plus sûrement sur la voie :

« Filon, en effet, est venu chez moi après le crime commis rue Mont-Thabor ; mais je le jure, il ne m'a rien dit de l'*affaire*. Comme il prétendait que Mlle Cœlina avait à lui de l'argent, il me l'a apporté avec d'autres objets précieux. Je les ai gardés en dépôt, par intérêt pour mon ami, car je le sais un peu noceur. Je le jure, si j'avais su que cet argent, que ces objets provenaient d'un crime commis sur *la plus sainte des femmes*, je ne les aurais pas gardés vingt-quatre heures.

— C'est bien, lui répondis-je, vous allez me rapporter ces objets. Maintenant, c'est la magistrature qui jugera, entre vous et votre conscience. En tous les cas, si vous voulez mériter l'indulgence de la justice, en prouvant que vous ne craignez pas d'être confronté avec ce Filon, il faut nous le livrer.

— Mais, me répondit-il, je ne le vois plus.

— Vous le reverrez, puisque vous avez en votre possession les produits de son crime.

Il m'interrompit, talonné par la peur :

— Cet argent je ne veux pas le garder un jour de plus depuis que je sais à quel prix il est passé des mains de Filon dans les miennes.

En tenant ainsi Rezé, je tenais Filon.

Dès le soir, Rézé qui avait eu maille à partir avec la justice, renvoyait à la préfecture les objets volés par l'assassin, en même temps il dénonçait son ami.

Filon fut arrêté rue des Dames 44, au moment où, depuis son crime, il revenait pour la seconde fois au logis de sa maîtresse. On saisit immédiatement en sa posession une somme d'argent d'une origine suspecte, avec le couteau-poignard qui fut immédiatement reconnu par M. T*** pour celui qui lui avait été volé, ainsi qu'un autre couteau.

C'était un couteau de cuisine qui avait dû être l'instrument du crime. Car sa lame s'adapta parfaitement aux profondes blessures dont le corps de la victime était couvert.

Dès son arrestation, Filon fut mis en confrontation avec le cadavre. Il nia tout et opposa un impassible sang-froid.

Alors un mandat d'amener fut dirigé sur Rezé, le cordonnier, qui avait été aussi son ancien camarade au chemin de fer de l'Ouest, renvoyé comme lui pour cause d'inconduite. Rezé, pour se décharger de toute complicité avec Filon, avoua qu'il avait reçu une boîte fermée; mais que, dès qu'il avait appris par le bruit public l'arrestation de Filon, il avait fait ouvrir la boîte par un serrurier; et dès qu'il y avait trouvé des billets de banque avec un grand nombre de bijoux, il avait attendu la justice pour en faire la restitution à son propriétaire.

M. de T*** reconnut cet argent et ces bijoux comme étant les siens.

Filon, dénoncé par Rezé, se décida à entrer dans la voie des aveux. Voici ce qu'il dénonça et ce qu'il répéta au tribunal :

Le 11 janvier, à bout d'argent et de ressources, il se rend chez Cœlina qu'il sait seule; c'était un lundi, jour des séances de l'Institut. Il embrasse avec effusion sa protectrice, et lui demande cent francs. Elle les lui refuse, en lui reprochant sa conduite et ses mauvaises fréquentations.

Comme il est dans une demi-ivresse, Cœlina lui dit, en essayant de le congédier, qu'il sent l'absinthe.

Filon la prie de nouveau de lui donner cent francs. Elle les lui refuse encore.

Il la menace de la frapper du couteau qu'il porte

sur lui, le couteau de cuisine dont le manche sort de sa poche.

Elle lui répond :

« — Tu es trop fainéant, même pour frapper une femme ! »

A ces mots, il lève son couteau et lui dit :

« Si tu ne me prêtes pas cette somme, ce couteau va me servir. »

Elle le défie en lui criant :

« — Tu es trop lâche !

Filon, furieux, qui ne cherche qu'un prétexte pour accomplir son horrible forfait, se rue sur Cœlina, il la frappe. Il la frappe avec rage à la poitrine et au bas-ventre. Elle tombe comme foudroyée.

Une fois la victime étendue sans vie sur le carreau, il dévalise tout ce qu'il peut trouver dans sa chambre ; puis il pénètre dans les appartements de son maître. A l'aide d'une pincette et d'un couteau trouvé dans la cuisine, il force le secrétaire de M. de T***, et s'empare de ses bijoux et de ses valeurs.

Il sort et prend une voiture.

Chemin faisant, il achète une boîte pour y mettre tous les objets soustraits. Il va porter cette boîte et tout ce qu'elle contient aux deux filles soumises qui logeaient chez le cordonnier Rezé, dont il partageait parfois la couche... à quatre !

Lorsque l'une de ces filles est interpellée comme témoin aux assises, elle dit :

« — Je connais parfaitement les deux accusés : Filon et Rezé. Je suis resté depuis le 21 janvier jusqu'au 26 chez ce dernier. Il m'a donné, à moi et à ma sœur, diverses sommes d'argent. *Nous couchions tous ensemble.* Filon me disait qu'il avait hérité et qne Rezé faisait valoir son argent.

Filon, en écoutant cette accablante déposition, pâlit visiblement.

C'est un homme qui, pourtant, ne se démonte pas facilement. Sa figure ingrate, encadrée de cheveux blonds rebelles, ne décèle d'ordinaire aucune émotion.

Rezé, son complice, qui a sept ans de plus que lui, possède une physionomie bien plus ingrate encore, il a les cheveux courts et plaqués sur sa tête rude et bestiale qui porte le cachet de l'idiotisme. Il ne semble pas comprendre la gravité de sa situation.

Rezé a subi déjà une condamnation pour vol, et il n'est guère plus intéressant que Filon ; c'est un ivrogne comme lui et qui n'a d'énergie, même dans le mal, que lorsqu'il est excité par la boisson.

En raison des services rendus à la justice, Rezé est acquitté.

La Cour condamne seul l'accusé Filon à la peine capitale.

Filon, en entendant sa condamnation, porte la main sur son visage, il écarte ses cheveux sur son front, il pâlit, puis reprend son impassibilité.

L'honnête actrice, la maîtresse de Filon, et qui l'aime toujours, s'évanouit. Le condamné lui adresse un geste d'adieu én se retirant.

Malgré l'émotion passagère que Filon a ressentie à la vue de sa maîtresse évanouie, il dit encore :

— Si M. de T*** était rentré chez lui pendant que j'y étais, il aurait fallu que lui aussi y passât !

CHAPITRE XIV

C'est du Nord, je l'ai dit, que nous viennent les grands criminels. Les Troppmann et les Jud sortent de l'Allemagne ; les picks-pockets fameux, les Benson, les Muller, les faux comtes ou marquis de Montgommery surgissent de la Grande-Bretagne.

Un Montgommery me joua un tour pendable à l'Exposition universelle de 1867. Un voleur assassin, d'une audace incroyable, après son crime commis sur la ligne de Calais à Boulogne, m'obligea à me rendre à Londres où j'eus à subir plus d'un désagrément.

Au mois de juin 1869, un riche Anglais se rendait à Boulogne par Calais. Il était suivi d'un pickpocket qui prenait avec lui, au bureau du chemin de fer, un billet de première classe.

Ce pick-pocket venait de Londres uniquement pour exercer en France ses talents professionnels.

L'Anglais, un vieillard dont l'opulence se trahissait par ses nombreux bagages, par un petit sac de cuir bondé de bank-notes, avait attiré les regards du voleur qui, avant de le rencontrer, ne songeait à rien.

L'occasion fait le larron.

Le vieillard, nommé Stog, se trouve seul en wagon avec ce bandit, un nommé Williams.

La nuit vient, le vieillard ne tarde pas à s'endormir après avoir eu soin de serrer contre lui son précieux sac qu'il porte en bandoulière.

Williams, placé vis-à-vis de lui, ne songe guère à s'endormir.

Il fixe des yeux pleins de convoitise sur le sac de cuir qui contient une somme considérable en billets.

Car Williams a fait causer le bonhomme, assez confiant et très bavard, quoique Anglais, quand il a pour compagnon de route un compatriote.

Une fois en prise au sommeil; Stog ne tarde pas à être débarrassé de sa sacoche.

Pour qu'il ne se réveille plus au moment de l'opération, le pick-pocket a pris la précaution d'endormir sa victime pour l'éternité.

Il lui a fait respirer de l'acide prussique.

Lorsque le malheureux est passé tout à coup de sommeil à trépas, son meurtrier lui prend, sans scrupule, son sac de cuir qu'il met à son tour en bandoulière.

Il compte à la hâte, à la lumière de la lampe du wagon, les billets de mille contenus dans le sac. Il y en a pour la valeur de cinquante mille francs.

Maintenant il s'agit de se débarrasser du corps

qu'il a *refroidi*, non plus à la façon des assassins vulgaires en frappant leur victime d'un coup de revolver ou d'un coup de couteau, mais comme on l'a vu à l'aide d'un poison qui ne laisse pas de trace.

Alors notre voleur assassin a trouvé un expédient non moins radical pour se débarrasser du cadavre accusateur.

Après lui avoir pris, avec sa sacoche, tous les papiers qui peuvent constater l'identité de Stog ; après avoir bien fouillé de la tête au pied son corps encore chaud, il n'hésite plus, il ouvre la portière, pousse le cadavre et le laisse glisser sur la voie.

L'exécution de ce drame s'est passée, sans bruit, dans le calme de la nuit la plus profonde.

Le train arrive à Boulogne.

Willlams, malgré son cynisme, a eu à peine le temps durant le trajet de se remettre de l'émotion causée par son meurtre et de la joie de se sentir possesseur de soixante mille francs.

Le train s'arrête.

Maintenant son rôle est changé. Fort de la sacoche et des papiers de Stog, il se met aussitôt dans sa peau.

Il veut descendre du train, pour ne pas attendre à Boulogne la découverte du cadavre.

Par malheur, un des chauffeurs du compartiment vient de découvrir le malheureux Stog broyé sur la voie.

Williams n'a pas le temps d'ouvrir la portière qu'elle est brusquement ouverte par un employé.

Il est accompagné du chauffeur qui soutient que le wagon de première classe, occupé seul par

Williams, était à Calais occupé par deux personnages, dont l'un était l'Anglais au corps inanimé, broyé sous les rails.

Williams ne se démonte pas par ces accusations.

Il dit devant la foule, terrifiée et indignée, qu'il voyageait en effet avec un Anglais, son compatriote; mais que si cet Anglais a disparu, il n'en est pas la cause ; pressé par un besoin, son compagnon n'a pas voulu attendre la station, et malgré ses exhortations, cet Anglais a ouvert la portière pour être lancé aussitôt en dehors de la voie et pour subir une chute mortelle, que lui, *Stog*, allait signaler à l'administration au moment où on l'accuse.

Malgré les dénégations du faux Stog, il est empoigné par la gendarmerie et conduit chez le commissaire. On s'empare de sa sacoche volée. Comme le vrai Stog demeurait depuis quelque temps à Paris, le rapport du commissaire est envoyé au parquet.

La direction de la sûreté me charge de démêler l'erreur de la vérité.

Sur les rapports de Londres et du chef de la police de Scotland-Yard, la vérité ne tarde pas à se découvrir. Williams, qui était parvenu un moment à se faire passer pour Stog, est reconnu, d'après le signalement envoyé par moi à Scotland-Yard, comme étant un pick-pocket de la pire espèce.

Il est réclamé par la police anglaise. Elle n'attend pour le faire passer en jugement que sa présence et les pièces de conviction constatant le crime et le vol de Calais à Boulogne.

Je suis chargé de me rendre à Londres pour donner les papiers volés par Williams, pour étudier

en même temps sur place la police anglaise devenant, par les prouesses des picks-pockets, si solidaire de la nôtre.

Avant l'extradition de ce bandit, je quitte Paris,
j'arrive à Douvres, muni des papiers volés par Williams, destinés au superintendent de la police de
Londres.

Par malheur, en arrivant à Douvres, j'ai laissé
mon passeport dans ma malle.

Au moment de le faire vérifier sur le territoire
anglais, je m'aperçois que je n'ai sur moi que les
papiers de ce Williams.

A Scotland-Yard, Williams a été signalé par la
police française comme devant arriver à Londres
avec les pièces l'accusant d'être l'auteur de l'assassinat de Calais, et comme l'on ne trouve sur moi
que ces papiers, je suis interpellé par un policeman.

Moi, chef de la sûreté, prêt à me diriger sur
Londres, muni des documents du bandit si impa-
tiemment attendu par le superintendent de la police, je suis saisi par sept ou huit gaillards, à l'œil
décidé et aux larges épaules.

Ce sont des detectives.

Sur un mot chuchoté à voix basse par un policeman, les detectives s'emparent de ma personne
comme si j'étais le bandit Williams.

Pour comble de guignon, je ne sais pas l'anglais
je ne puis expliquer à ces subalternes la cause de
leur erreur.

Ils ne me comprennent pas quand je leur dis que
les papiers qu'ils prennent pour les miens sont ceux
qui doivent les mettre sur la voie de la vérité,

quand je prétends que je remplis précisément en France la fonction de leur directeur.

Ils m'entraînent sans que j'aie pu leur faire entendre que mon passeport est dans ma malle, que, loin d'être un gibier de potence, je suis au contraire le chef des limiers dont ces detectives représentent la même corporation !

Ils ne peuvent ou ne veulent m'entendre.

Lorsque j'ajoute, pour me faire reconnaître, que je veux être conduit à Londres, à Scotland-Yard, ils me répondent en me narguant, en mauvais français :

— Précisément, c'est là où nous vous conduisons... en attendant que vous partiez pour Newgate.

Ainsi moi, le chef de la sûreté, moi qui me rendais à Londres pour rester plus que jamais dans mes attributions, j'étais pris pour un assassin ! J'étais conduit par les subalternes du chef de la police de Londres qui m'attendait autrement qu'accompagné par ses employés comme le bandit que je venais lui signaler.

En cette occasion, le chasseur était pourchassé par sa meute !

Ma situation était aussi insupportable que ridicule. Elle ne cessa qu'à Londres, à Scotland-Yard, lorsque je fus présenté au sollicitor.

Celui-ci, que j'avais vu à Paris, me reconnut. Il était venu autrefois me rendre visite dans le même but qui m'attirait à Londres. Il tança vertement l'inspecteur sur la méprise qu'il avait fait commettre à ses detectives.

Enfin j'étais libre ! .

Après m'avoir fait force excuses, après s'être plaint amèrement de la bêtise de ses employés, le sollicitor s'empressa de me mettre en rapport avec le chef de Scoland-Yard.

C'était un homme grand, fort, d'aspect encore très vigoureux, malgré sa barbe grisonnante. Il avait l'œil intelligent, doux, quelque peu fouilleur. Il parlait bas, d'une façon posée. Il avait le sourire bienveillant, mais trop stéréotypé sur ses lèvres pour ne pas cacher autre chose qu'un contentement intérieur ; tel qu'il était, cet homme me parut la complaisance et l'affabilité mêmes.

Lorsque je lui remis les papiers qu'il attendait, il renouvela, au sujet de ma mésaventure, les excuses que m'avait faites le sollicitor, il ajouta en très bon français :

— N'en veuillez pas trop à mes detectives, monsieur Claude, ce sont des Anglais. Ils n'ont pas cette perspicacité, cette initiative, cette *furie* française qui distinguent vos employés et qui les rendent si supérieurs aux nôtres. En Angleterre on est formaliste, on se laisse toujours prendre à l'apparence. Votre rapport de France signalait l'arrivée de Williams avec le renvoi de ses papiers volés ; mes detectives n'ont vu en vous que Williams, dès que vous avez montré les papiers signalés à ma police. Vous eussent-ils compris qu'ils auraient agi comme ils ont agi. Mes hommes ne pensent pas, parce que ce ne sont que des hommes *mécaniques*.

Par courtoisie, je lui répondis que, sans doute le désagrément que j'avais éprouvé, le rendait trop sévère envers ses subalternes ; et qu'il était impossible qu'ils ne fussent pas intelligents ayant affaire à des voleurs de premier ordre, comme le sont les voleurs anglais.

— Aussi, me répondit-il, toujours en souriant, ce sont les voleurs qui ont chez nous le pas sur nos policiers. Si les voleurs se laissent prendre par mes détectives c'est que, vraiment, ils y mettent de la complaisance. Nos picks-pockets ont une police aussi bien organisée que la nôtre, et bien moins naïve quoique aussi cupide.

Je l'arrêtai encore pour ménager sa susceptibilité, car je connais les hommes, je sais qu'ils n'aiment pas s'entendre répéter par d'autres le mal qu'ils disent d'eux-mêmes.

Mais le chef de la police qui me devait une réparation du malentendu dont j'avais eu tant à souffrir, reprit encore :

— Tenez, je vais vous donner la mesure ici de l'intelligence de mes agents; vous devez connaître, sans doute, un de vos grands artistes photographes, nommé Nadar ?

Sur un signe affirmatif, le superintendent continua :

— Et bien, la même mésaventure dont vous avez à vous plaindre, lui arriva à Londres, il y a quelques années. Il était venu pour poursuivre un de ses employés infidèles qui lui emportait de France une somme assez ronde. Mais le rusé employé ayant appris qu'il était poursuivi par son patron avait pris les devants ; il avait déposé une plainte en payement d'appointements contre celui qui le pourchassait.

Quand Nadar fut à Londres, il vit venir à lui un shérif de la reine, armé d'un mandat d'arrêt contre lui, au nom de son voleur; Nadar qui venait se plaindre d'un bandit fut arrêté par le shérif. Il faillit coucher en prison pour n'avoir pu payer, séance tenante, une somme de 1.0,0 francs que son commis malhonnête lui réclamait, ce qui fit dire à Nadar, en s'échappant des griffes des justiciers de la reine : « Voilà qui est fort ! j'arrive ici pour faire arrêter un coquin, et c'est moi qu'on arrête ? Quel drôle de pays ! »

Singulière nation, en effet, répétai-je à moi-même, où un chef de police anglaise dénigre sa propre administration en dépréciant ses employés.

Mais je n'étais pas assez naïf, malgré ma mésaventure, pour le prendre à la lettre et pour recommencer vis-à-vis de cet Anglais, trop courtois, le rôle de Gil Blas devant l'évêque de Grenade.

Je me hâtai, par générosité, de changer d'entretien. Je lui dis que je n'étais pas absolument venu à Londres pour favoriser la justice anglaise, au sujet du Villiams réclamé par elle, mais pour m'éclairer aussi sur son administration, sur les voleurs qu'elle avait mission de pourchasser.

— Eh bien, monsieur Claude, me dit il en me congédiant de la façon la plus aimable : Eh bien !
— revenez demain, je serai tout à vous, comme je le dois par le service que vous et votre administration vous avez rendu à la nôtre. Je vous ferai connaître en même temps mes policiers et nos voleurs. Jusque-là, n'allez pas, sans police dans votre impatience de Français, vous aviser de visiter seul

nos quartiers pauvres, nos quartiers dangereux. Vous risqueriez fort d'aller de Charybde en Scylla. Vous êtes tombé dans les griffes de notre police. vous retomberiez dans les griffes autrement terribles de nos *buglars* ! Ils vous ont épargné, mes limiers, nos buglars ne vous épargneraient pas !

Je quittai mon obligeant collègue, bien résolu le soir même à ne suivre qu'à demi ses conseils.

Mon temps était compté à Londres, je tenais à mettre à profit les minutes dérobées à ma fonction qui, durant ma longue carrière, ne fut jamais une sinécure.

Hélas ! je devais quelques heures après me repentir de n'avoir pas suivi à la lettre les conseils de mon collègue ; cependant la nouvelle aventure qui m'arriva, le soir même, fut pour moi un nouveau sujet d'études et une révélation terrible de l'avenir qui m'était réservé.

Une heure après ma sortie du Scotland-Yard, ne sachant que faire de moi, comme il arrive à un étranger dans un pays où tout devient pour lui un objet de curiosité, je me promenais au hasard le long des bords de la Tamise.

Après avoir longtemps marché, je me trouvai, je ne sais comment, loin du quartier de la Cité, près des docks et des entrepôts.

Je m'apprêtais à rebrousser chemin, à regagner mon hôtel, lorsque je m'aperçus que j'étais complètement perdu.

Alors, j'avisai un individu, une espèce de mendiant qui paraissait chercher un gîte pour la nuit, je lui demandai en mauvais anglais de me remettre dans mon chemin.

A mon grand étonnement, cet individu en guenilles, au teint have, aux traits altérés par la misère et l'ivrognerie, me répondit en bon français.

— Si vous voulez, me dit-il, me donner six pences (*soixante centimes*) pour aller loger à l'*Aigle*, moi qui ai manqué mon work-house (maison de refuge), je suis votre. homme. Avant d'aller vous coucher, si vous voulez connaître avec moi les *amis de l'Aigle* et la *réunion des proscrits*, vous n'en serez pas fâché. Le coup d'œil vaut l'argent que je vous y ferai dépenser.

— Vous êtes Français? lui demandai-je avec étonnement.

— Comme vous, citoyen, et de plus proscrit!

— Mais, lui répondis-je, il n'y a plus de proscrits?

— Il y en aura tant qu'il y aura en France, me répondit-il d'un air sinistre, l'ombre d'un Bonaparte. Mais à présent, il n'en a pas pour longtemps, le vieux! Aussi, j'espère rentrer bientôt dans ma patrie, à la prochaine révolution. Enfin, ça vous va-t-il de me donner six pences, d'aller à l'*Aigle*, histoire de vider deux pintes, de voir de près comment on arrange ici le bâtard d'Hortense et les souteneurs de rois?

A la vue de cet homme déguenillé, de ce fanatique que la débauche, la misère, la politique avaient fait descendre au dernier degré de l'échelle sociale, j'avoue que mes instincts de policier se réveillèrent.

J'oubliai les conseils de la prudence ; je suivis ce vagabond, en lui donnant ses six pences.

Il me conduisit à la taverne de l'*Aigle*, taverne située près du quartier de Whit-Chapel, quartier sombre, humide et sale où toute la misère de Londres est concentrée, quartier toujours couvert d'un voile épais et malsain.

Mon guide alluma sa pipe, sans doute pour chasser dans ce quartier les miasmes s'exhalant de ces maisons basses et sordides. Il me fit enfiler une ruelle infecte.

Nous nous arrêtâmes devant une maison d'apparence encore plus misérable que les autres.

— C'est là, me dit-il ; il me poussa dans un couloir séparé par une balustrade. D'un côté était le comptoir, de l'autre les consommateurs. Ces buveurs recevaient par leur barrière les pintes servies par des filles de quatorze à seize ans.

La balustrade servait de rempart aux consommateurs ; c'étaient des nègres, des matelots, des ouvriers du port, des vagabonds, tous gens dont les jeunes hôtelières se méfiaient avec raison.

Les clients buvaient debout contre la balustrade, pendant que les filles faisaient sauter leurs pièces de monnaie qu'elles recevaient dans la bouche, avant de les rejeter dans le tiroir du comptoir.

Une fois que nous eûmes vidé nos pintes, une fille vêtue d'une robe à carreaux rouges nous demanda, à voix basse, ni nous voulions passer dans la *salle des proscrits*.

Cette fille m'avait adressé cette question parce qu'elle m'avait vu avec un *frère*. Elle jugeait sur ma mise que j'étais un curieux étranger piloté par un habitué de l'*Aigle.*

Sur un signe d'assentiment, je passai à travers la haie des buveurs qui ne se dérangèrent qu'en grognant, en nous donnant force horions, en nous adressant des jurons et des épithètes non moins énergiques.

Sur un mot de passe prononcé par mon guide, un homme coiffé d'un chapeau mou, la figure presque entièrement cachée sous une épaisse barbe grise, ouvrit une porte dissimulée dans le mur du fond de la taverne.

Mon guide et moi nous pénétrâmes dans une grande salle. Elle ressemblait à l'intérieur d'une caverne. Cependant, avant d'être la salle et le club *des proscrits*, elle avait été un *music-hall.*

Au-dessus d'une foule compacte d'individus de toutes les nations et parlant toutes les langues, j'aperçus aux parois de la salle, entre quelques quinquets fumeux, des étendards de tous les pays.

Un homme se tenait debout à une tribune, il parlait en anglais devant la foule rangée devant lui. Le président, un marteau à la main, tempérait l'enthousiasme de l'auditoire chauffé par un orateur plus déguenillé et plus ivre que les consommateurs de la buvette d'à côté.

Je demandai à mon guide ce que c'étaient que les bannières rangées le long de la muraille comme autant de trophées et ce qu'elles signifiaient. Il me répondit :

— Ce sont les drapeaux de ceux que la bourgeoisie ou les royalistes de tous les pays appellent des *régicides*. Lorsque succombe ici un réfugié, on sort du club ces bannières. Elles servent de trophées à ses funérailles. L'honneur de les porter n'est accordé qu'à ceux qui ont tenté de tuer un prince ou un roi !

Saisi d'horreur à cette explication que mon guide me fit du ton le plus naturel du monde, je ne demandai qu'à m'en aller.

Alors je compris que les proscrits n'avaient jamais désarmé. Je devinai pourquoi leurs chefs devenaient si arrogants ; pourquoi l'Empire, en leur entre-bâillant la porte des Tuileries, l'ouvrait déjà à l'internationalisme qui ne lui donnait plus un an à vivre !

Cette réponse de mon guide fut pour moi une nouvelle révélation.

Je partis en me promettant bien le lendemain de demander à mon collègue de Scotland-Yard si son gouvernement avait aussi connaissance de ce club *de proscrits* érigeant l'assassinat en vertu, et le considérant comme un droit et un devoir.

Mais en partant de la taverne de l'*Aigle*, je n'y laissai pas qu'une désespérance de plus, j'y laissai ma bourse.

Sur la limite du quartier de Whit-Chapel, à la porte de ce repaire de toutes les misères et de tous les vices de Londres, j'étais pour ainsi dire à la porte de l'enfer.

Lorsque je voulus demander à mon guide s'il pouvait m'indiquer ceux qui avaient pu impunément me voler sans que je m'en aperçusse, moi, si habitué pourtant à toutes les ruses des voleurs, mon guide n'était plus là.

Lui aussi m'avait joué !

J'étais plus embarrassé que jamais, près de cet enfer où mendiants, voleurs, filles publiques cou chent dans la rue, se promènent en chemise quand ils en ont.

J'avisai enfin un policeman qui me remit dans mon chemin.

Ce qui l'étonna, ce fut de me voir sortir à peu près sain et sauf des basses rues avoisinant Whit Chapel, car un étranger y court toujours le risque d'être jeté dans la Tamise et le *London* lui-même ne s'y aventure qu'armé d'un bon couteau.

Peut-être avais-je dû mon salut à la protection passagère de mon guide, à l'ami de tous ceux qui m'avaient dévalisé.

On le voit, mon voyage à Londres ne s'annonçait pas sous d'heureux auspices, j'y étais arrivé, moi, chef de la sûreté, en passant pour un assassin ; j'y continuai ma série de mésaventures en étant volé comme dans un bois. Il est vrai que le directeur du Scotland-Yard m'avait prévenu.

CHAPITRE XV

LE QUARTIER DES VOLEURS, SCOTLAND-YARD, NEWGATE ET LE BOURREAU DE LONDRES

Lorsque je fis mon voyage à Londres, mon but n'était pas uniquement de coopérer, au profit du superintendent de Scotland-Yard, à l'extradition d'un assassin anglais. J'avoue que mon plus grand désir n'était pas d'étudier sur le vif le monde des policiers et des voleurs d'outre-Manche.

Une pensée secrète me tourmentait, depuis que la politique empiétait de plus en plus sur mes attributions et les dénaturait. J'avais besoin, au moment où la révolution prochaine se faisait sentir en France, de m'éloigner d'un théâtre où je jouais un rôle qui n'était plus le mien. Car moi, chef de la sûreté, je retombais, comme aux premiers jours de l'Empire, sous la direction du Bureau politique, c'est-à-dire d'une division supérieure à la mienne.

J'étais âgé, je ne tenais plus à reprendre avec une

activité pleine de périls, une carrière qui a toujours
répugné à mes goûts conciliateurs et pacifiques.

Autant je me sens fort vis-à-vis d'un voleur, d'un
assassin pour le filer, pour le combattre, pour le
confondre, dès qu'il est en mon pouvoir, autant
je suis sans force, sans énergie, sans action vis-à-vis
d'un *politique* que mes chefs m'ordonnaient alors
de traiter pire qu'un voleur.

D'un autre côté, je voyais le gouvernement au-
quel je devais ma situation, de plus en plus menacé. Je me demandais si c'était bien le moment de
donner ma démission, quand le péril social com-
mandait à tous les soutiens du pouvoir de le défendre.

Les hommes composant l'équipage d'un navire en
détresse doivent ils choisir l'heure du danger pour
l'abandonner? Voilà les questions que je m'adres-
sais en m'isolant à Londres pour me recueillir et
me fixer sur mes irrésolutions.

Une nouvelle aventure me fit prendre à l'étranger
une détermination qui, je l'avoue, prise d'un sens
contraire, m'eût épargné cependant bien des mal-
heurs.

Avant de parler de ce qui m'arriva encore dans
cet étrange pays, je dois parler du monde qui, à
Londres, m'occupait particulièrement; du monde des
policiers et des voleurs.

J'ai déjà dit, en m'aventurant dans le quartier de
l'Est, ce que sont les repaires de Londres ; je puis
affirmer qu'ils n'ont leur équivalent dans aucun
pays.

Là trônent le vice et la misère ; le vice y est étalé

d'une façon hideuse, écœurante et abrutissante ; la misère y est horrible, affamée, elle tourne à la pourriture. C'est l'enfer dans ce qu'il a de plus ignoble, de plus repoussant.

Il faudrait le burin de Rembrandt et de Callot pour faire surgir des profondeurs sinistres du quartier de l'Est ses types monstrueux, épouvantables, représentant toutes les laideurs des cinq parties du monde.

Comme Londres est la cité de l'or, elle est aussi la capitale du monde des voleurs. J'ai dit que tous les bandits de la terre ont à la Cité leur caisse de dépôts ; ils ont aussi dans les faubourgs leur Temple, *leur marché aux loques* plus grand que notre Temple de Paris.

Dans ce Temple qui se tient à *Pely-Coat-Bane*, on reçoit les marchandises qui proviennent du vol et du recel. Là réside le prêteur sur gages. Il prête aussi bien sur l'objet volé que sur l'objet à voler d'après un coup préparé à l'avance par un client *accrédité*. La mauvaise mine, la mauvaise réputation de son client voleur sont les plus sûres garanties offertes au *fourgat* d'outre-Manche.

Pely-Coat-Bane est la Bourse des voleurs, *Schadwell*, le quartier des assassins, *Wapping*, le quartier des matelots réfractaires, des conspirateurs, des filles et des boxeurs. C'est au Wapping que le prince Louis Bonaparte rencontra dans un bouge Miss Howard qu'il mit à la mode, lorsqu'il jouait son rôle de policeman ; c'est du Wapping que sortit cette courtisane qui, plus tard, trôna à l'Elysée et prêta cinq millions à notre futur empereur pour l'aider à jouer le rôle de prétendant !

C'est au Wapping, comme on l'a vu, par ma précédente aventure, que sortent tous les aventuriers, tous les conspirateurs de l'Europe pour *travailler* les divers continents, au profit de la politique anglaise, surpassée aujourd'hui, dans son machiavélisme, par la politique prussienne.

Pcly-Ceat-Bene, Schadwell et le Wapping ont leurs lois qui s'exercent sur cette vaste et cosmopolite corporation, de filous et d'assassins. Ce domaine du crime a ses différents clubs où la vertu même n'est pas tout à fait bannie. Il y a à *Saint-Gilles, un club philanthropique*, présidé par qui? par le chef de la police anglais.

La police n'a qu'une action relative sur cet empire infernal. Les inspecteurs du Scotland-Yard, où se tient le chef de la police métropolitaine, ne sont pas sûrs de *leurs detectives*, lorsqu'ils les envoient dans cet enfer pavé de pièges et de séductions. Le détective (le dépisteur) y succombe. Le lévrier chargé de poursuivre le renard se fait souvent graisser la patte par le renard pour ne jamais l'atteindre !

Voilà ce que j'appris, en me rendant le lendemain de mes déceptions au Wapping, à Scotland-Yard, où m'attendait le superintendent de la police.

Ce Scotland-Yard, qui répond à notre préfecture de police, n'a aucun caractère architectural. C'est une grande maison carrée dans une grande cité. Un escalier conduit à une antichambre ; là se tiennent plusieurs employés ; ils pourraient aussi bien figurer dans un magasin de nouveautés, sauf que les objets qui les entourent sont des modèles de menottes en acier, et des bâtons de buis dont un seul coup bien appliqué tue votre homme.

Cette antichambre s'ouvre sur une vaste salle, c'est la salle des inspecteurs ; elle ressemble par l'aspect à une chambre d'huissier ; elle précède la salle des détectives. Cette autre pièce rappelle l'intérieur d'une école. Des bancs y sont disposés de distance en distance où causent de forts gaillards, à la mine décidée, aux yeux fouilleurs et aux larges épaules.

Rien de moins curieux que ce grand corps de garde affecté aux inspecteurs et aux detectives placés sous la direction absolue du chef de la police métropolitaine. Ce qui me frappa, ce fut l'absence de paperasses dont notre administration policière est si prodigue.

En attendant que je fusse reçu par le superintendent, le commis aux écritures qui m'accompagnait me proposa de me faire visiter le musée du Scotland-Yard.

Je m'empressai de souscrire à son invitation.

Autant le bâtiment de l'administration policière a un aspect sévère, propret, plein de *respectability*, autant le *Blak-Muséum* de Scotland-Yard, est plein de cachet, de surprises émouvantes.

Dans une maison indépendante de ce que j'appellerais la préfecture... anglaise, se tient le *musée noir* de la police.

C'est dans une vieille habitation à cinq étages, sombre, humide, garnie de barreaux à toutes les fenêtres, que sont renfermés les dossiers *parlants* de tous les voleurs de Londres.

Dans ce musée sont classés par ordre avec leurs photographies les dossiers des voleurs et assassins. Chaque criminel, dès qu'il est *prévenu* ou *accusé*, prend à Scotland-Yard un numéro au-dessous duquel se dresse son casier, en marge sa photographie.

Lorsque l'accusé a fait son temps, on le photographie encore à sa sortie de prison ; de cette façon, le récidiviste est facilement reconnu. Autant de fois il est pris, autant de fois il est portraicturé.

La police a ainsi sous la main son voleur à tous les âges. Malgré les altérations que la prison et la volonté de l'individu ont fait subir à son visage, le criminel est toujours dans les yeux du detective.

A la galerie des portraits et des dossiers des voleurs, succède le *musée des objets volés*. Ici, c'est le contraire de la France, l'Angleterre ne rend pas les objets soustraits. Après la peine subie par le voleur, il garde son vol, parce qu'il l'a racheté par sa punition.

La collection de ces objets volés et qui ne remplit pas moins de quatorze chambres, est une collection unique au monde. Depuis le mouchoir de cotonnade jusqu'à la montre enrichie de diamants, tout y est scrupuleusement classé. Ces objets, gardés avec le plus grand soin, sont fidèlement *restitués* aux voleurs dès qu'ils sont rendus à la liberté.

Il n'en est pas de même de leur biographie qui signale l'histoire des vols dont les objets figurent à la galerie de ce singulier musée. Une fois les objets rendus à leurs nouveaux *propriétaires*, l'odyssée de leurs prouesses vient grossir le dossier déposé à la *galerie des portraits.*

En montant au dernier étage, l'horrible succède à l'attrait. On se trouve dans la *galerie du crime.*

On ne peut s'imaginer combien de douleurs, de remords, de tortures révèlent cette sombre et épouvantable collection d'objets et de vêtements souillés de plaques rougeâtres.

Là on est, malgré la symétrie qui règne dans cette galerie du crime, devant un amas de chiffons souillés, d'objets meurtris, poudreux, informes, ignobles et sales.

Ici ce sont des habits en lambeaux qui ont appartenu à un assassin, là des os, des morceaux de chair détachés du corps de leur victime.

On est en face d'un interminable ossuaire où tout est chiffré, classé, catalogué avec cette méthode anglaise qui donne froid dans le dos.

Ici, c'est un rasoir taché de sang, là un morceau de fer avec lequel un assassin a meurtri un crâne humain. La tache, sur l'acier, marque le morceau de cervelle qui y était adhérent.

Ce catalogue funèbre donne les détails les plus laconiques et les plus horribles sur la manière dont a opéré l'assassin pour tuer sa victime avec l'arme mise sous vos yeux.

A mesure que vous défilez devant ces trophées de l'assassinat, vos regards épouvantés errent d'un pantalon ensanglanté d'un mari qui a tué sa femme au couteau empoisonné; d'un bocal où l'on conserve l'avant-bras et la main pourrie d'une femme noyée dans la Tamise à une barre de bois avec laquelle un mari a assommé sa femme du premier coup. C'est hideux. A côté de ces instruments de supplice se manifeste la menace de chaque assassin, par une collection sans nombre de casse-tête, de cordes pour étrangler, de bâillons pour étouffer.

L'estomac se serre à la vue de ces objets d'horreur. Ils donnent la mesure de la férocité des bandits de Londres.

Il y a pourtant un certain enseignement à tirer de ce spectacle épouvantable, un progrès à constater chez nos voisins par l'exhibition de ces ignobles trophées.

C'est que le policier anglais, par tous ces engins du crime, est au courant de toutes les habitudes des bandits contemporains ; c'est que, dans un moment donné, le bandit ne peut manquer de tomber au pouvoir de la police qui, par ses *outils de travail*, possède son sujet avec sa manière d'opérer.

Tout en prenant des notes sur cet étrange et épouvantable musée, je concevais un plan nouveau pour remplacer à la préfecture de police nos archives *paperassières* et uniformes par ces archives parlantes qui, avec la photographie de chaque scélérat, accusent son caractère et trahissent ses habitudes [1].

1. Ce progrès a eu son exécution à la préfecture par le successeur de M. Claude. La préfecture possède maintenant, grâce aux soins intelligents de M. Macé, sa galerie de portraits. Ces portraits sont également accompagnés des instruments de supplice ou des engins de *travail* de leur sinistre héros. Autrefois, ni ces portraits ni ces engins n'étaient conservés après la condamnation

Avaut de parler de ma dernière entrevue avec le chef de la police anglaise, Scotland Yard, je crois devoir compléter cette description en parlant de la prison de Newgate. Newgate est à Londres ce que sont à Paris la Conciergerie et la Roquette, comme Scotland Yard représente à Londres la préfecture de police.

Seulement, à Newgate, où l'on pend, le bourreau ne sort pas de la prison pour exécuter les condamnés.

L'exécution n'est pas publique comme en France, la pudeur, sinon la sensibilité anglaise, s'y refuse.

Newgate, la vieille prison de la Cité, est appelé à disparaître. C'est du reste un vilain édifice dont la disparition ne sera pas regrettable. Elle renferme deux corps de bâtiment où les criminels qui doivent passer aux assises, sont séparés des prisonniers sédentaires par une communication souterraine.

Lorsque les assises ont rendu leur verdict contre un condamné à mort, on voit venir à Newgate le bourreau de Londres qui, selon la tradition, vient y demander l'hospitalité.

Le bourreau, qui touche pour chaque tête qu'il accroche au gibet la somme de deux cent cinquante francs, a le droit, en outre, d'être logé et nourri aux frais de l'administration.

C'est une mesure de prudence et de convenance,

des coupables. M. Macé a compris aussi combien ce classement typique était indispensable à l'histoire criminelle pour reconnaître tous les récidivistes.

(Note de l'éditeur.)

car les Anglais ont jugé qu'il n'est pas un hôtelier qui hébergerait de gaieté de cœur ce sinistre voyageur !

Dès que le bourreau s'est emprisonné dans la prison de Newgate, son premier soin n'est pas, comme notre bourreau qui arrive à la Roquette, de s'informer de l'état de la machine, ni du coffre gigantesque où doivent entrer les pendus, non.

Il s'enquiert d'abord du poids, de la taille et de la conformation de *son sujet*. Selon les indications qu'on lui fournit, il allonge, raccourcit, modifie ses cordes ou la disposition de leur nœud.

L'unique préoccupation du bourreau de Londres est d'obtenir une mort spontanée.

Autrefois le bourreau, pour obtenir ce résultat, opérait par *strangulation*, aujourd'hui il y arrive au moyen de la *dislocation*, en disposant la corde où est attaché le pendu d'une façon toute particulière.

Comme le système est en désaccord avec le texte de la loi, la magistrature proteste bien un peu contre ce nouveau mode de supplice ; mais les suppliciés, qui appartiennent exclusivement au bourreau, sont restés, pour cause, assez indifférents à ce débat.

Pour croire à ce nouveau progrès proclamé par le nouveau bourreau de Londres, il faudrait y aller voir, personne, je crois, ne tient à ce point à approfondir la question.

Comme les exécutions, en Angleterre, ne sont pas publiques, elles ont lieu dans l'endroit le plus retiré de la prison, et n'y assistent, en dehors de l'administration de Newgate, que des personnes autorisées par le shérif.

Dès que le pendu a passé de vie à trépas, on referme, une heure après, la boîte où a eu lieu l'exécution; on ne la rouvre que pour livrer au bourreau le patient. Alors il est suivi de deux hommes qui portent un cercueil en bois noirci pour y porter le corps. Encore une fois, le bourreau et ses aides, pour cette nouvelle cérémonie, referment la boîte des pendus, afin d'être hors de vue des assistants.

Voici comment a lieu l'ordre et la marche d'une exécution à Newgate :

Auprès du condamné se tient le gardien de la prison. Le bourreau vient ensuite.

Le patient est sorti de son cachot par une petite porte verte séparée de quatre pas à peine du gibet.

Derrière le condamné, accompagné du chapelain, derrière le gardien et le bourreau, suivent le gouverneur de la prison et son personnel. La procession est fermée par un shérif et ses sous-shérifs en grand costume.

Le bourreau entre seul dans la grande boîte où se trouve le gibet. Il consiste en une corde fixée par un crochet de fer à une poutre transversale. Cette corde, qui attend le patient, se balance d'abord dans le vide.

C'est le bourreau qui place sous la corde la victime qui, durant une minute, une éternelle minute, garde une immobilité absolue.

La corde est ajustée, le nœud coulant est posé derrière l'oreille gauche pendant que la tête du pa tient est recouverte d'un bonnet jaune qui lui descend jusqu'au menton.

Alors le chapelain récite à haute voix la prière des agonisants, les cloches sonnent d'une voix lamentable, le drapeau noir flotte sur la prison.

Dès que le drapeau noir est hissé sur le faîte du bâtiment de Newgate, le bourreau, dans l'intérieur de la boîte du gibet, presse un ressort à l'un de ses angles.

Tout à coup le sol manque sous les pieds du supplicié. Il disparaît dans la profondeur d'une cave.

La corde oscille pendant quelques secondes, puis le mouvement cesse, l'œuvre d'expiation est accomplie.

Deux heures après, le temps de refermer la boîte pour mettre le corps du patient dans le cercueil, le bourreau dit, en montrant la figure grimaçante et les bras tordus du pendu, que le malheureux n'a pas souffert.

Le gouverneur de la prison salue le bourreau et lui rend sa liberté.

Le bourreau regagne sa retraite loin de Londres, car la vie est trop chère pour lui dans la métropole. Il s'en va reprendre au loin son commerce de fabricant de n'importe quoi, parce que les prix de ses *têtes de pendus* ne lui permettent pas de vivre absolument de son métier.

Tout est étrange chez nos singuliers voisins.

CHAPITRE XVI

Après avoir visité le *Musée noir* de Scotland-Yard, grâce à l'obligeance courtoise du chef de la police anglaise, qui m'avait adressé au commis chargé du service de ce musée, je me rendis auprès du *superintendent*.

S'il ne m'avait pas reçu tout d'abord, dès ma seconde visite à Scotland-Yard, c'est qu'il était en grande conférence avec un intendant d'une importante et noble famille.

Il est vrai qu'en attendant ma visite, et connaissant le but de mon voyage, mon très gracieux collègue s'était mis à ma disposition pour que je ne perdisse pas mon temps.

Et je ne l'avais pas perdu par ce que je venais de voir.

Lorsque je fus reçu par le superintendent qui

prenait congé de son autre visiteur, je vis ce dernier me regarder d'un air étonné, très sympathique, aux seuls mots prononcés par le chef de la police.

Il ne m'avait pas pourtant dit encore :

« — Entrez donc, monsieur Claude. »

Au moment où je franchissais le seuil du cabinet du chef de la police, pendant que mon inconnu le quittait, je vis celui-ci faire un tressaillement de surprise.

Il partit.

Ce mouvement n'échappa pas à mon collègue d'outre-Manche, il me demanda :

— Est-ce que vous connaissez ce monsieur?

— Nullement, lui dis-je, est-ce que c'est un Français ?

— Oui, me répondit-il d'un air affable et en souriant agréablement, c'est un de vos compatriotes, et un très honnête serviteur.

— Raison de plus, lui répondis-je malicieusement, pour qu'il ne soit pas de mes connaissances. Ce monsieur sans doute s'est mépris.

Puis, changeant de conversation, encore sous l'impression de ma promenade à travers le *Musée noir*, j'ajoutai :

— Monsieur, grâce à votre complaisance, j'ai pu faire, avec une vive satisfaction, l'inventaire sommaire de Scotland-Yard et de son remarquable musée. Cette inspection m'a vivement intéressé. Elle me donne une haute idée de la police anglaise et de celui qui la dirige avec autant de tact que de savoir.

Le superintendent s'inclina avec modestie; cependant je vis briller dans ses yeux scrutateurs, quoique très doux, un éclair de vanité.

— Et, continuai-je, permettez-moi de ne plus croire, d'après ce que j'ai vu, que vous ne commandez ici qu'à des hommes *mécaniques*, comme vous le prétendiez à notre précédent entretien. Je doute, au contraire, en France, que mes agents fournissent aux vôtres ces sujets d'étude et d'observation dont j'espère tirer profit, dans l'intérêt de mon administration et de mon pays.

— Monsieur, me répondit-il gracieusement, vous payez par ces agréables paroles l'hospitalité qu'il est de mon devoir d'offrir de la façon la plus large à un collègue de votre mérite. Je ne pense de ce que vous me dites que la millième partie. Ce que vous attribuez à l'intelligence de ma police n'est dû qu'à la tradition, dont l'Anglais est l'esclave. Le temps et l'expérience, voilà nos maîtres.

Après cet échange de politesses, je ne voulus plus continuer sur ce ton. Je devinais que sous l'homme aimable et courtois se cachait un véritable Anglais, qui ne se payait ni de phrases ni de compliments, et qui n'en donnait à profusion à un Français que pour mieux se convaincre de ses faiblesses.

Alors je lui racontai ma nouvelle mésaventure de la nuit précédente aux environs de White-Chapel, au bouge de l'*Aigle;* et comme je me l'étais promis, je fis part de mon étonnement de voir le gouvernement anglais, un gouvernement monarchique, tolérer une association d'hommes prêchant le régicide et l'assassinat comme une vertu.

— Oh! ces Français! me répondit mon collègue un peu piqué, ils seront toujours aussi imprudents que curieux! Ce qui m'étonne bien plus, après votre visite irconsidérée à White-Chapel, c'est de vous retrouver ici. Quant à ce que vous nous reprochez, de tolérer en Angleterre la présence de proscrits français, je vous répondrai que c'est un reproche que vous devriez retourner à votre gouvernement. Pourquoi l'Empire a-t-il fait des proscrits? Vous savez que chez nous c'est un devoir de pratiquer l'hospitalité, sans nous inquiéter des opinions de nos hôtes. C'est une tradition à laquelle nous voulons rester fidèles. Cependant, croyez-le, notre gouvernement est informé aussi bien que le vôtre des menées des socialistes. Il en connaît tous les détails, ils lui sont communiqués chaque jour par des agents de l'Internationale. Le cabinet de la reine prend secrètement toutes les mesures d'ordre nécessaires le jour où l'Internationale voudra agir en dehors de la vie *murée* qui, au nom de libertés publiques, doit rester murée! Et si l'Internationale dans ses clubs devient de plus en plus menaçante, à qui la faute? N'est-ce pas à votre nation, à votre gouvernement, à votre empereur, qui a pris comme ministre un homme faisant autrefois partie de ses plus jeunes et de ses plus fougueux adversaires?

A ces mots, je courbai la tête, et poussai un profond soupir.

Hélas! je n'avais pas besoin de recevoir cette leçon de l'étranger pour reconnaître les fautes de ma patrie, la faiblesse d'un chef d'État qui, malade, sans conseiller sincère, poussait de plus en plus la France vers l'abîme.

Mon Anglais, dont la morgue avait été atteinte dans mes observations inspirées par mon patriotisme, se hâta, en revenant à sa courtoisie, de changer la conversation.

Assuré par les papiers que je lui apportais de l'extradition du bandit Williams, ne désirant plus me faire rester sur le terrain scabreux de la politique, il me parla de la police française.

Pour me flatter comme je l'avais flatté moi-même, il me demanda ce que je pensais des scélérats fameux que ma *haute* intelligence de policier de *premier ordre* m'avait fait découvrir. Il me parla de La Pommerais, de Jud, surtout de Troppmann dont les crimes effrayants avaient ému l'Europe entière.

Par ce qu'il me dit de ces scélérats, je m'aperçus avec un nouvel étonnement que le chef de la police anglaise savait aussi bien ce qui se passait chez nous que nous ignorions, nous, ce qui se passait chez eux.

Le malin policier, pour me piquer à son tour, me demanda, comme le commun des mortels, si réellement Jud avait existé ?

— Si Jud a existé ? lui répondis-je vivement. Eh bien ! vous allez en juger.

Je lui racontai mes poursuites du grand criminel : comment j'avais failli le traquer près de la frontière d'Allemagne, lorsque je fus arrêté avec mon agent par les Badois. De quelle façon, par la mort tragique de cet agent, je fus arrêté dans mes poursuites, comment enfin le gouvernement m'ordonna de ne plus suivre les traces de l'assassin. Je terminai :

— Si vous ne me croyez pas, consultez à Londres une personne qui, à Nogent, m'a rencontré, lorsque, déguisé en roulier, je faisais parler les cabaretiers des environs du chemin de fer. Interrogez un notable commerçant qui tient à Londres un magasin d'objets de Paris, M. Duvelleroy, dit le *Père l'Eventail*. Il vous dira comme moi ce que je pense de ce prétendu mythe. Il est vrai que notre gouvernement, en étouffant la vérité sur les agissements de ce criminel, qui a tué un magistrat aussi bien pour satisfaire une vengeance particulière que pour poursuivre un but politique, il est vrai qu'en déguisant la vérité, notre gouvernement a laissé s'accréditer les fables les plus mensongères et les plus absurdes ; mais je vous jure, Jud a existé. Je suis payé pour pouvoir vous certifier son existence.

Piqué par le défi du superintendent, entraîné par mon sujet, j'avais déjà raconté dans ses moindres détails ma rencontre dans les Vosges avec des Badois, rencontre qui avait coûté la vie à mon agent. J'aperçus avec surprise que, pendant que j'étais dans le feu de la conversation, mon collègue prenait des notes sur un petit calepin, tout en m'écoutant avec la plus vive attention.

Alors j'ajoutai, prêt à le quitter pour ne pas trop me livrer :

— Et ce qui m'est arrivé pour Jud a failli m'arriver pour Troppmann. Vis-à-vis de ce dernier, on n'a voulu connaître que la moitié de la vérité.

— Vous croyez, m'interrogea-t-il en relevant vivement la tête, prêt à prendre de nouvelles notes, vous croyez que Troppmann avait des complices?

— J'en suis sûr, lui dis-je, et je suis certain que pour Troppmann, comme pour Jud, la main de l'étranger a tenu l'arme des assassins.

— Qui vous le fait croire pour Tropmann, comme vous le supposez si fortement pour Jud?

— Permettez-moi, lui répondis-je en regrettant de m'être laissé trop aller à ces confidences, permettez-moi de me borner à mon premier récit, au nom de mon patriotisme et de mes devoirs professionnels.

— Je vous comprends, monsieur Claude, me répondit-il en refermant vivement son carnet, et de son doux sourire qui, au repos, paraissait être stéréotypé sur ses lèvres.

— Croyez bien, termina-t-il en me saluant, que si vous avez encore besoin de moi, je suis tout à vous, en raison du signalé service que votre *haute intelligence* vient de rendre à la police anglaise.

A mon tour, je le saluai, mais avec moins d'expansion que n'en manifestait mon collègue, et un peu comme le renard qui s'est laissé prendre, vis-à-vis d'un compère, à ses propres trébuchets.

— Décidément, dis-je en le quittant, ces Anglais sont très forts. En nous accablant de compliments, ils nous considèrent un peu comme l'âne chargé d reliques.

Si le chef de la police anglaise avait été enchanté
de ma visite, je ne l'étais pas autant de sa réception ; sauf mon inspection au *musée noir*, j'étais
payé pour n'être pas ravi de mon voyage à Londres.
N'avait-il pas débuté en me donnant le rôle d'un
assassin ? Ne s'était-il pas continué en me faisant la
dupe d'un compatriote, à White-Chapel, et la dupe
d'un collègue qui avait eu l'art de me faire parler
sans s'être démasqué ?

J'en étais là de mes réflexions, en m'avançant
dans une des longues rues de la Cité, lorsque je
m'entendis appeler par une voix de femme qui
prononça très distinctement mon nom en français.

Quoique très surpris d'être interpellé dans un
pays inconnu, je ne m'empressai guère de répondre
à cet appel.

— Est-ce encore, me disais-je, une nouvelle dé-
ception qui m'attend sur cette terre étrangère ?

Enfin je me retournai, non sans appréhension,
malgré cette voix féminine qui m'avait appelé et
qui répéta mon nom.

Alors je vis devant moi une jeune fille de dix-
sept à dix-huit ans à peine.

Elle était loin d'être belle, elle n'avait aucun des
charmes que donne la jeunesse. C'était une blonde
à la figure fade, aux membres grêles. Sa physionomie était plus effrontée que mutine, et respirait
le vice. Toute sa personne semblait s'être impré-
gnée de l'atmosphère corrompue au milieu de laquelle elle avait dû naître et grandir.

Avant que je lui demandasse, non sans une extrême surprise, pourquoi elle m'avait appelé, et

comment elle m'avait reconnu dans un pays étranger, elle alla au-devant de ma curiosité. Elle me
dit, comme en se défendant de la mauvaise opinion
que je pouvais avoir d'elle :

— Monsieur Claude, je suis ici avec ma tante, elle
vous a reconnu quand vous sortiez de Scotland-
Yard. Elle vous prie, dans votre intérêt, de venir la
voir; et vous n'aurez pas, m'a dit ma tante, à vous
repentir de l'avoir vue.

— Alors, mademoiselle, lui répondis-je, puisque
madame votre tante s'intéresse tant à moi, il faut
qu'elle me connaisse, que je lui aie rendu moi-même
quelque service. Quel est le nom de madame votre tante?

— Monsieur, me répondit-elle en baissant les
yeux, vous n'avez rendu aucun service à ma tante,
au contraire, elle n'a eu qu'à se plaindre de vous
dans une circonstance malheureuse où vos agents
l'ont poursuivie, quand nous étions suspectées de
vol. Heureusement que l'Impératrice s'est ressou-
venue de la position qu'occupait ma parente, avant
d'être ce que la magistrature a fait de nous, deux
proscrites. Enfin, ma tante, c'est Mme C***, accusée et condamnée, malgré la haute position
qu'elle occupait autrefois, comme une vulgaire
voleuse. Malgré les rapports de vos agents qui l'ont
perdue, ma parente, loin de vous en vouloir, veut
au contraire vous rendre un grand service. En vous
le rendant, ma tante sert encore notre auguste protectrice, qui nous a fait sortir de prison où vos
agents nous avaient fait entrer, sans souci de notre
famille ni de nos relations.

— Quoi ! c'est votre tante, Mme C***, que je croyais encore à Saint-Laz...

La nièce m'arrêta en plaçant sa main maigre sur ma bouche ; elle ajouta :

— Voulez-vous, oui ou non, dans votre intérêt, m'accompagner chez ma tante ?

— Je vous suis, mademoiselle, lui répondis-je, très intrigué de savoir comment cette femme, dont je me rappelais le nom et les vols, se retrouvait à Londres, comment il était en son pouvoir de me rendre service, elle qui restait sous le coup d'une récente condamnation.

Décidément il était dit qu'à Londres, je marcherais de surprise en surprise.

La fille pâle ne me dit plus un mot ; elle me conduisit, après avoir longtemps marché, vers une petite maison de pauvre apparence.

Après m'en avoir fait franchir le perron, elle ouvrit la porte du vestibule qui donnait sur le salon du rez de-chaussée.

Là m'attendait déjà Mme C*** qui, un quart d'heure auparavant, m'avait vu sortir de Scotland-Yard.

C'était une femme brune, petite, très replète ; ses grands yeux noirs avaient cet éclat vitreux que donnent les nuits de l'orgie. Fardée de rouge et de blanc, sa figure avait une expression cynique, presque repoussante. C'était une femme arrivée à la maturité du vice, dont sa nièce, son élève, n'était encore qu'à l'enfantement.

Dès qu'elle m'aperçut, elle se leva d'un canapé sur lequel elle était couchée à la façon turque.

Elle vint à moi, prête à me tendre une main blanche et potelée que je ne pressai pas.

— Bonjour, mon cher monsieur Claude, me dit-elle en me regardant fixement, en secouant la tête d'où se déroulaient des cheveux d'un noir d'ébène qu'elle agitait comme une crinière, bonjour, mon cher chef de la sûreté. Vous ne vous attendiez pas à me trouver ici après m'avoir fait coffrer à Paris, n'est-ce pas?

— Croyez bien, madame, lui répondis-je, assez outré de son cynisme, que s'il ne tenait qu'à moi, vous seriez toujours en prison.

— Vous êtes galant comme un policier, me répondit-elle avec un sourire qui ressemblait à une grimace. Heureusement que vos supérieurs ne sont pas aussi méchants que vous, que l'on s'est souvenu au château de ce que j'ai été avant d'être ce que je suis.

— Au moins, lui répondis-je d'un air narquois, vous vous rendez justice.

— Trêve de compliments! reprit-elle en se pinçant les lèvres, je suis à l'abri de vos attaques, puisque je suis en pays étranger par le bon plaisir de vos maîtres. Ne l'oubliez pas, vous qui ne jouissez pas ici des privilèges de mes amis, vos adversaires.

— Que voulez-vous dire, madame? repris-je d'un air ébahi, je ne vous comprends plus.

— Je vais me faire comprendre, répondit-elle, c'est pour cela que je vous ai mandé, que je vous reçois, pour vous avertir que vous êtes surveillé, filé comme autrefois à Paris vous m'avez surveillée et filée moi-même.

— Moi, madame, repris-je d'un air ébahi, qu'ai-
je à craindre... de vous surtout?

— Tout' exclama-t-elle, c'est pour cela que je
vous ai fait quérir par ma nièce, que je viens d'éloigner, parce qu'il ne doit y avoir que vous et moi
dans notre secret.

En effet, dès ma présentation à la tante, la nièce
était partie du salon ; elle s'était envolée vers le
vestibule, légère comme un oiseau.

— Asseyez-vous et causons, me dit-elle en me
montrant le canapé, où elle se remit à se croiser les
jambes à la turque; or, sachez-le, monsieur Claude,
vous qui m'avez fait mettre en prison : vous êtes
un condamné à mort.

— Condamné à mort, moi, lui objectai-je, prêt à
éclater de rire, mais c'est de la folie !

— Non, c'est l'affaire d'une ou deux révolutions
très prochaines à Paris.

— Ah ! m'écriai-je d'un air plus sérieux. Et c'est
vous, qui devez tout à l'Empire, qui m'annoncez sa
fin prochaine, c'est vous qui me l'annoncez comme
une menace ?

— Oui, parce que votre police m'a rejetée forcé-
ment dans le monde des déclassés, ce qui ne m'em-
pêche pas de rester fidèle au château, puisque
je vous avertis de la tourmente qui doit vous en-
gloutir tous, vous comme les autres, vous plus
que les autres.

— Pourquoi, lui répondis-je d'un air stupéfait;
pourquoi, moi, plus que les autres ?

— Rappelez-vous, ajouta-t-elle, votre double

arrestation, il y a un mois, sur deux *politiques* que vous avez fait mettre à Sainte-Pélagie, sitôt après leur sortie de Mazas. Rappelez-vous ces deux jeunes gens qui n'ont quitté Mazas, après leur manifestation au cimetière Montmartre, que pour rentrer à Sainte-Pélagie, après l'affaire de Victor Noir.

— Parfaitement, répondis-je en rappelant mes souvenirs, Ferré et Rigault?

— Eh bien, vous avez été dénoncé par eux au comité.

— A quel comité?

— Au comité révolutionnaire.

— Qui siège?... lui demandai-je en clignant de l'œil.

— Partout et nulle part, me répondit-elle brièvement, les yeux baissés, en étendant les mains sur ses jambes croisées. Mais je vous en ai dit assez pour que vous me croyiez.

— C'est vrai, madame, lui répondis-je avec amertume, vous m'en avez dit assez pour savoir que, protégée toujours par l'Impératrice, vous n'hésitez pas à la trahir en pactisant avec ses ennemis.

— Vous voyez bien le contraire, me riposta-t-elle, puisque ce sont mes amis que je trahis pour vous avertir, puisque je fais simplement votre métier, à votre profit.

— C'est juste, repris-je convaincu par sa logique. Mais pourquoi Ferré et Rigault que vous paraissez si bien connaître, m'en veulent-ils?

— Pour deux raisons.

— La première?

— La première, c'est que Ferré qui a été à même de bien connaître votre police, comme son ami Rigault, si traqué par elle; la première, c'est que Ferré envie votre place; il l'espère l'avoir à la prochaine révolution.

— C'est une raison ! dis-je sur un ton d'ironie.

— Oh! ne raillez pas, fit Mme C***. Il l'aura plus tôt que vous ne le pensez. Je vous réponds que Ferré et Rigault s'acquitteront de leur emploi avec énergie contre ceux qui les ont traqués. Vous ne vous doutez pas des tours que Rigault vous a joués déjà pour protéger son maître et son ami Blanqui. Blanqui le tient en haute estime ; il a fait de Rigault le mouchard de son parti. Il vous renseignerait mieux sur les républicains que vous ne pourriez le faire vous-même à Piétri. Rigault c'est un *nez*, comme Ferré est un *bras*.

— Je vous remercie de ces détails, madame, et j'en prends bonne note. Mais, ajoutai-je, maintenant que je connais la première raison qui oblige le citoyen Ferré à prendre ma place, je ne serais pas moins désireux de connaître la seconde raison qui, aux yeux de ces deux citoyens, me met dans la situation d'un condamné à mort. Je ne sais encore qui les pousse à désirer ma tête?

— Probablement, répondit-elle, parce que vous n'étiez pas sur le théâtre de leur arrestation quand vos agents les ont empoignés pour les conduire à la préfecture?

— Non, madame, j'étais à Belleville, avec une partie de mes agents quand le restant de ma brigade

était à Batignolles où ont été découverts ces récidivistes politiques.

— Eh bien, moi qui corresponds avec les futurs
membres du gouvernement révolutionnaire, je vais
vous l'apprendre. Ce qui rend furieux Raoul Rigault
et Ferré contre la police de sûreté, c'est la façon
brutale avec laquelle elle a opéré leur arrestation.
Le chef de votre escouade n'a respecté, à ce qu'il paraît, ni la mère, ni la sœur de Ferré ! Sous prétexte
de chercher des papiers compromettants, ils ont été
jusqu'à fouiller la mère et la fille là où la pudeur
défend toute surprise de la part d'un galant homme
et même d'un agent. Sur les plaintes de la famille de
Ferré, celui-ci, avec son ami Rigault, vous a désigné au comité, vous et votre inspecteur, comme deux
condamnés à mort. Vous êtes averti, tenez-vous,
le pour dit. Quoi que vous puissiez penser de moi,
je fais mon devoir en vous avertissant; je crois
être quitte ainsi avec vos maîtres, parce que votre
devoir sera de leur transmettre mes révélations.
Maintenant, monsieur Claude, personnellement et
politiquement, je n'ai plus rien à dire. En vous
disant tout à l'heure que vous êtes menacé de la
prison et de la mort, j'agis encore par vengeance.
Femme, j'ai été aussi humiliée par vous; je me venge
en femme, en vous prouvant que je jouis à Londres de toute ma liberté, que mon pouvoir est au-
dessus du vôtre. A mon tour, c'est moi qui vous
humilie, en vous annonçant que vous, dont le métier est de conduire les autres en prison, c'est vous
qui êtes menacé du cachot; c'est vous qui verrez la
porte d'une prison s'ouvrir peut-être un jour pour

vous conduire à la mort ! je vous ai averti pour me venger ! Maintenant, monsieur Claude, je vous le répète. je n'ai plus rien à vous dire.

La dame s'était levée de son canapé en me souriant, comme si son sourire, en me montrant des dents encore belles, eût voulu me mordre.

Je m'étais levé à mon tour d'un air stupéfait.

Je me demandais si je rêvais, si j'étais bien éveillé.

En me rappelant les paroles menaçantes de ces *deux politiques*, lorsque je les tenais en mon pouvoir, un mois auparavant, je ne pus m'empêcher de frémir devant cette singulière femme, leur complice sans doute.

Pour moi, elle devenait une effrayante pythonisse.

Non seulement je crus en sa terrible prophétie, mais je maudis celui qui me l'avait attirée : mon maladroit Bagasse, chargé, à Batignolles, d'arrêter Rigault, Ferré et qui s'en était acquitté d'une façon outrageante dont j'étais responsable, sans m'en être douté jusqu'alors.

N'importe, il était curieux que je susse à l'étranger ces détails et que je fusse menacé de mort par une de mes victimes.

Londres me devait cette nouvelle surprise.

Moi qui étais venu à l'étranger pour me recueillir, pour me demander, en dehors de mes fonctions loin de ma patrie, si je devais me désintéresser d'une position qui répugnait à mon caractère, une inconnue m'avertissait qu'il était trop tard pour prendre ce parti.

J'étais condamné par les adversaires d'un gouvernement dont je blâmais pourtant la conduite et les actes : je ne pouvais plus l'abandonner sans lâcheté.

Et l'abandonnais-je, je n'étais pas moins responsable de ses actes, même de ceux auxquels j'étais étranger.

Voilà ce que me démontrait une femme coupable qui, sous tout autre gouvernement, eût subi sa peine, qui tout en l'évitant sous ce règne basé sur le mensonge et l'arbitraire, m'apprenait que j'étais condamné pour n'avoir fait que mon devoir, rien que mon devoir !

Je raconterai dans un chapitre suivant ce qu'était cette femme que je rencontrai à Londres d'une façon si bizarre.

Elle ne devait pas être la dernière surprise qui m'attendait dans ce singulier pays.

Je n'étais pas rentré à mon hôtel, toujours sous le coup des menaces de cette Française que je recevais une carte déposée par un personnage mystérieux.

Sur cette carte, je lus un des plus grands noms d'Angleterre, j'y trouvais ces mots écrits au crayon :

« Venez, demain, rendre visite à celle qui vous doit la vie et qui tient à vous en témoigner sa reconnaissance. »

— Ah ça ! m'écriai-je ahuri par tout ce qui me survenait depuis mon arrivée en Angleterre, moi qui ne connais personne à Londres, tout le monde m'y connaît donc ?

Le lendemain, autant par curiosité que pour oublier ma fatale rencontre de la veille, je me rendis à l'endroit indiqué sur la carte armoriée.

Que vis-je ?

La dame du baronnet anglais dont j'ai raconté la singulière destinée, qui, avant de devenir une châtelaine d'une rare beauté et d'une exquise distinction, avait été cette misérable séquestrée que j'arrachais à une mort presque certaine à la maison de la route de Fontainebleau.

Comment cette noble dame avait-elle connu mon adresse, à Londres ?

Par son valet de chambre, l'ancien journalier de la femme de Béquet, le tourmenteur de la séquestrée.

C'était ce valet que j'avais rencontré quand j'abordai sur le seuil du cabinet de Scotland-Yard, le *superintendent*. Je ne l'avais pas reconnu ; lui m'avait remis.

Il avait fait part à sa maîtresse de mon arrivée à Londres.

Aussitôt, elle avait chargé la police de lui donner mon adresse pour m'offrir, de la part du baronnet son époux, une hospitalité princière.

J'ai raconté comment je fus reçu aux environs de Londres, dans le château de l'époux de cette dame, aussi désireux qu'elle de connaître son sauveur.

Là, je l'ai dit, je passai huit jours dans une vie de délices, près de deux époux heureux l'un de l'autre. Cet agréable séjour me consola de mes récentes mésaventures.

La vie d'un policier est l'existence d'un héros de

féerie. Elle est pleine d'imprévus où le burlesque succède à l'horrible.

Mes quinze jours à Londres le prouvent; mon retour à Paris devait le prouver davantage encore; car, six mois après, devait s'accomplir la terrible prophétie de ma sorcière d'outre-Manche!

CHAPITRE XVII

Avant de parler de mon retour à Paris où, grâce à la généreuse hospitalité de ma grande dame reconnaissante, je retombai de l'enfer dans le paradis, je dois parler de la femme qui, à Londres, me prédit trop fidèlement, hélas! ma prochaine et terrible destinée!

Comment cette femme, qui avait occupé un certain rang à la cour des Tuileries, était-elle tombée si bas? Comment était-elle devenue une voleuse et condamnée comme telle à Paris? Comment avait-elle, sitôt sa condamnation, été renvoyée à Londres par une protection dont l'autorité impériale usait et abusait quelquefois en rappelant ainsi le bon plaisir de l'ancien régime?

Je vais le raconter.

Cette dame, quoique soutenue encore par le château, appartenait, pour se venger de son abjection, au parti de ses plus implacables ennemis. Dès sa tendre enfance, elle avait été élevée par une famille aux mœurs faciles, qui ne respecte, en fait d'honneur, que ce qui est sous le coup de la loi.

Elle appartenait à l'une de ces familles d'un genre hybride, dont les bâtards forment des rejetons qui ornent la pépinière de la cour d'assises ou de Saint-Lazare.

Elle était de la catégorie de ces femmes fatales, d'autant plus funestes qu'elles ne se classent pas du premier coup, comme les courtisanes vulgaires, dans le monde où l'on s'amuse. Ce sont des hétaires qui ne redescendent dans leur monde qu'après avoir causé tous les ravages possibles dans le monde régulier où elles n'auraient jamais dû entrer.

Voici son histoire :

La mère de cette dame avait été mariée à un époux complaisant et qui comprenait son époque. Sans fortune et désirant jouir des privilèges de la richesse, il avait épousé une femme qui n'avait pas plus de scrupule que lui.

La dame était jeune et jolie. Le monsieur n'hésita pas à spéculer sur sa beauté ; il attira chez sa femme des amateurs qui, dès les premières années de son mariage, firent de son épouse la fleur de la bicherie parisienne.

. Pendant dix ans, le mari qui prêtait son alcôve au plus offrant et au dernier enchérisseur, ne parut s'occuper des infidélités de sa femme que pour en tirer un plus grand profit. Avec l'argent des adorateurs et des tributaires de sa légitime Laïs, il se fit à la Bourse courtier... marron.

Il joua pour le compte de ceux qui le jouaient à son foyer.

Cela dura tant qu'un amant, plus sérieux que les autres, vint se laisser prendre aux charmes et aux pièges de cette épouse courtisane.

Cet amant était un bel et riche officier qui ne comprenait pas l'amour en partie double, réglé sous la *couverture* que chaque client du courtier marron fournissait au mari... marron.

L'officier exigea, après avoir laissé une partie de son patrimoine dans cet honnête ménage, que la femme écartât non seulement son entourage trop brillant, mais jusqu'à son époux, le Pâris par trop désintéressé de cette beauté... à tout le monde.

Comme cette dame avait ressenti pour le bel officier autre chose que de la galanterie, presque de l'amour, elle transmit à son proxénète légal les ordres de l'exigeant officier.

Le mari s'inclina.

Le militaire était riche, la femme dépensière, l'époux avait amassé un assez gros capital avec les tributs recueillis par lui dans le monde de sa femme.

En habile homme, il s'était dit que son épouse n'était plus assez jeune pour lui continuer une carrière aussi lucrative.

Dépensier comme Mme son épouse, que, dans l'intérêt d'un commerce mutuel, le mari avait entretenue dans un grand luxe, le mari préféra désormais que ce fût son amant qui se ruinât pour elle.

Il consentit à n'être plus que de nom le mari de

sa femme, après avoir recueilli les plus clairs bénéfices de sa beauté.

Madame eut un ménage en ville avec son riche officier, monsieur n'eut plus, pour la forme, qu'un pied-à-terre matrimonial.

De ce double ménage, dont le vrai était celui qui ne paraissait ne pas l'être, surgit un fruit plus ou moins légitime que la loi donna naturellement au mari.

La Providence attendit quinze ans pour protester contre ces trois impurs sortis de la boue dorée du monde des désœuvrés !

Cette punition, ce fut l'enfant engendrée de ce ménage à trois.

Cette enfant, c'était celle qui devait être plus tard ma voleuse de Londres, ma terrible prophétesse.

A quinze ans, cette femme née du vice, possédait les plus détestables instincts ; elle ne tarda pas, auprès du riche officier, à devenir la rivale de sa mère.

Quoique ce militaire eût un grand fonds d'honnêteté, il ne put, après avoir possédé la mère pendant quinze ans, ne pas s'apercevoir que la fille sortie de cette fange avait un autre attrait que la fleur fanée d'où cette rose en bouton était née.

La fille, élevée à l'école de la perversité et rongée d'envie, fit tant et si bien auprès de l'amant de sa mère qu'elle la supplanta.

A seize ans, elle épousait l'officier qui avait trois fois son âge. Malgré la vieille affection qu'il portait à sa mère, son amant ne se sentit plus la force, après avoir tant cultivé l'adultère, de résister à l'inceste !

Alors la mère de cette enfant, qui quoique courtisane était restée comme Ninon un honnête homme, ne put supporter de la part de son amant et de son enfant cette injure et cette infamie.

Elle mourut de honte et de douleur en maudissant son enfant.

Cette malédiction n'atteignit que le vieil officier. Quant à sa nouvelle épouse, aussi sceptique que corrompue, elle trouva très naturel de supplanter sa mère, comme sa mère avait supplanté son père pour l'officier dont elle n'ambitionnait que le nom et la position.

Pour sa fortune, il n'en fallait plus parler. Il y avait longtemps qu'elle avait été dissipée aux quatre vents soufflés par la mère prodigue.

Lorsque l'officier épousa celle qui, à plus d'un titre, pouvait passer pour être sa fille, c'était au bon temps de l'Empire ; c'était à l'époque où tous les sous-officiers de la Petite Afrique, devenus colonels ou généraux par la grâce du coup d'État, contractaient des mariages à peu près aussi scandaleux.

Cet officier, qui avait joué aussi son rôle dans la mitraillade de Décembre, était colonel.

Il était à l'âge de la retraite quand sa jeune épouse était dans l'éclat de sa beauté.

Dire le nombre des jeunes aides de camp qui se brûlèrent aux feux des beaux yeux de Mme la colonelle, serait faire un compte trop fantastique.

Comme en ce temps-là le règne de l'Empire était le règne des jolies femmes exemptes de préjugés, il se trouva que le vieux colonel fut de toutes les fêtes de l'Elysée et des Tuileries.

Mme la colonelle, dans les toilettes les plus éblouissantes que ne payaient pas les émoluments de son mari, devint une des nombreuses étoiles des fêtes impériales.

Elle partagea longtemps l'honneur de composer le quadrille de la cour; son nom fut cité parmi les plus élégantes nymphes de l'auguste divinité de l'Empire.

Il y avait peu de grandes fêtes sans elle. Elle était citée comme la plus élégante, sinon comme la plus honorable de cette cour si peu recommandable.

Les chroniques galantes de ce temps-là enregistrèrent les scandales de Mme la colonelle, ne cessant de vaincre ceux qui ne demandaient qu'à être vaincus par ses charmes.

Son mari assez débonnaire, qui l'aimait avec adoration, qui avait commis pour elle plus qu'une infamie, presque un crime, ne trouva pas de son goût les nombreuses infidélités de sa femme.

Un jour, il lui en fit de sanglants reproches.

Son épouse, qui le tenait par un secret terrible, opposa son passé au présent scandaleux qu'elle lui faisait. Elle lui dit :

— Laissez-moi donc tranquille avec vos vieux préjugés. Si vous avez tant souci de l'honneur de votre nom, il ne fallait pas m'épouser en marchant sur le cadavre de ma mère !

Cette réponse cynique ouvrit pour la première fois les yeux à cet officier aveuglé par la passion.

Il devina le calcul de cette fille infâme en l'épousant.

Elle voulait être classée, cette femme fatale, pour jouir avec plus d'impunité du fruit de ses vices, pour s'adonner avec plus de liberté à toutes ses joies impudiques.

Il s'était lié à une Messaline sans cœur, sans entrailles. Elle l'avait épousé, lui un vieillard, lui l'amant de sa mère, pour lui fermer la bouche le jour où il trouverait trop à redire sur ses libertinages.

Elle l'avait épousé uniquement pour que le monde vît, en son époux, l'excuse de ses prétendues faiblesses.

En effet, le monde disait :

— Que vouliez-vous que fît cette femme avec ce vieillard ? Qu'elle le trompât !

Devant cette épouse sans cœur qu'il revoyait telle qu'elle était, devant cette femme fatale qui lui dessillait les yeux pour ne lui laisser que le remords et la désespérance, le colonel n'eut plus qu'un parti à prendre : mourir.

Ce qu'il fit.

Il tomba dans une langueur qui le conduisit peu à peu au tombeau.

La personne que l'on plaignit le plus ce ne fut pas le vieil officier, ce fut la jolie veuve, laissée sans fortune avec un grand nom à peu près intact.

L'ancienne étoile des bals de la cour s'attira toutes les faveurs de notre gracieuse souveraine et toutes les libéralités de la cassette impériale.

Par respect d'un grand nom militaire, pour le

prestige hiérarchique de l'armée, les emplois les plus lucratifs furent offerts à la jolie et intéressante veuve.

Mais ces emplois, elle ne put les garder. Pour cette femme galante, aussi tripotière que galante, ses émoluments étaient aussitôt mangés qu'ils étaient inscrits sur les registres de l'administration impériale.

Toujours coquette et prodigue, ne comptant pas plus avec son cœur qu'avec sa bourse, toujours indélicate dans les divers emplois qu'elle exerçait dans son commerce d'amoureuse, partout cette femme laissait un mécompte avec une perfidie, une trahison avec un déficit.

Elle ne tarda pas à être délogée, par son inconduite, de tous les postes qu'on lui donna en raison de sa position et de son grand nom.

Loin d'en vouloir à elle-même de la défaveur qu'elle s'attirait, elle s'en prit à ses bienfaiteurs. De chute en chute, elle tomba du premier rang qu'elle occupait au dernier rang de la société.

Là l'attendaient les ennemis du pouvoir.

Ils furent heureux de faire de cette femme tombée une recrue qui, par intérêt autant que par rancune, dévoila à l'opposition ce qu'elle savait sur le monde de l'Empire dont les portes lui étaient à jamais fermées.

Dans les derniers temps, elle eut pour amants des gens qui en étaient encore à ce qu'avaient été les gens des Tuileries avant le coup d'Etat.

La veuve du colonel retourna au berceau de sa famille néfaste.

Avec l'âge, la tripotière avait remplacé la femme galante.

Elle ne voyait plus qu'un monde interlope qui savait tourner la loi.

Elle se faisait signer des billets, valeurs en compte reçues sur sa beauté. Comme la loi ne protège pas ces valeurs-là et qu'elle n'était plus de la première jeunesse pour remplacer un billet en souffrance par un autre de même nature, elle descendit plus bas encore.

Un jour, elle s'aperçut qu'elle était criblée de dettes et sans ressources ; elle n'hésita pas à se faire voleuse.

Femme sans scrupule, ne possédant que l'amour de la toilette et des plaisirs, elle ne recula pas devant le vol pour subvenir à ses besoins de... luxe.

Elle s'adonna avec une jeune voleuse de profession qu'elle prétendit être sa nièce, au *vol à la détourne*.

J'ai indiqué dans un précédent chapitre en quoi consiste ce vol. Une dame, munie de longues poches et d'un ample manteau, se présente avec sa complice dans un grand magasin de nouveautés. Toutes deux se font déplier un grand nombre d'étoffes. Pendant que la complice occupe l'attention des commis, la voleuse à la détourne opère le truc des grandes poches en y fourrant l'objet convoité par ces voleuses.

Un jour, Mme la colonelle et sa prétendue nièce furent prises en flagrant délit quand elles détournaient dans un magasin une pièce d'étoffe.

Elles furent conduites chez le commissaire et

l'officier civil ordonna immédiatement une perquisition chez la veuve du colonel.

On y découvrit un grand nombre d'objets soustraits à tous les magasins de Paris.

Robes, ombrelles, soieries, bibelots de toute nature remplissaient des armoires bondées de ces objets par nos voleuses de profession.

Lorsque la chronique apprit à la population parisienne que cette effrontée voleuse était la veuve d'un officier de l'Empire, illustré par le coup d'Etat, l'opposition en fit des gorges chaudes.

La rusée voleuse, pour se mettre en garde contre la magistrature, répondit à toutes les avances que lui fit soudain l'opposition.

Elle promit à un journaliste républicain de lui fournir des armes terribles contre le château si on la condamnait comme une vulgaire voleuse.

Puis cette veuve de colonel eut soin de faire connaître ses intentions à la souveraine qui l'avait naguère honorée en la recevant au Château.

Alors une fois condamnée à la peine la plus minime réclamée par la loi, l'autorité la fit fuir à Londres. Là, elle ne cessa, pour vivre, de rester en communication avec les ennemis de l'Empire, au moment où ces ennemis avaient le plus besoin d'elle pour l'aider à miner sourdement l'édifice impérial.

Avant de partir pour l'Angleterre, cette femme funeste avait encore laissé un autre mort derrière elle.

La Providence avait continué de se venger en tuant le père de cette fille fatale.

Cet homme qui avait fait de son foyer une école de vices, qui avait, dans son amour de bien vivre et de briller, considéré les amants de sa femme, les amants de sa fille comme autant de pigeons bons à plumer, bons à faire chanter, cet homme entra dans une violente fureur en apprenant le déshonneur public de son enfant.

Le père de cette femme reçut le contre-coup de ses scandales.

Très peu soucieux de l'honneur, parce que l'honneur n'est pas l'objet d'un article spécial dans le code ; aussi peu soucieux des représailles providentielles, parce que la Providence ne figure pas dans la loi, il n'était pas moins accessible à l'amour-propre. En homme du monde, ce qu'il redoutait le plus c'était le ridicule.

Lorsqu'il apprit que sa fille, la veuve d'un colonel, n'était plus qu'une voleuse de bas étage, il entra dans une fureur indescriptible.

Sa rage dégénéra en folie.

Il eut un transport au cerveau, il mourut sous le coup de cette accablante nouvelle.

Telle était l'histoire de Mme C***, femme fatale, que je rencontrai à Londres, qui en m'apprenant l'avenir qui m'était réservé dans son entourage exploitait encore ses anciennes relations de grande dame.

Maintenant, de voleuse, elle était devenue espionne. Elle trahissait aussi bien les républicains qui se servaient de ses révélations, que le Château dont son inconduite lui avait fermé les portes.

Si j'avais été averti par elle, après avoir mis autrefois la main sur cette voleuse, c'était sans doute par un dernier restant d'orgueil.

Elle voulait exercer sa néfaste puissance jusque sur moi.

Femme déchue, elle me jetait un dernier défi quand elle n'avait plus droit au respect, même dans les bas-fonds où ses vices l'avaient rejetée.

Elle se vengeait du mépris dont elle était couverte en s'attaquant à ceux qui étaient encore en droit de la flétrir!

L'histoire de ces femmes fatales n'était pas rare sous l'Empire.

Si en d'autres temps ces histoires se renouvellent à chaque génération, leurs héroïnes ne se retrouvent pas, comme sous ce règne, jusque sur les marches du trône. Elles restent au fond de leurs boudoirs, elles ne dépassent pas les limites du domaine des amours faciles.

Ce n'est que dans la vie en dehors, non dans la vie commune, que les femmes, élevées dans la fange, s'associent à des hommes que le hasard a fait naître dans l'opulence.

Ces femmes fatales n'ont jamais eu, comme elles l'ont eu jadis, le droit d'associer leurs amants à leur infamie.

La Providence le voulait ainsi, à cette époque, pour mieux fustiger une société dont l'élévation était due à un coup de force!

CHAPITRE XVIII

HISTOIRE DE DEUX TIMBRES OBLITÉRÉS

Pendant que j'étais à Londres, Bagasse, à Paris, faisait des *siennes*.

J'ai indiqué, par les diverses mésaventures de cet agent, qu'il manquait absolument de flair et de tact.

Je vais le prouver encore par l'histoire de deux timbres oblitérés, histoire dont le début ne pouvait laisser deviner la fin regrettable et tragique.

Avant de raconter cet épisode, je tiens à constater, par un autre quiproquo du même genre, la maladresse de mon agent marseillais dont l'activité, le courage, à défaut de jugement, m'ont été très précieux, tant qu'il n'agissait pas seul et de sa propre autorité.

Bien longtemps avant cette histoire de timbres-poste, la *sûreté* avait eu à filer un célèbre pamphlétaire qui marqua dans sa génération comme Rochefort dans la sienne : C'était Eugène de Mirecourt, dont le véritable nom était *Jacquot*. Cet écrivain, dans l'intérêt de sa réputation, par déférence pour la muse, ne signa jamais ses œuvres que du nom de sa ville natale.

Eugène de Mirecourt, né *Jacquot*, l'auteur des *Contemporains*, dont la plume catholique s'attaqua à toutes les gloires de... ce monde, avait maille à partir avec les journalistes voltairiens du Palais-Royal vers lesquels se rapprochait déjà le Château.

Les colères d'Émile de Girardin, etc., etc., etc., s'étaient unies à celles des Dumas père et fils pour traquer le pamphlétaire catholique qui n'avait pour se protéger contre le ministère de l'intérieur, contre les agents de la préfecture, que les foudres du Vatican !

Eugène de Mirecourt, à bout d'amendes impayées, était sous le coup d'un mandat d'amener, au nom de la gent lettrée, si maltraitée par ce confrère religieux.

Jacquot, dit Eugène de Mirecourt, était réputé pour être une fine lame.

Comme il maniait, disait-on, aussi bien la plume que l'épée, je lui avais donné pour fileur mon Bagasse. Il était nouvellement sorti de l'armée, il se recommandait devant les plus braves, par ses prouesses à la *d'Artagnan,* particulièrement dans le Midi, où il avait brillé comme brigadier de gendarmerie.

Je pensais ne pas mieux trouver que ce bravache contre ce bravo... littéraire.

Un jour mon Bagasse voit sortir d'une maison de la rue des Marais-Saint-Martin, de la maison même où demeurait ce pamphlétaire célèbre, un monsieur qui a l'âge, la physionomie, les allures de cet écrivain si redouté.

Il le suit, le file jusqu'à Auteuil.

Et comme ce monsieur est accompagné d'une autre personne, il remet au lendemain son arrestation, après s'être bien assuré, en revenant à Paris, que la maison d'où est sorti le personnage en question est bien la maison signalée.

Il s'informe à la concierge qui, d'un air assez narquois, le fortifie dans sa croyance.

Il était enjoint à Bagasse, pour éviter tout scandale, de ne requérir aucun officier civil, de n'opérer, aucune arrestation chez le pamphlétaire dont on redoutait tant la plume.

Il ne fallait le prendre que par surprise.

Comme on va le voir, ce fut Bagasse qui, en cette affaire, fut le plus surpris.

Deux jours après, mon agent, toujours en faction à la maison de la rue Saint-Martin, voit encore son monsieur entrer dans la même habitation, toujours accompagné de son éternel compagnon.

Il l'attend à sa sortie.

Fort du renseignement de la concierge, il ne laisse à son *filé* que le temps de quitter la porte cochère; il l'aborde et lui dit tout bas :

— Monsieur, veuillez me suivre, si vous ne voulez pas que je vous arrête et que je vous emmène sur-le-champ entre deux sergents de ville.

Le monsieur regarde mon Bagasse d'un air ahuri.

Il regarde Bagasse, il regarde son compagnon qui paraît tout aussi stupéfait que lui.

— Mais, monsieur, lui répond-il d'un air assez méprisant, pour qui me prenez-vous donc?

— Oui, oui..., reprend avec vivacité celui qui l'accompagne, pour qui nous prenez-vous?

— Je prends monsieur pour ce qu'il est..., ajoute d'un air superbe le trop vigilant Bagasse, pour monsieur Eugène de Mirecourt.

— Moi, Mirecourt? reprend d'un air impatienté l'incriminé. Mais Mirecourt n'est pas mon nom! Si vous ne savez pas qui je suis, je vais vous l'apprendre, car je crois deviner maintenant qui vous êtes, vous!

— Je sais, l'interrompt d'un air important Bagasse, que Mirecourt n'est pas votre nom, et, puisque vous m'avez deviné, vous devez savoir que nous savons tout, nous. Or si je ne puis vous arrêter sous votre nom de guerre, je vous arrête sous votre véritable nom, que je connais aussi bien que vous.

Pendant que Bagasse triomphant achevait son interpellation en visant déjà du coin de l'œil deux sergents de ville, le monsieur, sur le conseil de son compagnon, tirait de son portefeuille une carte de visite qu'il présentait à l'agent.

Et l'inconnu lui mit sous les yeux sa carte avec ces mots :

H. BRAQUENIÉ.

— Farceur! exclama l'entêté Bagasse, se croyant très fort des renseignements de la concierge et de la ressemblance frappante du personnage avec le pamphlétaire, vous me montrez la carte de votre tapissier. Mais on ne me trompe pas, moi; vous n'êtes pas plus un Braquenié qu'un Mirecourt. Pour moi, vous êtes bien mon Jacquot.

— Monsieur l'agent, s'écrie à son tour le compagnon du faux Mirecourt, il faut cesser cette mauvaise plaisanterie, moi, qui suis aussi un Braquenié, frère de monsieur, je vous certifie que vous vous trompez; et si vous vous entêtiez à prendre monsieur pour ce qu'il n'est pas, il pourrait vous er coûter cher.

— Alors, riposta mon Bagasse qui ne voulait pas en démordre, si vous êtes son frère, c'est que vous êtes un Jacquot..., frère !

C'était trop fort.

Le frère de l'interpellé allait se fâcher tout rouge, quand le premier, prenant un moyen terme et temporisateur, dit à Bagasse :

— Monsieur l'agent, veuillez vous rendre avec nous, à deux pas d'ici, chez un de mes clients ; et s'il ne me reconnaît pas pour être ce que je suis, je consens alors à vous suivre.

Bagasse, qui commençait à être un peu ébranlé, acquiesça à cette proposition.

Les deux messieurs, accompagnés de l'agent, ne tardèrent pas à entrer dans une boutique des rues environnantes.

Le boutiquier, à la vue des deux filés, s'écria avec entrain :

— Ah! vous venez pour votre facture, messieurs ?

— Non, s'écria celui que Bagasse tenait en respect, je viens pour que vous disiez mon nom devant monsieur.

Il désigna mon agent, raide comme un militaire sur les rangs, attendant la réponse du boutiquier très interloqué, pendant que Bagasse se frisait la moustache pour se donner une contenance.

— Bah! reprit le boutiquier ébahi ; est-ce une plaisanterie ou une gageure?

— Non, reprit le frère de l'inculpé, c'est très sérieux. Voyons, dites, dites vite le nom de monsieur !

Mais... mais, balbutia-t-il, au comble de l'étonnement, c'est M. Braquenié, comme vous êtes, vous, monsieur Braquenié frère, dont je suis le débiteur.

— Ah ! exclama celui qui était toujours tenu sous les regards de mon agent tout penaud, ah! vous l'entendez?

Mais mon Bagasse, très décontenancé, ne tenait plus à en entendre davantage.

Le temps de débiter quelques paroles d'excuse à ces honorables négociants, il était parti pour revenir sur ses pas et retourner à la maison de la rue des Marais.

Ce temps-là avait suffi pour faire donner l'éveil au véritable Mirecourt.

Averti par le concierge qu'il était filé par la police, le vrai Mirecourt s'était hâté de déguerpir de son domicile.

Le terrible pamphlétaire n'y revint que lorsque Emile de Girardin, pour éviter les récriminations de la presse réactionnaire, retira sa plainte déposée au parquet contre son pamphlétaire.

Et Mirecourt put se moquer plus tard des poursuites de la police, grâce à la méprise et à la bévue de Bagasse!

Cette anecdote rétrospective donne une idée de son peu de perspicacité.

Elle rappelle cet ancien capitaine en retraite qui, pour être agréable à ses chefs, faillit aussi les compromettre, en incriminant l'initiateur du monument élevé à Jacquart, le fondateur des *expositions des beaux-arts appliqués à l'industrie*.

Il fallait un régime comme le régime impérial pour permettre de telles erreurs à des agents dont l'intelligence ne dépassait pas les bornes d'une consigne inflexible, inspirée par l'arbitraire !

On ne s'étonnera pas maintenant des fausses démarches de Bagasse, lorsque, pendant mon absence, il fut livré à lui-même sans autre contrôle que celle de son administration irresponsable.

Au moment où j'étais à Londres, le parquet recevait de nombreuses plaintes concernant un individu qui se livrait à un commerce aussi simple que malhonnête vis-à-vis de ses clients, qui, du jour au lendemain, devenaient autant de dupes.

Voici le moyen employé par ce mystificateur ingénieux.

Il faisait une annonce dans tous les journaux sous les initiales X, Y, Z*** dans laquelle il disait.

« Qu'il donnait le moyen en une seul leçon, de « connaître la tenue de livres en partie double. « Il ajoutait :

« Qu'il suffisait pour recevoir, par retour du cour- « rier, la formule de cette leçon, d'envoyer à

« M. X, Y, Z***, un timbre-poste accompagnant sa
« lettre de demande. »

L'adresse du professeur par correspondance était
à Belleville, dans une rue dont je ne me souviens
plus le nom.

Mais les nombreuses dupes de ce prétendu professeur de tenue de livres en partie double peuvent
encore s'en souvenir.

Les lettres d'envoi à M. X, Y, Z*** affluaient alors
avec le timbre-poste exigé ; mais ce qui ne répondait
jamais à l'envoi, c'était la formule de la précieuse
leçon.

Les ignorants, avides de combler les lacunes lais-
sées par leur instruction commerciale, ne voyaient
rien venir.

Ils en étaient pour leurs frais de timbre poste !

Un jour, un grincheux ou un envieux lui envoya
un timbre oblitéré ; il en mit un de même nature
dans sa lettre.

En même temps plusieurs plaintes au parquet
furent adressées contre cet audacieux industriel

Comme le nom de ce personnage était un mythe,
le propriétaire de la maison et son concierge furent
mis en demeure de faire connaître ce mystérieux
personnage qui se livrait depuis trop longtemps
à cette plaisanterie aussi malhonnête que produc-
tive.

Le concierge donna à l'agent, dépêché par la
préfecture pour découvrir le coupable, des renseignements qui furent loin d'être satisfaisant

Il dit à cet agent qui n'était autre que Lagasse :

« — Que le monsieur répondant aux initiales :

X, Y, Z***, avait, en effet, loué une chambre dans la maison, mais qu'il ne l'habitait jamais; car il se contentait de se présenter à l'adresse où il était censé avoir un domicile, uniquement pour y prendre ses lettres.

A cette réponse, Bagasse ne répliqua rien.

Il se contenta, après avoir adressé son rapport au directeur de la sûreté, de venir se fixer le soir même aux abords de la maison de Belleville, afin de mettre la main sur ce voleur mystificateur.

Soit que le quidam eût jugé que sa plaisanterie devait avoir une fin, soit qu'il fût averti par le concierge, Bagasse ne vit pas venir ce chercheur de lettres au double timbre.

Il en fut quitte pour huit jours de faction.

Pas la moindre lettre ne reparut à l'adresse de M. X, Y, Z***.

Comme les propriétaires sont responsables de leur concierge, la police, en cet entre-temps, ordonna au maître de la maison qu'il eût à s'enquérir de son locataire. Sans doute, lui disait-elle, l'inconnu devait avoir pour complice son concierge dans des escroqueries dont se plaignaient tous les souscripteurs lésés.

Le propriétaire habitait très loin de sa propriété de Belleville.

En apprenant, pour la première fois, ce qui se passait dans son immeuble, il s'y rendit afin d'opérer une enquête auprès de son concierge.

Il était bien décidé, si ce subalterne avait été d'accord avec cet escroc, de le livrer à la justice.

Pendant que cet honnête propriétaire, pour purger sa maison de ces industriels illicites, et pour être utile aussi à la magistrature, se livrait à Belleville à de minutieuses recherches, il recevait du centre de Paris une lettre de sa femme.

Par malheur, à l'adresse de cette lettre était apposé un timbre qui avait déjà servi.

L'épouse du propriétaire, dans sa précipitation, vu l'heure avancée de la poste, avait pris au hasard un timbre oblitéré, et détaché d'une ancienne lettre de son mari, resté par hasard sur son bureau.

Dans les circonstances où se reproduisait ce vol au préjudice de l'Etat, l'administration des postes fit un rapport contre ce nouveau dommage. Elle l'envoya immédiatement au parquet avec la lettre au faux timbre.

Le procureur impérial fit appeler le juge d'instruction pour procéder aussi à une enquête.

Le juge d'instruction fit mander le directeur de la sûreté, il lui montra la lettre ouverte de la dame du propriétaire de la maison où s'étaient passées les escroqueries du professeur de tenue de livres en partie double.

Comme c'était Bagasse qui, une première fois, s'était rendu à la maison de Belleville pour filer en vain M. X, Y, Z***, il n'hésita pas à incriminer le propriétaire.

— Je tiens, dit-il, mon voleur de timbres. Et, ajouta-t-il de façon à convaincre ses chefs, — je m'explique comment je ne pouvais le pincer. En m'adressant au concierge, son complice, j'avertissais que le loup était dans la bergerie. Cette fois, je ne m'y laisserai plus mordre. Donnez-moi un mandat d'amener et je vous ramène l'homme au *truc des timbres-poste*.

Bagasse n'était pas connu de l'administration comme je le connaissais.

Il passait, au contraire, grâce à ses hâbleries pour un agent très fin.

Il devait sa réputation aux diverses affaires dans lesquelles il avait figuré comme un héros, par les arrestations d'Avinain, de Berezowski, uniquement par ce que je l'avais toujours fait accompagner d'autres agents bien plus madrés que lui.

Comme l'administration ne savait pas que Bagasse n'avait pour lui que l'audace et la résolution quand les autres possédaient l'astuce, l'adresse qui lui manquaient, il s'en suivit que, dans cette nouvelle affaire, l'orgueilleux Bagasse fut cru sur parole.

Du reste toutes les apparences ne condamnaient-elles pas le malheureux propriétaire?

Une première fois, un timbre oblitéré n'avait-il pas été mis sur l'adresse d'une lettre adressée à sa maison sous la rubrique Z, Y, X***?

Une seconde fois, un nouveau timbre de même nature n'avait-il pas été envoyé par sa femme à cette adresse, sous son nom véritable.

Et tout cela faisait supposer que les propriétaires de Belleville, étaient coutumiers du fait.

Et depuis qu'un agent avait été envoyé par le parquet à sa maison, le commerce des timbres-poste n'avait-il pas cessé aussitôt?

Pourquoi encore ?

Parce que le propriétaire avait été immédiatement averti par la police, dans la personne de Bagasse, s'adressant au concierge,

Car ce subalterne ne pouvait être que l'instrument du commerce illicite de son maître, commerce qui, non seulement portait un préjudice considérable à la société mais à l'État, préjudice et crime punis par les rigueurs des lois.

Voilà ce que soutint avec aplomb, mon Bagasse dont les assertions furent recueillies par l'administration comme paroles d'évangile.

A l'instant, mon inspecteur fut nanti d'un mandat d'amener.

Dans la même journée, accompagné de deux agents, il requit le commissaire de police pour procéder immédiatement à l'arrestation du propriétaire de la maison suspecte.

Du reste, la loi était pour Bagasse, dès que le propriétaire de Belleville était responsable de l'imprudence, plus irréfléchie que coupable, de son honnête moitié par l'envoi de son timbre-poste insolite.

Il était accusé de faux contre l'État.

Sa faute grossissant par les présomptions de la police, il retomba sous le coup de la vindicte publique.

Lorsque cet honnête homme se disposait de son côté à se rendre chez le procureur impérial pour expliquer le résultat de ses premières démarches au sujet de son locataire, il voyait arriver chez lui le commissaire de police, le trop zélé Bagasse et deux agents pour l'empoigner au nom de la loi.

Il eut beau se défendre de toute participation aux

escroqueries de son locataire, le propriétaire se vit emmené à la préfecture de police.

Le jour même, il fut interrogé par le juge d'instruction.

En vain prétendit-il qu'il n'avait jamais fait de commerce de timbres-poste, qu'il était innocent des manèges du prétendu professeur de tenue de livres en partie double. En vain soutint-il qu'il ne savait comment s'expliquer l'étourderie de sa femme qui, par inadvertance, avait pu mettre sur sa suscription un vieux timbre, il ne fut pas cru.

Bagasse qui avait à se venger des huit jours de faction faite à la porte de sa maison, Bagasse interrogé par le juge d'instruction devant ce nouveau Lesurques aux timbres, s'écria d'un air de conviction :

— Monsieur est un malin ! mais sa dame, moins forte que lui, s'est trahie par l'habitude qu'elle a de lui envoyer des timbres oblitérés. Le premier timbre, reçu par la poste, provenait évidemment de sa main, car c'est à peu près du même bureau auxiliaire que les deux timbres sont partis. Quant au commerce de timbres non oblitérés que faisait aussi monsieur, il est indéniable. Il n'a pu être fait encore que par lui, car depuis le jour où je me suis présenté chez son concierge ses escroqueries ont cessé. Or, je le dis, je crois pouvoir l'attester sur l'honneur, ce monsieur, propriétaire à Belleville, est le même individu que son prétendu et introuvable locataire. Monsieur et sieur X, Y, Z*** sont donc le même voleur !

La foudre fût tombée sur la tête du malheureux propriétaire de Belleville qu'il n'eût pas été plus écrasé que par le témoignage de Bagasse devant le juge d'instruction.

Les charges aussi accablantes qu'imprévues qui s'accumulaient sur lui, au moment où il était le moins préparé à la défense, le rendirent muet de surprise et d'épouvante.

Lui qui se préparait au contraire à prendre un rôle d'accusateur, il se voyait tout à coup dans un rôle d'accusé.

Outré, alarmé, pressé par une série de preuves fatales qui le présentaient comme un odieux criminel, il ne put balbutier que des mots sans suite.

Le magistrat mit son embarras sur le compte de la peur.

Et ne pouvant tirer de lui aucune parole raisonnable, il se contenta de dire, en le remettant entre les mains des gendarmes :

— C'est bien, nous interrogerons l'inculpé quand il sera plus calme. Qu'on le conduise en cellule. Désormais la justice suivra son cours !

Hélas ! l'inculpé passait déjà à l'état d'accusé !

Et le lendemain, si les faits répondaient aux accusations, l'innocent persécuté ne franchissait plus le seuil du cabinet du juge d'instruction que pour aller à Mazas !

C'était un homme déshonoré, perdu, retranché de la société.

En cellule, l'honnête propriétaire se remit des terribles coups portés par l'étourderie de sa femme et la maladresse de Bagasse.

Il écrivit à son épouse en l'instruisant de son horrible situation.

Il lui dit que, par son imprudence, il était passible des tribunaux ; et que, par une fatalité inexplicable, son imprudence était cause qu'on l'accusait de tous les vols commis par un de ses locataires.

Il ajoutait que le commissaire de police, le juge d'instruction, le procureur impérial étaient à ses trousses. Il la pressait de faire les démarches nécessaires pour prouver à ses juges que loin d'être un criminel, il était le plus honnête homme de la terre, sinon il était menacé des travaux forcés !

Au reçu de cette lettre datée de la Conciergerie, son épouse, en apprenant tout à coup que son époux était aux prises avec les commissaires et les juges d'instruction, son épouse faillit devenir folle. Elle poussa un cri déchirant.

Elle laissa échapper la fatale lettre de ses mains. Elle tomba comme une masse sur le parquet.

On accourut à ses premiers cris.

On ne releva qu'une femme en délire.

Cette dame était une nature simple, aussi honnête que son mari.

Elle n'avait vu dans la lettre qu'il lui écrivait que les terribles conséquences de son imprudence, sans se sentir en état de pouvoir les analyser et de les combattre.

Par un surcroît de fatalité, cette femme était dans une situation critique qu'une moindre émotion pouvait aggraver encore.

Le soir même, l'épouse de l'inculpé avait été portée dans son lit sans avoir recouvré la raison.

Elle succombait en proie à un transport au cerveau.

Elle mourait à cause d'un timbre-poste!

Lorsque cette navrante nouvelle parvint aux oreilles des chefs de la préfecture, une réaction s'était faite dans l'esprit du magistrat au profit de l'infortuné propriétaire.

On avait appris, malgré les apparences auxquelles s'était trop facilement laissé prendre Bagasse, que cet incriminé, ancien sous-chef de l'administration des postes, avait joui, pendant l'exercice de sa laborieuse carrière, d'une réputation sans tache.

Le malheur, venant de le frapper par une accusation qui n'était justifiée que par une simple contravention, n'altérait nullement la pureté de ses principes.

Lorsqu'eut lieu la mort de sa malheureuse femme qui, connue du mari, faillit à son tour le rendre fou et le porter au tombeau, je revenais de Londres.

Immédiatement on me fit part de cette triste affaire.

Je demandai qui s'était chargé d'abord, comme agent instructeur, de découvrir l'auteur de ce *truc aux timbres*.

On me désigna Bagasse.

Lorsque je sus que cet agent, à l'esprit obtus, à la main maladroite, avait été chargé de débrouiller les fils de cette intrigue, je ne m'étonnai plus qu'ils fussent si embrouillés et qu'une affaire aussi simple eût produit ces déplorables résultats.

Je fis venir Bagasse à mon bureau.

Sans faire part à la direction de ce que je pensais de la gaucherie de cet agent qui n'était qu'un

homme d'énergie et un homme de force, je lui ordonnai de continuer ses recherches sur l'auteur du *truc
aux timbres*, cette fois, avec le concours de Requin
et d'Œil-de-Lynx.

Je terminai en lui disant :

— Bagasse, vous avez été, comme toujours, le
plus maladroit des hommes. Vous êtes cause de la
mort d'une honnête femme, pour avoir fait arrêter
le plus honnête homme de la terre. Je vous casse-
rais si vous n'aviez trouvé plus maladroits que vous
dans ceux qui vous ont choisi pour conduire cette
affaire. Le plus grand tort est dans mon absence.
Prenez avec vous Œil-de-Lynx et Requin. Ils vous
conduiront sur la vraie piste. Réfléchissez; si vous
ne retrouvez pas avec eux notre voleur, cette fois je
me ressouviendrai de votre maladresse qui a laissé
déjà un cadavre derrière vous.

Bagasse, l'oreille basse, se le tint pour dit.

Après le malheur involontaire dont il avait été
cause, il n'espérait pas en être quitte à si bon marché.

Deux jours après, grâce à Œil-de-Lynx et à Requin, l'auteur du truc aux timbres était retrouvé.

Ces agents, pour mettre la main sur cet escroc,
avaient agi comme aurait dû agir Bagasse, s'il eût
été moins présomptueux, moins facile à tromper.

Ils s'étaient emparés d'abord de la première lettre
au timbre oblitéré. Ils s'étaient enquis du bureau
de poste où cette lettre avait été envoyée ; par sa
signature ils avaient deviné qu'elle était d'un camarade de prison de l'auteur du *truc aux timbres*.

Cette signature était en effet celle d'un copain jaloux qui avait voulu jouer un mauvais tour à un confrère trop heureux.

Ils ne tardèrent pas à découvrir ce copain dont le nom de guerre cachait le véritable nom bien connu dans son quartier.

Ce nom de guerre n'était pas non plus étranger à mes deux agents ; ils l'avaient connu quand son signataire s'était fait naguère le mouton de **ce récidiviste**.

Une fois qu'ils l'eurent découvert et mis la main sur lui, ils le forcèrent à dire ce qu'il savait sur ce prétendu « professeur de tenue de livres en partie double. »

Ce copain jalousait depuis longtemps son ancien compagnon de captivité.

Sa lettre au timbre oblitéré le prouvait ; il vendit bien vite ce dernier. Il avoua qu'après l'envoi de sa lettre, qui, en frustrant l'État, avait failli faire découvrir déjà son *camarade d'exil*, celui-ci était venu le trouver pour le prier de ne pas le dénoncer.

Il avait promis, moyennant finances ; mais Œil-de-Lynx et Requin, par le même moyen, firent avouer à ce confident le lieu où se cachait l'auteur du truc aux timbres. Celui-ci, depuis la poursuite maladroite de Bagasse, rêvait déjà l'exploitation d'une nouvelle et non moins ingénieuse industrie.

Alors, Œil-de-Lynx et Requin, accompagnés de Bagasse, se rendirent au domicile véritable de l'ancien professeur de tenue de livres en partie double.

Il fut pincé par les deux agents.

Et Bagasse, qui gardait la porte de la maison où

ses camarades cueillirent l'auteur du truc aux timbres, eut encore l'honneur de cette capture.

Telle est l'histoire de ces deux timbres oblitérés : Le premier fut cause de l'arrestation d'un honnête homme et de la mort d'une honnête femme; le second fit mettre la main sur le véritable coupable.

Si la destinée des empires tient parfois à un verre d'eau, à une erreur de géographie, à une route prise pour une autre, deux timbres-poste suffisent pour tuer une femme, compromettre le bonheur d'un ménage et la réputation d'une grande administration.

Le proverbe aura toujours raison : Mieux vaut un sage ennemi qu'un imprudent... serviteur!

CHAPITRE XIX

En revenant de Londres, j'entendis encore parler de la dame que j'avais vue ui. première fois à son domicile de la place du Châtea d'Eau, et qui me devait l'arrestation de son voleu le fameux Bouquin, escarpe et assassin.

Cette dame possédait un magni. ue appartement rue du Château-d'Eau, et le quittait peu de temps après pour venir habiter un hôtel à elle vers le boulevard Malesherbes. Cette dame n'était guère plus recommandable que les filles *soumises* du bureau des mœurs.

Lorsque je me rendis chez cette courtisane à l'époque où elle avait été dévalisée par Bouquin, j'avais été très surpris de remarquer un portrait, placé dans une de ses pièces les plus intimes.

Quoique cette jolie femme n'eût jamais eu la prétention de faire de son intérieur une école de ver-

tus, je fus très scandalisé d'y rencontrer ce portrait.

C'était celui d'un jeune étranger qui, selon moi,
devait être marié en secondes noces, car je connaissais un des plus intéressants chapitres de son
histoire.

Cet étranger, c'était mon faux colonel polonais
dont j'ai signalé la conduite peu édifiante dans un
précédent chapitre.

C'était cet espion prussien qui, par un machiavélisme infernal, s'était fait le don Juan de deux sœurs
de l'hôtellerie du faubourg Poissonnière, condamnant l'une par sa fiancée qui l'avait empoisonnée,
condamnant l'autre en la frappant lui-même dans
sa violente affection pour lui !

Par le portrait que j'avais eu de cet espion, et qui
m'avait été confié par un inspecteur des garnis, je
ne pus douter de ce que je voyais.

J'étais en présence d'une figure représentant le
même personnage.

Par discrétion et par politique, je ne fis devant la
dame aucune observation à la vue de ce personnage qui, dans un intérêt en dehors de la galanterie, s'était sans doute attelé ou était encore attelé au
char de cette Laïs.

Après réflexion, je ne m'étonnai plus de le trouver dans la galerie de cette femme galante.

Tenant un rang plus élevé dans la bicherie que
dans l'estime publique, elle devait naturellement
intéresser à un puissant degré cet espion par ses
relations constantes avec les gens du monde impérial.

Ce Prussien, qui était venu en France pour laisser partout des dupes sur son passage, faisait donc son métier en se faufilant là où il pouvait glisser un œil, tendre une oreille dans le grand comme dans le demi-monde parisien.

Il m'importait peu que cette courtisane, qui croquait de ses plus belles dents les millions de ses innocents, fût aussi croquée par un agent de la chancellerie prussienne;

« A bon chat, bon rat, » me disais-je en quittant ma jolie inconnue, en me bornant à aller pour elle, et dans l'intérêt de la sécurité publique, à la poursuite de Bouquin et de ses filles.

J'avoue qu'en revenant de Londres, j'avais complètement oublié la belle hétaïre de la place du Château-d'Eau et le portrait de son amoureux, quand le directeur de la division politique me força à m'en souvenir.

Voici dans quelles circonstances :

Le lendemain de mon retour à Paris, je fus mandé par lui à son bureau, et il me demanda :

— Eh bien ! mon cher Claude, avez vous fait bon voyage ? Si je me permets de vous interroger sur les impressions que vous avez rapportées de là-bas, c'est que j'y suis autorisé par le ministre.

Le directeur de la police politique n'était pas fâché de faire sentir la supériorité qu'il avait reprise sur moi.

Je crus le satisfaire en lui racontant tout ce qui m'était arrivé à Londres, et les leçons que j'en avais tirées au profit de l'administration préfectorale.

Après m'avoir écouté avec un sourire qui ne me parut pas de bon augure, il reprit en inclinant la tête :

— Très bien ! Maintenant que vous m'avez renseigné sur nos voisins, je tiens à vous rendre la pareille, et à vous dire ce qui s'est passé ici durant votre absence. Vous saurez qu'une dame que vous connaissez, Mme X***, votre amie, votre *bonne* amie, devient pour nous une femme suspecte, vendue, comme tant d'autres... à la Prusse.

— C'est impossible ! m'écriai-je en me reculant, frappé de surprise et de terreur, car je savais combien était grave une pareille accusation dans la bouche du chef de la division politique. Mme X***, si dévouée à l'empereur, à l'impératrice, Mme X*** une espionne prussienne, c'est impossible ! je le répète. Je la crois capable de tout, excepté de cela !

— Souvent femme varie ! riposta-t-il avec son éternel sourire qui me terrifiait. Maintenant les circonstances graves qui se produisent autour de nous influent sur des personnages autrement méritants que cette Mme X***, capable de tout, comme vous le dites vous-même.

— Enfin, sur quoi base-t-on cette supposition contre Mme X*** ?

— Sur son cœur, qui a bien changé depuis qu'elle a pour amant un espion prussien de la plus dangereuse espèce.

— Elle !... elle, la maîtresse d'un Prussien ! m'écriai-je interdit ; elle qui, autrefois, dans l'affaire Orsini, s'est tournée contre tous les ennemis de l'empereur !...

— Autres temps, autres mœurs ! m'interrompit-il
en secouant la tête.

Puis, sans me laisser le loisir de reprendre la
parole, il tira du tiroir de son secrétaire un portrait-carte qu'il me mit dans la main.

— Tenez, me dit-il, voilà son nouvel amant. Si
jamais cet homme vous a été signalé comme il l'a
été depuis longtemps pour moi par mes indicateurs,
on a dû vous dire que c'est le plus fin limier politique d'outre-Rhin.

Cette fois, je restai pétrifié, après avoir jeté un
coup d'œil sur ce portrait.

C'était celui de mon faux colonel polonais qui
avait joué un rôle si odieux dans le drame des deux
sœurs de l'hôtel Poissonnière ; c'était l'image que
j'avais retrouvée encore dans l'appartement de la biche à la mode de la place du Château-d'Eau.

J'étais littéralement écrasé à la vue de cette figure,
qui ne cessait de me poursuivre, et qui, en se pro-
duisant de nouveau pour accabler Mme X***, me
touchait cette fois profondément.

Quoique je n'estimasse guère Mme X***, je la connaissais depuis longtemps ; et elle m'avait rendu en
maintes circonstances de trop grands services pour
que je ne misse tout en œuvre afin de la délivrer
des dangers qui la menaçaient.

Tout en paraissant contempler la physionomie
de cet espion, physionomie aussi belle que fatale,
dont les traits réguliers avaient cette placidité qui
cache la plus laide des âmes, je songeai à ce qui
pouvait avoir attiré l'imprudente Mme X*** vers ce
don Juan malfaisant.

Je connaissais de longue date les imprudences de cette nature passionnée qui, dès sa jeunesse, s'était laissée aller aux entraînements les plus dangereux et les plus funestes.

Je savais que l'âge, au lieu de la guérir, ne l'avait rendue que plus facile dans le choix de ses adorateurs.

Après mûre réflexion, je me fixai à cette idée que ce Prussien, dans un intérêt professionnel, n'avait pas tardé à s'adresser à sa coquetterie, à son amour effréné du plaisir, pour la faire tomber aussitôt dans ses pièges.

Lorsque j'eus tourné et retourné le portrait de ce jeune homme que je ne connaissais que trop, je répondis au chef de la division politique :

— En effet, par les nombreuses recherches de mes agents dans les garnis, cet étranger, cet espion prussien m'est très connu ; mais je connais trop aussi Mme X*** pour ne pas croire que si elle s'est attaché cet homme, c'est ou pour le duper, ou parce qu'elle est la dupe de son cœur. Quant à la trahison, elle ne peut entrer un instant dans son âme. J'en réponds.

— Eh bien! mon bon Claude, mon cher collègue, me dit-il en se levant, je serais très heureux pour Mme X*** et pour vous que vous me donnassiez des preuves, mais des preuves convaincantes, de son innocence ! Je ne vous le cache pas, le château, en la suspectant, vous suspecte aussi, vous, son meilleur ami, qui ne craignez pas de vous compromettre en la défendant si généreusement.

— Comment ! m'écriai-je, étourdi par ce que

j'entendais, moi!... moi qui ne me suis jamais mêlé de politique!... On m'accuse! Qui donc ose m'accuser?

— On ne vous accuse pas... se hâte-t-il d'ajouter, seulement on doute de votre zèle, mon cher collègue, depuis votre voyage à Londres, au moment où l'Empereur a le plus besoin de ses dévoués serviteurs! En vous désintéressant de la politique lorsque la politique est partout pour renverser l'Empire, avouez que votre neutralité n'est pas faite pour n'être pas taxée d'indifférence. Comme je vous porte beaucoup d'intérêt, je veux fournir, en vous laissant ce portrait, une occasion de rentrer dans les bonnes grâces du château. Agissez donc, en faveur de Mme X***, à votre guise, mais de façon à nous prouver qu'elle n'est pas une traîtresse, pas plus que vous n'êtes un tiède.

Le chef de la division politique, comme s'il m'en avait trop dit, ne voulut pas m'en dire davantage. Il me reconduisit jusqu'à la porte de son cabinet. Je gagnai cette porte en reculant d'un air stupéfait.

Je n'étais pas assez sot pour ne pas comprendre qu'en me laissant ce funeste portrait entre mes mains, j'étais aussi compris dans la disgrâce qui frappait Mme X***.

Je devinai que mon voyage à Londres avait été habilement exploité à la préfecture par les *politiques* qui gagnaient de plus en plus du terrain et qui se vengeaient des attaques que je leur avais portées, en éclaircissant leurs rangs dans les brigades que je dirigeais.

Je compris que Mme X***, en se compromettant follement avec cet espion, m'avait compromis avec elle par quelques indiscrétions faites à son nouvel amant.

Je la connaissais trop cependant pour savoir qu'elle n'avait en tout ceci été que folle. J'étais persuadé qu'en l'avertissant de sa folie, elle redeviendrait, pour moi, ce qu'elle avait toujours été : une constante amie, comme elle était pour ses adversaires une irréconciliable ennemie dont la haine ne reculait pas, pour se satisfaire, devant un crime.

Cette fois, il n'y avait pas un instant à perdre pour lui avouer la disgrâce qui me frappait avec elle.

Le jour même je résolus de l'avertir.

Laissant de côté toute affaire pressante, je me rendis à Auteuil où j'espérais la rencontrer.

Mais à Auteuil je ne trouvai que sa vieille servante. C'était une femme qui avait eu soin de son enfance. Depuis longtemps elle me considérait, moi son ami, comme l'ami de la maison.

Cette servante me dit d'un air désolé dès que je demandai à voir sa maîtresse :

— Comment, monsieur Claude, vous un homme qui savez tout, vous ignorez que madame n'habite plus Auteuil ?

— Je reviens de Londres, lui dis-je, et je l'ignorais. Mais dites-moi où est Mme X***. Il faut que je la voie sur-le-champ, fût-elle au bout du monde.

— Ah ! me répondit-elle sans se départir de son ton lamentable. Plût au ciel qu'elle fût au bout du monde plutôt qu'avec son Prussien qui l'a endiablée !

Voyez-vous, monsieur Claude, cette nouvelle connaissance-là lui portera malheur !

— C'est aussi mon avis ; encore une fois, où est-elle ? lui demandai-je.

— Mais, ajouta-t-elle, elle est dans sa nouvelle propriété de Ville-d'Avray avec son Prussien qui lui sert de jardinier, de domestique, de tout, quoi ? comme si elle n'avait pas assez de mon neveu... Ah ! le père de madame, mon bon maître, me l'a toujours dit : Avec tout son esprit, ma fille tournera mal parce que ce qui lui manque, c'est le jugement ! Je vous dis ça à vous, monsieur Claude, parce que vous êtes son ami, parce que je sais, qu'en vous avertissant de tout ce qui arrive ici et là-bas, vous ferez ce qu'il faut pour sortir madame du pétrin où elle s'empâte avec son gredin de Prussien !

J'arrêtai là cette servante qui, d'ordinaire, n'était pas aussi bavarde et qui ne s'ouvrait à moi que dans l'intérêt de sa maîtresse.

Après lui avoir demandé l'adresse exacte de sa nouvelle propriété, après lui avoir dit que je venais sauver Mme X*** d'un grand danger, je pris le chemin de fer pour me rendre à Ville-d'Avray.

Mais je ne connaissais pas la localité.

En descendant du chemin de fer, en me rendant vers le sentier qui conduit aux *jardies* bordant une large route coupant en deux le village parsemé de villas boisées, je me perdis.

Je pris un sentier pour un autre.

Entre deux haies touffues, j'entendis au fond d'un bosquet, le long d'un côté du sentier, deux voix dont l'une, au timbre féminin, ne me parut pas inconnue.

Cédant à mes instincts de policier, je me coulai vers l'endroit ombreux d'où partaient ces voix de manière à tout voir, à tout entendre sans être vu.

Que vis-je à travers un épais taillis, sous une sorte de tonnelle? Qu'aperçus-je entre d'épais branchages? Une jeune dame que je reconnus pour être ma biche du Château-d'Eau.

Elle causait avec un jeune homme dont je connaissais la figure par le portrait.

C'était mon Prussien, l'homme que j'avais vu dans l'appartement de cette biche aussi pervertie qu'égarée.

Penchée lascivement sur l'épaule du jeune homme raide et guindé dans ses habits bourgeois, d'une coupe élégante, cette femme lui demandait, en l'embrassant :

— Tu as vu la *vieille*. Et elle ne soupçonne rien?

— Non, répondait le jeune homme, — quoique madrée comme un procureur, elle est trop folle de moi pour me suspecter. Tous les jours, je lui donne trop de preuves de mon amour pour croire qu'elle a en toi une rivale.

— C'est bon! monsieur, lui répliquait-elle d'un air de dépit et en lui donnant une petite tape sur la joue, si vous n'étiez pas un rustaud de Prussien, vous sauriez qu'on ne dit pas de ces choses-là à sa maîtresse, parce que c'est bête, insolent et maladroit! Un Français, un Parisien ne commettrait pas un pareil crime de lèse-galanterie! On vous pardonne en votre qualité d'étranger! Ainsi, reprenait-elle plus sérieusement et en femme qui entend aussi bien les affaires que les amours, elle ne se doute pas, la vieille, que je suis d'accord avec son ancien entreteneur pour avoir à *l'œil* cette propriété qu'elle veut me vendre et que lui reprend à mon profit son commanditaire et le mien! Ainsi elle ne se doute de rien!

— Cette *pétise*, reprit mon faux colonel avec son accent tudesque en lui donnant un baiser sur les lèvres, puisque c'est elle qui m'envoie pour faire valoir les intérêts de son monsieur auprès de toi?

— Ils sont, ma foi, bien représentés! ricana la friponne riant aux éclats, pendant que le Tudesque ne lui lâchait pas la taille et l'accablait de ses embrassements contre lesquels sa maîtresse ne se défendait qu'en prononçant le nom de Mme X*** et en ne cessant de répéter à chaque caresse aussitôt prise que rendue:

— Ah! si la vieille nous voyait!...

Pour moi j'en savais assez par cette reconnaissance imprévue dans ce sentier désert.

Cette reconnaissance m'en apprenait plus que je ne désirais en savoir pour dessiller les yeux de Mme X***.

Je la plaignais.

Je plaignais aussi les imprudents qui, en se moquant d'elle, ne devaient pas tarder, grâce à mon indiscrétion, à subir les terribles effets de sa vengeance.

Dès que Mme X*** était frappée dans ses intérêts, dans ses affections, dans son avenir, mon devoir n'était-il pas de la prévenir?

Je n'avais plus à me préoccuper de ce qui pouvait

arriver de malheureux à ses adversaires dont, par ricochet, j'étais la victime.

Furieux pour Mme X*** du mépris avec lequel on la traitait, il me semblait que sa cause devenait la mienne.

Lorsque, après avoir quitté le sentier où je m'étais égaré, je finis par découvrir la maison de Mme X***, je trouvai sa propriétaire dans un ravissement qui acheva de me rendre plus irrité contre ceux qui la trompaient.

A peine m'eut-elle reçu à la porte de sa grille, en bousculant un domestique accouru pour m'ouvrir, que j'aperçus une femme pleine de joie et de ravissement.

Sans répondre à ses vives expansions, je demandai à l'entretenir dans la pièce la plus retirée de ses appartements.

— Mon Dieu! s'écria-t-elle, quel visage de carême nous rapportez-vous d'Angleterre! Si c'est comme cela que l'on revient des brouillards de la Tamise, on devrait bien y rester.

— Merci, lui répondis-je d'un ton bourru. Quand vous m'aurez entendu, vous verrez que ce ne sont pas les brouillards de la Tamise qui m'ont donné la mine d'un Anglais rechigné. Mais bien vous, vous seule!...

Ce fut sur ces mots que je cheminais vers sa maison.

Une fois en tête-à-tête, dans son boudoir attenant à un salon, je lui demandai :

— Vous êtes heureuse?

— Mon ami, me dit-elle, un peu intimidée par

mes paroles lugubres, depuis que je connais mon Allemand, depuis que je suis ici avec mon cher Fritz, rien ne manque à mon bonheur !

— Vous n'êtes pas difficile ! lui répliquai-je avec amertume.

— Que voulez-vous dire ? m'interrogea-t-elle avec inquiétude.

— Votre Allemand, continuai-je, est le dernier des hommes, je suis venu pour vous l'apprendre.

— Quoi ! me répondit-elle en haussant les épaules, vous aussi, comme tout le monde, vous êtes prévenu contre ce bon M. Fritz ? Vous aussi, mon ami, vous êtes jaloux de l'affection dont Fritz me donne chaque jour de nombreux témoignages ?

— Le pauvre homme ! m'écriai-je avec l'accent de la servante d'Orgon, parodiant son maître au sujet de Tartufe.

— Tenez, me riposta-t-elle, exaspérée par mes sarcasmes, vous êtes un sot et un méchant ! Moi qui ne suis pas une bête, je devine d'où part cette flèche ! Elle vient d'Auteuil, cette flèche du Parthe ! Elle est lancée par ma vieille bonne ! Parce que, un instant, j'ai distingué son neveu, un domestique qui m'aime, l'imbécile ! Elle est furieuse que je ne la traite plus comme autrefois ! Merci ! un larbin ! c'est bon quand on n'a pas autre chose ! Est-ce que c'est un homme un domestique ! Ça ne peut faire illusion qu'un instant, quand ça ne parle pas, quand il fait nuit et qu'on pense à *quelqu'un*. Un domestique ce n'est pas quelqu'un, tandis que mon Fritz, un gentilhomme, qui s'est improvisé mon jardinier, mon sommelier, qui bêche mon jardin, qui met mon vin en bouteilles, qui fait, quoique gentilhomme, ce que ne voulait plus faire ma brute de domestique, parce qu'il se vantait, l'animal, d'être autant que la *patronne*, tandis que mon Fritz, voilà un homme! C'est élégant comme un prince, et vigoureux comme un reître; c'est doux comme une jeune fille, et fort comme un Turc! Qu'est-ce que vous voulez que désire de plus une femme?

J'arrêtai Mme X***, car son cynisme me faisait mal.

Je devinai que c'était la rage qui la faisait parler en se méprisant de la sorte. J'avais marché trop vivement sur son cœur, j'avais brisé trop brutalement son idole, pour qu'elle ne criât pas.

Mais je n'avais pas un instant à perdre pour la sauver d'elle-même, puisque mon salut dépendait du sien.

La préfecture m'avait averti, je ne me faisais aucun scrupule de briser les illusions de cette dangereuse exaltée. Et je lui répondis :

— Ah! vous croyez tout cela de votre Allemand! Mais ce n'est qu'un espion qui vous trompe comme il en a trompé tant d'autres.

— Eh bien, fit-elle en haussant les épaules, qu'est-ce que je suis, qu'est-ce que nous sommes? Sans doute, c'est un espion, il travaille pour le roi de Prusse comme nous travaillons pour le compte de l'Empereur! C'est tout naturel! après?

— Après? lui répondis-je, très mortifié de sa comparaison. Après? mais je n'ai rien à dire, si vous aimez à être la dupe de cet homme? Et si vous êtes dominée à tel point par lui, que vous n'appartenez plus maintenant qu'à son roi et à sa patrie, après avoir renié définitivement pour lui l'Empereur et la France?

— Hein, plaît-il! vous dites? exclama-t-elle en me regardant dans le fond des yeux.

— Mais je dis ce que votre Prussien dit partout et ce qui se répète à la préfecture !

— Vous mentez! exclama-t-elle, les yeux en feu et en devenant d'une pâleur livide.

— Pour cette nouvelle insulte, ma chère, — lui répondis-je froidement et en sortant de ma poche le portrait-carte de son amant, — je devrais ne pas vous en dire davantage, mais mon amitié pour vous est au-dessus de vos outrages. Au reste, j'en suir sûr, en vous montrant le portrait de votre Fritz, qui n'est qu'une épreuve du portrait que j'ai trouvé chez votre rivale, je suis certain que vos insultes se tourneront contre lui.

— Une rivale ! répéta-t-elle d'un air ébahi et anxieux, j'ai une rivale... moi ?

— Oui, et qui se moque de vous comme votre Prussien !

— Son nom... son nom, s'écria-t-elle en portant vivement sa main à son cœur comme si elle l'eût senti se briser dans sa poitrine.

— Comment? lui répondis-je d'un air étonné, qui dissimulait le chagrin que je lui causais; comment vous ne la connaissez pas ?

— Non, je vous le jure ! me dit-elle avec un accent douloureux.

— Eh bien! mais c'est votre voisine, la belle Mme C★★★.

— Oh! l'infâme! exclama-t-elle en passant la main dans ses cheveux, en rugissant comme une lionne! Oh! l'infâme! elle me jouait! Et moi, triple imbécile, qui envoyais ce Prussien parlementer avec cette misérable fille, au moment où elle voulait encore m'escroquer !

— Vous escroquer la terre que vous lui avez vendue à Ville-d'Avray, repris-je vivement. Vous escroquer en mettant dans ses intérêts non seulement votre aimable représentant, mais aussi l'ancien acquéreur de cette terre qui vous conteste le droit de vendre à votre rivale ce que ce premier acquéreur tient à lui donner au même prix que vous avez eu sa propriété? Vous voyez que je sais tout? Vous voyez que, grâce aux indiscrétions de ceux qui vous dupent, vous ridiculisent. vous trahissent, je connais vos affaires aussi bien que vous! Et si vous n'êtes pas une sotte, comme vous le disiez tout à l'heure, il n'est que temps de rompre avec votre Prussien. Il vous ruine, il vous calomnie! plus tard, si vous n'y prenez garde, il vous tuera comme il en a tué tant d'autres!

Je n'avais pas fini de parler que Mme X★★★ était retombée de toute sa hauteur; elle s'était affaissée comme une masse inerte dans le fauteuil où elle n'était plus assise, depuis que je l'avais tant étonnée par mes révélations.

Il était évident pour elle, quelque prévenue qu'elle fût en faveur de son cher Fritz, qu'elle avait été sa dupe.

Elle ne put avoir aucune illusion à cet égard.

Non seulement elle avait été trompée par lui, mais son amour avait servi de risée à une rivale qui, non contente de lui prendre sa propriété avec son commanditaire, s'était servie de son amant de cœur pour achever de la ruiner.

Elle était doublement la dupe de Mme C***, elle, dont le métier était pourtant de tromper les autres. Elle avait été jouée comme une enfant par une hétaïre habile et un Allemand retors.

C'était trop.

Elle était blessée à la tête et au cœur.

A l'âge de Mme X***, on n'aime pas impunément.

Fritz, mon ancien colonel de l'hôtellerie des deux sœurs, avait déployé en cette circonstance beaucoup d'habileté pour mettre dans ses intérêts ces deux femmes du demi-monde, dont la fréquentation servait à la fois sa patrie et sa fortune.

Vis-à-vis de Mme C*** qui occupait une certaine position dans le monde où l'on s'amuse, de Mme C***, une très belle fille qui avait une situation à part dans la galanterie parisienne, le traître avait flatté sa cupidité. Vis-à-vis de Mme X*** qui voyait avec regret s'éclaircir avec l'âge le rang de ses adorateurs, il avait flatté sa coquetterie; il s'était fait l'adorateur de ses charmes qui ne brillaient plus, depuis longtemps, au premier plan sur les scènes de la galanterie.

Mme X*** dont l'esprit, quand il était dégagé de ses ardeurs hystériques, était aussi délié que possible, n'en revenait pas de s'être laissé prendre si innocemment à la glu de son charmeur.

Froissée dans sa passion, honteuse d'elle-même, elle était convaincue de sa folie pour un homme qui n'avait eu qu'un but : l'exploiter et la perdre !

La révolution qui s'opéra en elle pendant que j'achevais de lui parler, fut effrayante.

Un instant, je crus qu'elle allait s'évanouir sous les coups que, dans son intérêt et dans le mien, je lui avais portés.

Sa tête, renversée en arrière, était d'une pâleur effrayante ; ses yeux éteints furent un moment ceux d'une morte.

Par un violent effort sur elle-même, je la vis revenir à elle.

Ses couleurs reparurent peu à peu sur ses joues où le sang rejaillit en abondance. Ses muscles contractés se détendirent. Un sourire étrange, menaçant, horrible, plissa ses lèvres convulsives ; elle agita le bras dans le vide comme pour repousser une image qu'elle revoyait trop belle pour elle.

Puis elle s'écria comme si elle se parlait à elle-même ;

— C'est fini ! imbécile ! Mais cet homme que j'aimais, cet étranger qui m'apportait comme une bouffée de printemps et de jeunesse ne pouvait être qu'un ennemi. Notre jeunesse, voilà pour les hommes notre seule supériorité. Nous n'en avons pas d'autres. L'amour n'existe pas pour les vieilles femmes ! Oh ! sotte, triple sotte que j'étais !

Alors elle se ressouvint que j'étais là.

Pour la première fois, elle reprit son ton de camarade, son air bon enfant d'autrefois ; elle me tendit la main et me dit :

— Merci, mon cher Claude. Vous m'avez guérie, vous m'avez sauvée. Tout à l'heure, je vous ai maudit, insulté ! Ah ! c'est que votre cure m'a fait bien du mal ; maintenant c'est passé.

Elle soupira.

Ce soupir était si profond, que je jugeai que la blessure que je lui avais faite saignait encore.

— Croyez, ma chère amie, lui dis-je en lui rendant sa poignée de main, que sans le danger que vous couriez, je ne vous aurais pas arraché vos illusions.

— Oui, oui, je connais votre dévouement, s'écria-t-elle avec un réel abandon. Vous me l'avez prouvé avec le lieutenant qui m'a jouée dans l'affaire Pieri et Orsini ! A cette époque, pourtant, j'étais belle ! je pouvais avoir des illusions ! et cependant ce misérable me trompait, comme me trompe en ce moment cet infâme ! Eh bien, mon bon Claude, lui aussi apprendra ce qu'il en coûte de me jouer, de me ridiculiser, de me salir !

Puis se ravisant, elle reprit :

— Racontez-moi donc la vie de cet homme. Vous devez la connaître, ne fût-ce que par intérêt pour vous autant que par intérêt pour moi.

— Sans doute, lui dis-je. Et vous comprenez que devant vous, si prévenue en sa faveur, je devais être tout armé contre ce Prussien pour vous forcer à le bannir de votre cœur.

Mme X*** me pressa de nouveau les mains, elle me pria de lui dire tout le mal possible de son amant, qu'un instant auparavant elle défendait contre moi avec la furie d'une lionne.

Je lui racontai l'histoire des deux sœurs de l'hôtel du faubourg Poissonnière.

Lorsqu'elle eut tout entendu à ce sujet, ainsi que l'explication de mes paroles inspirées par la récente reconnaissance de sa rivale, en tête-à-tête avec son Fritz, Mme X*** me dit :

— Merci, mon bon Claude, je n'attendais pas moins de votre amitié. Maintenant je vous en réponds, cet espion n'en tuera plus d'autres !

Je connaissais par son passé Mme X***, je savais qu'elle ne menaçait pas en vain.

J'eus peur à mon tour du revirement de haine de cette femme vindicative.

Je voulus lui faire quelques objections, elle me ferma la bouche en me reconduisant jusqu'à la porte.

— Chut ! mon Fritz peut revenir. C'est un malin ! Et s'il vous voyait ici, s'il connaissait surtout ce que vous êtes, je perdrais le bénéfice de ma vengeance.

Elle n'avait pas achevé que j'étais sur le seuil du salon, prêt à franchir la porte qui conduisait à son perron.

En l'ouvrant, je vis derrière moi un domestique qui ne s'esquiva pas assez tôt pour ne pas deviner qu'il nous avait entendus.

C'était un rusé gaillard de vingt-cinq ans à peine, large, trapu, à la figure sournoise, rougeaude, dont l'épanouissement respirait en ce moment un air de satisfaction sauvage.

Mme X*** me laissa avec ce domestique. Il me conduisit du jardin à la grille. Je remarquai que pendant que ce serviteur m'indiquait la porte de sortie,

il se frottait les mains avec une sorte de joie concentrée.

Je devinai que cet homme pouvait bien être le
neveu de la vieille servante, et que, lui aussi, par la
scène qui venait de se passer entre moi et sa maîtresse, comptait sur une revanche.

Je ne me trompai pas par l'horrible drame qui
suivit mon départ, drame qui ne fut mystérieux que
pour le public, comme tous ces drames intimes auxquels sont liés les fastes ténébreux de ce temps-là.

Le soir de ma visite chez Mme X***, Fritz revenait
de chez Mme C***.

Il rendait compte à sa manière de la visite qu'il
avait faite, au nom de sa maîtresse, chez celle qu'il
prétendait ne connaître que par Mme X***.

Il lui contait un mensonge que cette dernière
feignit de croire.

Jamais elle n'avait paru plus gaie, plus aimable
que ce soir-là.

La gaieté fut partagée par le rusé Prussien.

Mme X*** voulut recompenser dignement, le soir
même, son amant qui, pour lui plaire, lui un gentilhomme, n'hésitait pas à se faire tour à tour et
son jardinier et son intendant.

— Ma bonne, lui dit-elle, m'a envoyé, des caves
de ma maison d'Auteuil, un panier de bouteilles de
champagne que nous allons déguster, entre deux
buissons d'écrevisses. Après le champagne, nous
congédierons mon valet pour mieux causer en tête-
à-tête.

Le Prussien, sans défiance, accepta avec empres-
sement.

Il ne fut pas trop gêné de la présence du domestique qui resta pour les servir jusqu'au dessert, car sa présence lui épargnait des frais de tendresse vis-à-vis de Mme X***, et déjà il s'était amplement dédommagé sur le terrain du Tendre avec Mme C***.

Au souper, Mme X*** parut dans un déshabillé galant. Sa beauté, aux lumières, grâce au fard et à la poudre de riz, avait encore un certain éclat.

Jamais Mme X*** n'avait été plus provocante et plus pétillante d'esprit.

Les mots spirituels couraient sur ses lèvres; ils éclataient en fusée avec un montant qui donnait plus d'attrait au vin que versait le domestique placé derrière les convives.

Le Prussien qui avait cru avoir laissé toute sa verve chez Mme C***, sentit se réveiller un renouveau de passion pour Mme X*** rajeunie par son esprit, par le champagne, et du reste elle savait à fond son métier de femme de plaisir.

Les sens émoustillés, l'esprit ravi par l'entrain de la séduisante et expérimentée coquette, son amant attendait maintenant avec impatience la fin du souper.

Il trouvait que le domestique qui, derrière lui, remplissait toujours son verre, partageait avec trop d'entrain les délices de ce ravissant repas.

Le tête-à-tête à trois le gênait d'autant plus que le valet, sans respect pour sa maîtresse et sa gentilhommerie, se mêlait de plus en plus à leur causerie.

Non seulement il se permettait de rire aux bons mots de sa maîtresse, mais, parfois, il allait, sous prétexte de remplir le verre de Mme X***, lui causer bas à l'oreille.

Il l'entretenait en suivant avec des regards impertinents les contours de ses bras nus lorsqu'elle lui tendait son verre avec un abandon qui ne pouvait s'expliquer que par l'ivresse.

Mme X*** avait encore des bras d'une blancheur éclatante, dont la ligne onduleuse faisait valoir une main élégante et souple, digne d'une duchesse.

Or, notre Prussien trouva que l'échanson savourait trop pour son compte les derniers attraits de sa maîtresse.

Sur la fin du souper, lorsque d'une voix où perçait la vibration du désir, le Prussien ordonna au valet de se retirer, Mme X*** non seulement lui ordonna de rester, mais elle l'engagea à s'asseoir à la table qu'il avait présidée jusqu'alors comme serviteur.

La fierté du hobereau se réveilla subitement.

Il protesta énergiquement.

Mme X*** se contenta de lui répondre :

— Mon cher Fritz, vous m'avez habituée jusqu'à présent à plus de soumission. Il faut céder à mon caprice. Nous ne sommes pas ici en Prusse, mais en France, pays d'égalité. Après tout, que suis-je, moi? Une femme très attaquable, vous le savez, une femme sans préjugés, mon domestique le sait aussi bien que vous-même. Voyez, qu'ai-je fait de vous, tout gentilhomme que vous êtes? Mon homme d'affaires, mon jardinier. Un domestique peut bien s'asseoir à côté d'un jardinier. D'ailleurs j'ai à vous raconter une histoire qui vous intéressera tous les deux ; et à la fin de cette histoire, mon domestique qui est aussi votre rival, n'en déplaise à votre grandeur, mon domestique doit jouer un certain rôle qui ne peut que vous intéresser.

Sur la fin de cet étrange discours, le serviteur s'était placé à côté de sa maîtresse, les coudes sur la table, regardant le Prussien étourdi de ce qu'il voyait et entendait.

Sans aucun doute, la fierté du hobereau n'aurait pas souffert cette plaisanterie déplacée, si le gentilhomme eût eu la force de protester, de laisser aussitôt la place à cet indigne personnage.

Mais un tremblement nerveux s'était déjà emparé de tous ses membres, un titillement étrange résonnait dans son cerveau, sa poitrine était en feu.

Lorsqu'il voulut, malgré ses forces ébranlées, se lever pour éviter les regards, les sourires de défi du domestique qui ne cessait, les poings sur la table, de le regarder d'un air impertinent, le Prussien retomba comme une masse.

— Remettez-vous, mon cher, continua froidement Mᵐᵉ X***, vous êtes sous le coup d'une ivresse passagère, l'intérêt de mon récit dissipera les effets causés par le champagne.

Pendant que le malheureux, la tête branlante, les ongles dans sa poitrine comme pour en faire sortir les flammes qui la dévoraient, pendant que le domestique le regardait avec des yeux fixes, la dame commença l'histoire des deux sœurs de l'hôtel du faubourg Poissonnière.

Alors le malheureux comprit tout.

Malgré ses tortures, il tenta de se lever pour intimer l'ordre à Mme X*** de ne pas continuer.

Il s'affaissa, poussa un soupir qui ressemblait à un râle.

Le domestique, toujours accoudé sur la table, semblait jouir avec une joie de démon de l'agonie de son rival.

Le gentilhomme, avant d'être terrassé par la mort, l'était déjà par les humiliations que lui faisait subir Mme X***.

Lorsqu'elle eut fini de parler, l'espion ne put plus en douter, sa maîtresse était au courant de perfidies.

Après un moment de silence, Mme X*** se leva, lorsque le Prussien, la tête pendante, le corps affaissé sur la table, exhala ses derniers râles.

Elle lui dit avec un geste implacable :

— Maintenant, mon cher, si, vous, le faux colonel polonais, si vous êtes marié avec la fiancée qui vous a aidé autrefois à faire deux cadavres, maintenant, moi je fais de votre femme, une veuve !

Dans un suprême effort, le hobereau se releva, il poussa un cri déchirant.

Il regarda, avec des yeux égarés et éteints, la femme debout devant lui, et son domestique ne le perdant pas de vue avec un sourire infernal.

— Ah !... exclama-t-il.... je meurs ! je meurs empoisonné.

— Comme tous ceux qui m'ont trahie ! répéta froidement Mme X*** en contemplant l'espion prussien, qui alla rouler sous la table, mort, déjà presque glacé.

Là ne devait pas se borner la vengeance de
Mme X***. Après avoir fouillé dans les poches de
l'espion, après avoir tiré de l'une d'elles un petit
carnet qu'elle cacha soigneusement dans son corsage, elle ordonna au domestique de prendre le
corps avec elle.

Ce serviteur dévoué à Mme X***, comme Orsini à
l'héroïne de la tour de Nesles, fit tout ce que lui
ordonna sa maîtresse.

A minuit, la dame encore en toilette de gala et
son serviteur prenaient tous deux le cadavre, ils
le faisaient sortir sans bruit de sa maison et du jardin
pour le porter, où?

Dans le jardin voisin attenant à sa propriété et
qui était le jardin de la rivale de Mme X***.

Celle-ci le rejetait avec ce serviteur par la clôture
attenant à la tonnelle où, dans la journée, l'espion
et Mme C*** s'étaient tant moqués de Mme X***, de la
vieille comme ils la qualifiaient.

Mais la vieille était vengée.

Il fallait maintenant mettre la justice dans l'im-
possibilité de rechercher la véritable coupable de
cet empoisonnement.

Mme X***, par le carnet qu'elle avait trouvé sur le
corps de son amant, se sentait invulnérable.

Les précieux documents que renfermait ce carnet ne tardèrent pas à la remettre en faveur au
château

Ces documents n'étaient rien moins que des notes
destinées à la chancellerie. Ils donnaient le dénom-
brement exact des personnages riches et influents,
composant l'élégante colonie de Ville-d'Avray.

Le lendemain de ce meurtre, Mme X*** se rendit au cabinet noir. Elle fit connaître à la police le motif qui l'avait engagée à se lier avec l'espion prussien.

Elle conta une fable au sujet de la possession de son carnet.

Elle dit, qu'après avoir grisé l'Allemand pour pouvoir lui ravir ses secrets, il était sorti de chez elle pour dissiper les vapeurs de l'ivresse et que, depuis, elle ne l'avait plus revu.

Au moment où elle quittait les Tuileries, une autre nouvelle circulait à la préfecture.

On avait découvert chez Mme C*** le cadavre du faux Fritz !

Voici comment :

Mme C*** avait été avertie par sa domestique. Effrayée par des groupes qui s'étaient formés autour de sa maison, elle prétendait qu'un cadavre gisait dans son jardin.

Mme C*** était encore au lit. Elle s'habilla en toute hâte ; elle courut à l'endroit désigné par la foule et par sa servante.

En reconnaissant le corps de son amant, elle s'était écrié :

— Oh ! c'est lui, c'est toi, mon pauvre Fritz !

Ce cri arraché par la surprise et par la douleur l'avait compromise.

Mme C*** fut priée de se rendre chez le commissaire.

Le même soir, elle se rendit au parquet pour s'expliquer devant le juge d'instruction.

A la suite d'une perquisition faite à son domicile

de Paris, on avait retrouvé le portrait de l'espion allemand.

Un mandat d'amener avait été lancé contre elle.

Moi qui, depuis ce qui s'était passé, avais été la cause involontaire de ces sinistres événements, je ne me sentis par le courage d'agir contre Mme C*** que je savais innocente de ce crime.

Je fis appeler en secret Mme X***, qui n'était plus inquiétée, depuis qu'il était prouvé que, loin de conspirer avec la Prusse, elle ne s'était associée à un Prussien que pour mieux renseigner la police française.

Lorsque nous fûmes tous les deux en tête-à-tête j'apostrophai Mme X***, souriante, affable et gaie comme si elle n'avait pas laissé un nouveau cadavre derrière elle.

— Malheureuse, lui dis-je, qu'avez-vous fait ? Vous avez commis un crime, vous me faites repentir de ce que je vous ai dit pour vous sauver !

— Vous êtes fou ! me répondit-elle, avec vos scrupules d'honnête homme. Ce crime me sauve et vous sauve. Que demandez-vous de plus ?

— Oui, mais il perd une innocente ?

— Laissez faire ! — me reprit-elle, — cette innocente, comme vous l'appelez, se sauvera bien toute seule ! C'est ce qui fait mon malheur parce que j'aurais voulu, en la perdant, rendre ma vengeance complète. Moi, qui n'ai pas vos scrupules, je n'ai pas hésité à l'accuser de mon... crime ! Mais savez-vous ce que l'on m'a répondu en haut lieu ?

— Non, — m'écriai-je d'un air anxieux.

— Eh bien, l'on m'a répondu qu'il fallait étouffer l'affaire de Mme C***.

— Pourquoi ?

— Parce que, ce que je ne savais pas, ce que vous ne savez pas encore, c'est que Mme C*** n'est rien moins qu'une espionne prussienne.

— Ah bah ! exclamai-je.

— Car Mme C***, ajouta-t-elle, est très liée avec une grande dame des Tuileries , qui depuis le départ de la duchesse la remplace auprès de la chancellerie. C'était donc Mme C*** qui servait encore hier d'intermédiaire entre ce Fritz et cette grande dame pour envoyer en Allemagne ce qui se dit, ce qui se fait, ce qui se passe en France. Il ne sera donc rien fait à Mme C*** par l'influence de cette grande dame. Vous pouvez dormir sur vos deux oreilles. Maintenant c'est à la cour à étouffer malgré moi, selon vos désirs, cette affaire de meurtre attribuée à la jalousie de Mme C*** contre son amant volage. Les rôles sont renversés. Et la vérité, soyez en certain, par l'influence du château, par peur de la Prusse, ne se fera pas jour !

Mme X*** me quitta sur ces paroles qui soulagèrent ma conscience.

Comme me l'avait assuré Mme X*** il ne fut plus question de la mort du Prussien, que les journaux de l'époque mirent sur une cause accidentelle.

Mme C*** sortit du cabinet du juge d'instruction aussi blanche que la blanche hermine.

Ce ne fut que plus tard que le château voulut s'apercevoir que cette dame entretenait des intelligences avec la Prusse. Intelligences qui furent si

funestes à un hobereau, à deux hétaires et qui va-
lurent aussi à une grande dame un séjour mo-
mentané à la prison de Vincennes pour la dispenser d'écouter aux portes des palais de Saint-
Cloud et des Tuileries, lors de la guerre de Prusse.

Quant à moi, je jurai un peu tard, dussé-je
encore être compromis par les imprudences criminelles de Mme X***, de ne plus me mêler de ses
amours.

CHAPITRE XX

LE DÉCLIN.

Lorsque je revins à Paris quelques mois avant la guerre, et le plébiscite, je crus entrer dans une fournaise.

Ce n'étaient plus les agents de la préfecture qui attisaient le feu de l'émeute pour faire rentrer dans l'ordre les bourgeois.

L'Empire libéral qui avait joué avec le feu s'y brûlait les doigts avant de s'y consumer.

La démocratie, sur un point ou sur un autre, recommençait sérieusement le premier jeu pour rire des républicains de la préfecture.

La police était devenue impuissante à pousser dans sa souricière des milliers d'hommes qui, sur un premier incident venu, à propos d'un enterrement, à la nouvelle de la maladie de l'Empereur, pouvaient se lever pour entraîner cent mille vengeurs de l'ancien coup d'Etat.

v.   16.

A peine rentré dans le libéralisme , l'Empire s'aperçut qu'il se trompait de route.

César libéral crut éclairer l'avenir et saluer une nouvelle aurore.

Il se fourvoya en cherchant le salut dans la liberté, il déclara alors la guerre pour échapper à ses sourdes rancunes.

La guerre l'acheva parce que l'heure du châtiment avait sonné pour l'homme-Destin !

La nouvelle aurore de l'Empire ne fut que son couchant. Les nouveaux soutiens de Napoléon III ne l'éclairèrent qu'à l'huile de pétrole qui, avec la Commune, incendia Paris après les horreurs de l'invasion et après la chute de celui qui les avait provoquées.

Quoique la politique ne soit pas de mon domaine, j'ai été trop meurtri par elle pour ne pas l'aborder en ce qui me touche comme policier.

On a vu, par mon voyage à Londres où les plus violents rancuniers de Décembre tenaient leurs clubs, que j'étais personnellement visé par des hommes que je n'avais fait arrêter que sur l'ordre de mes chefs.

Il ne m'était plus permis de ne pas répondre à leurs défis, à une époque où l'Empereur malade avait tant besoin de tous ses serviteurs.

Trompé à l'intérieur, trompé à l'étranger par la Prusse qui le cernait jusque dans son palais, l'Empereur n'avait plus qu'un parti à prendre : ressaisir, s'il le pouvait encore, son pouvoir autoritaire, par une grande victoire dont l'éclat aurait rendu à son règne le prestige qu'il n'avait plus.

A cette époque, c'est-à-dire dès le commencement de l'année 1870, Napoléon III était fini. Il le sentait. La terrible maladie qui le minait ne lui permettait plus, eût-il été victorieux, après la guerre de Prusse, de rester sur le trône.

Les défections sans nombre, après l'enterrement de Victor Noir, après les votes de l'armée et du parti libéral de la France, dont M. Thiers était le chef implacable, ne lui permettaient plus que de former un conseil de régence en attendant la majorité du jeune Napoléon IV.

La ligue dynastique s'organisait contre la ligue républicaine derrière laquelle se masquait, avec Thiers, le parti jeune de la démocratie qui allait de Gambetta, le vengeur des victimes de Décembre jusqu'à Blanqui, l'organisateur de la future commune.

Pour avoir raison de cette formidable opposition qui se composait de toutes les intelligences du pays, il fallait une grande guerre : elle seule pouvait remettre du côté de l'Empire la nation tout entière.

A la liberté qui réclamait ses droits, il fallait opposer la guerre, la guerre victorieuse relevant le prestige de la France.

L'Empire et l'Empereur malade étaient-ils capables d'un pareil effort ?

Ce fut en vue de la guerre prochaine que l'impératrice chevauchant en Orient, fut rappelée de Turquie et d'Egypte sans avoir pu arriver jusqu'aux lieux saints, son calvaire.

Quoique malade, l'Empereur, toujours utopiste et rêveur, concevait l'idée de se mettre à la tête de son armée pour demander au roi de Prusse les provinces du Rhin, et pour réaliser son ancien programne de prétendant !

Il appelait l'Impératrice pour qu'elle régnât à sa place, pendant qu'il devait aller à Berlin chercher à son fils, comme cadeau de joyeux avènement, ce merle blanc : le Rhin allemand que Napoléon I^r n'avait pu conserver.

Napoléon III se savait impuissant depuis 1866 contre la Prusse qui l'avait cruellement joué.

Il comptait cependant sur le hasard, ce dieu des décavés et des désespérés !

Puis il espérait que, même terrassé, il serait moins maltraité par un roi étranger que par les républicains parce que les rois ne se détrônent pas entre eux.

Il comptait sans la haine d'un Hohenzollern, qui avait en horreur, comme son peuple, tout ce qui rappelait le nom de Napoléon Ier.

J'ai indiqué comment l'Impératrice quitta la France sous prétexte de visiter les lieux saints, mais en réalité pour laisser la place, après une scène violente de jalousie, à une espionne de la Prusse.

Le retour de l'Impératrice, aussi précipité que son départ, signala la disgrâce de la grande-duchesse. Il n'était plus permis à notre souverain de douter de la trahison de cette espionne au profit de ses plus cruels ennemis, qui lui devaient de la reconnaissance depuis l'abaissement de l'Autriche.

Lorsque l'Impératrice, future régente, en haine de sa rivale, vit arriver la candidature du prince de Hohenzollern au trône d'Espagne , elle éprouva aussi une ardente joie de se venger de la Prusse.

Elle dit avec un élan irréfléchi : Cette guerre c'est ma guerre, parce que, en sa qualité d'Espagnole, elle se voyait déjà la libératrice de sa patrie, comme son époux avait été, selon ses flatteurs, le sauveur de la France.

Sa rancune d'épouse et de mère était déjà satisfaite, lorsqu'elle se rappelait le tort que lui avait causé depuis dix ans sa dangereuse rivale.

L'Impératrice possédait toutes les rancunes d'une Espagnole. Elle le prouva à Griscelli, dans son voyage en Turquie.

Griscelli, l'ex-agent secret de Napoléon III, qui avait encouru la disgrâce de l'Impératrice pour avoir trop bien servi les amours de Napoléon III, en avait éprouvé les terribles effets avant le voyage de sa souveraine en Orient.

Le malheur de Griscelli datait de loin, bien avant l'affaire d'Auteuil, quand il tuait un agent chargé d'épier Napoléon III chez la duchesse.

Son malheur datait du mariage de l'Impératrice, quand Griscelli commanditait pour une somme de 72,000 fr. la fabrique de produits chimiques d'un ambassadeur espagnol, qui emportait son argent avec celui de beaucoup d'autres au delà des Pyrénées!

Une fois en disgrâce, après l'affaire des bombes que Griscelli pas plus que Piétri ne sut prévenir, l'ex-agent passa en Italie au service des ennemis de l'Empereur.

Pour leur complaire, il ne cacha pas le dommage que ses premiers maîtres lui avaient causé; il raconta comment on l'avait payé, c'est-à-dire en vraie monnaie de prince.

Longtemps après, à l'entrevue de Salzbourg, l'Impératrice, en apprenant la présence de Griscelli chez le gouverneur du Tyrol, entra dans une grande fureur. Elle exigea qu'on fît arrêter et incarcérer Griscelli pour tout le temps de son séjour.

Le gouverneur, en exprimant à son hôte le regret qu'il avait d'attenter à sa liberté, lui dit que la colère et l'horreur de l'Impératrice étaient telles, en parlant de lui, qu'il n'avait pu refuser à satisfaire son désir.

— Et j'ai promis, ajouta-t-il, de vous mettre sous les verrous tant que Sa Majesté serait sous mon toit.

— Sa Majesté, répondit Griscelli, craint sans doute que je réclame encore les 72,000 fr. que me doit un certain ambassadeur espagnol.

Et l'ex-agent de Napoléon III resta sous les verrous tout le temps que dura le séjour de l'Impératrice chez le gouverneur du Tyrol!   .

Griscelli, payé pour échapper aux représailles de l'épouse de Napoléon III, se décida à mettre l'Europe entre elle et lui.

Il se cacha jusqu'en Turquie.

— Chez les Turcs, se dit-il, j'espère que sa vengeance m'épargnera, et qu'elle ne s'étendra pas jusque sur les bords du Bosphore.

Mais à peine à Constantinople, un Français, attaché au service de l'ambassade, le reconnaît; il parle de Griscelli au grand vizir, celui-ci le fait mander et lui dit:

— Je suis bien aise de rencontrer un ex-employé des Tuileries pour être renseigné. L'Impératrice des

Français doit venir en Turquie. Je serais désireux de connaître le cérémonial à observer pour la réception de cette Majesté européenne. Je vous prie de vouloir me faire, à ce sujet, une note écrite que je ferai remettre au ministère.

Griscelli se gratte l'oreille. L'arrivée de l'Impératrice lui donne à réfléchir. Il se rappelle son incarcération en Autriche. Cependant il se dit :

— C'est une occasion de me faire payer mes 72,000 fr. en piastres turques. Je ne les demanderai pas à mon auguste ennemie. Je rappellerai seulement cette vieille dette de France à la Sublime Porte, et elle me la payera par l'entremise de l'auguste visiteuse dont j'aurai préparé la fastueuse réception.

Mais Griscelli, en Turquie, devait être payé de la même monnaie qu'en Autriche.

En échange de la note que lui avait demandée le grand vizir et qui était accompagnée des titres de sa créance, on lui remit un billet dans lequel l'ambassadeur de France demandait ou son expulsion de l'Empire ottoman ou son arrestation par mesure de sûreté générale.

Cette fois, Griscelli n'eut pas même l'embarras du choix.

Des zaptiés (gendarmes turcs) l'appréhendèrent au corps et le traînèrent dans le palais du ministère de la police.

Il y passa cinquante et un jours, juste le temps que durèrent les fêtes données par le sultan Abdul-Azis à la gracieuse mais trop irascible Impératrice.

Il est **vrai** que du côté de notre ex-souveraine, il y avait autant de terreur que de courroux.

Car le poignard de Griscelli n'avait pas épargné autrefois ses espions chargés d'avoir raison des protecteurs des maîtresses de son époux! Elle se souvenait du sang versé pour déjouer ses embûches.

J'ai raconté à ce sujet les mystères de la maison d'Auteuil. L'ex-Impératrice s'en souvenait chaque fois qu'elle rencontrait sur son passage cet ancien tueur de régicides.

Quoique l'histoire de ces amours fût de l'histoire ancienne, son dernier chapitre, en 1870, se terminait à peine.

D'une autre part lorsque la grande-duchesse quittait les Tuileries, tout le mal qu'elle avait pu faire à son auguste amant, elle l'avait fait !

Elle partait en laissant en France de nombreux espions prussiens qui épiaient les moindres démarches de Napoléon III, soit dans son état-major, soit au champ de manœuvre ou dans les grands salons parisiens.

« Voyez-vous, disait un jour l'Empereur à un conseiller d'État, qui sur l'assurance du maréchal Lebœuf l'engageait vivement à reprendre sa revanche de Sadova; voyez-vous, dans le palais des Tuileries, ces étrangers jusque dans l'embrasure de cette fenêtre ? Eh bien! ce sont des Allemands qui surveillent, épient et cherchent à surprendre quelque partie de notre conversation. »

Hélas ! l'Empire à son déclin était placé entre deux abîmes : entre la révolution qu'il avait provo-

quée en ouvrant son palais à ses anciens adversaires, entre la guerre de Prusse qu'il provoqua
pour se faire battre par ses propres armes.

Un fait trop ignoré, c'est qu'en 1848 le prince
Louis-Napoléon, encore exilé à Londres, et le roi
Guillaume, encore un prince errant comme Bonaparte, s'étaient rencontrés dans une loge maçon-
nique.

Il y eut à cette époque entre les deux princes un
entretien diplomatique concernant les grandes na-
tionalités européennes que les traités de 1815 avaient
détruites au profit de la Sainte-Alliance et de la
France.

Entre le prince prussien et le prince français, il
y eut une conférence dans laquelle le neveu de Napoléon demanda à l'héritier de la Prusse la reddi-
tion des provinces du Rhin en échange de l'a-
baissement de la maison d'Autriche.

Le prince de Prusse ne dit ni oui ni non. Le
prince français, une fois empereur, compta cependant sur un oui. Il fit la guerre à l'Autriche, il
ouvrit l'Italie à l'Allemagne ; et une fois la France
épuisée par ses guerres, menacée par la révolution, le prince de Bismarck dit formellement : Non.

Voilà succinctement tout le point de départ de la
guerre de Prusse.

Des flatteurs de la démocratie, comme Émile
Ollivier, assurèrent à Napoléon qu'en ouvrant les
portes à la liberté sur les ailes de la victoire, il faisait un nouveau pacte avec la France.

Des flatteurs de l'armée, en répétant comme le
maréchal Lebœuf que nos forces militaires étaient

cent fois supérieures à celle des Allemands, le poussèrent à la guerre et finalement hors de France !

L'Empereur, après avoir vu qu'Émile Ollivier s'était trompé en comptant trop sur les *irréconciliables*, se jeta dans les bras de Lebœuf qui ne fit que le précipiter dans l'abîme qu'il avait esquivé avec la démocratie ?

L'Empire était, après tout, à son déclin.

Il devait s'éteindre dans la nuit et le sang qui l'avaient engendré.

Si je me suis étendu sur la polique de ce temps-là, c'est que les événements, qui se précipitaient en 1870 avec la chute de l'Empire, changeaient ma nature de policier.

Je me retrouvai, à dix-huit ans d'intervalle, dans la fausse position où m'avait placé jadis le coup d'Etat ; je vais le prouver par la conversation que j'eus alors avec le chef de la division politique, à la suite de l'épouvantable drame provoqué par Mme X***, drame qui, à la veille de la guerre, amena l'arrestation d'une parente de l'Empire, continuant au compte de la chancellerie, le commerce international de l'espionne italienne payé par les thalers prussiens.

Le chef de la division politique, après m'avoir suspecté au sujet de mon voyage à Londres, me fit appeler de nouveau à son bureau pour me complimenter sur l'attitude que j'avais prise vis-à-vis de Mme X***.

— Mon cher Claude, me dit-il, pardonnez-moi

si dans les circonstances difficiles que nous traver-
sons, j'ai méconnu votre zèle, malgré les preuves
d'intelligence et de dévouement que vous avez constamment données à l'Empire. J'avais contre vous
et votre amie de très *mauvaises notes*. Elles sont
aujourd'hui complètement effacées. Je n'en doute
pas, c'est à votre zèle et à votre droiture qu'on doit
le revirement de conduite de votre amie. Maintenant, Mme X*** est tout à fait remise en faveur au
château. Pour votre part, vous n'avez qu'à vous en
féliciter. La faveur dont jouit de nouveau *mon in-
dicatrice* tourne tout à votre avantage.

Ces compliments me firent plus de mal que les
suspiscions dont j'avais été l'objet quelques jours
auparavant.

Je me rappelai à quel prix je méritai de nouveau
la confiance de la haute administration. Ces compliments me firent regretter plus amèrement les
confidences que j'avais faites à Mme de X*** dans
l'intérêt de son avenir et pour ma sécurité !

Je répondis au chef de la division politique.

— Vous n'avez pas à me féliciter. J'ai été, après
les suspicions du gouvernement, ce que j'avais toujours été : un subordonné fidèle mettant au service
de mes chefs l'expérience acquise dans ma longue
carrière Avant de m'incriminer, on aurait dû regarder mon passé, consulter trente années d'existence
écoulées dans les recherches des plus dangereux
criminels. On aurait dû prendre en considération
mon humble mérite, mon infatigable activité poussés
jusqu'à l'abnégation, pour délivrer la société des
criminels les plus dangereux. Avant de m'humi-

lier par d'injustes soupçons, il fallait se rappeler mes services à la sûreté! Si aujourd'hui je ne me souviens plus des doutes injurieux, blessants de l'administration, c'est que dans les circonstances actuelles, malgré mon âge qui peut trahir ma bonne volonté, je crois que l'administration a plus besoin de moi que je n'ai besoin d'elle!

Je n'avais été aussi hautain, que parce que sans le savoir, mon chef m'avait rappelé le plus odieux des crimes de Mme X***. Je m'en voulais à moi-même de sa cruauté que mon dévouement pour Mme X*** avait excitée sans le vouloir, simplement dans mon intérêt pour elle.

En me rappelant la mort du faux colonel polonais, de cet espion allemand dont la fin tragique avait été due à mes révélations auprès de sa terrible ennemie, j'étais profondément blessé!

Je maudissais un régime dont le personnel me plaçait entre ma démission et des actes odieux que j'étais de plus en plus impuissant à réprimer et à combattre!

Plus l'Empire allait vers son déclin, plus il faisait descendre les consciences les plus honnêtes; plus il avilissait, dans son abaissement, les âmes les plus hautes et les plus droites.

J'en étais un exemple, moi qui avais été incriminé uniquement parce que j'avais toujours fait mon devoir; parce que souvent, lorsque j'avais été poussé contre un scélérat dans mon horreur du mal, j'étais entravé dans mes poursuites par une considération personnelle, parce que l'intérêt du souverain passait avant l'intérêt de la société!

Ce qui me liait à l'empire, c'étaient les dangers qu'il courait. Je le répète, j'aurais regardé comme une lâcheté de déserter mon poste, au moment du combat !

Ma position n'était pas moins intolérable.

N'en déplaise aux compliments ou aux excuses que je reçus en 1870, d'un de mes chefs, je n'étais pas moins inquiété comme au temps des Maupas et des Lespinasse, avant et après le coup d'Etat.

Mes bureaux, à mon retour de Londres, étaient complètement désorganisés.

J'y trouvai de nouvelles figures qui étaient pour moi autant de figures d'espions.

Moi, le fileur de tous les criminels, j'étais aussi filé par les gens de mon administration.

Ce qui m'empêchait pas de recevoir des républicains du parti extrême des billets anonymes d'une aménité dans le goût de celui-ci.

« Sale canaille, frère de Vidocq, quand ton
« maître ira après Troppmann à la guillotine où
« tu as envoyé ce *justicier dès bourgeois*, nous te
« ferons aussi faire connaissance avec *Charlot !*
« Tu envoies les nôtres à Mazas, tu auras ton tour
« avant que ton cadavre pourrisse au champ de
« navet ! Ce ne sera pas long ! Nous t'attendons
« dans un an ! »

L'Empire, à la veille de sa déchéance, me plaçait entre Charybde et Scylla, je n'en étais que plus ferme dans ma résolution à faire mon devoir, rien que mon devoir !

Malgré ses fautes, malgré ses crimes, le souverain

que je servais, était digne, sinon de respect, du moins de compassion.

Il était malade, il se mourait du mal qui avait miné M. de Morny ! Il avait, lui aussi, une maladie incurable.

Une fois, on le vit dans une revue, pâlir, s'affaisser sur son cheval ! Son état-major le reconduisit jusqu'aux Tuileries, presque mourant, pendant que les officiers suppliaient de la main la foule *payée* ou sincère, de ne plus crier : *Vive* l'Empereur, parce que ces cris, ces clameurs étaient autant de coup de marteaux retombant sur son crâne affaibli !

Souvent il restait épuisé, haletant, étendu à demi mort sur un canapé pendant des heures entières.

Il ne fallait pas moins que l'Empereur, le lendemain de ses crises, se présentât à la foule parisienne pour la rassurer sur son état désespéré. Il inquiétait d'autant plus la population que l'opposition, qui avait aussi ses argus aux Tuileries, donnait, par des sousentendus goguenards et cruels des nouvelles alarmantes sur sa santé si compromise !

Il fallait alors qu'il se montrât à la foule pour ne pas faire baisser la Bourse, pour ne pas donner trop de recrues à l'opposition.

César ne s'appartenait plus !

Il appartenait à sa haute police qui, à la veille d'une crise impériale, forçait toujours le maître à se montrer à son peuple.

Alors, les familiers du château, pour écarter d'assez loin les curieux, avaient bien soin de se poster à la file sur son passage.

Ils devançaient, aux Champs-Élysées, sur les boulevards, la fourmillière des agents de police.

Quand on voyait venir, la canne dans le dos et le chapeau sur l'oreille, nos agents aux moustaches cirées, à la redingote boutonnée et aux grosses bottes ; quand une meute de gandins, de boursiers, de fonctionnaires, de chambellans à cheval, de filles de haute volée, dames de tous les mondes, alignaient leur voiture sur la trace des agents, on pouvait dire en toute assurance :

« L'Empereur va passer ! »

Et lorsque Napoléon III passait, l'œil éteint, le visage mort, saluant à gauche et à droite, avec des mouvements automatiques, la foule rassurée applaudissait avec délire l'ombre de César.

Les boursiers accouraient en toute hâte au café de l'Opéra, pour faire monter le cours de la Bourse ; les filles remontaient le quartier Montmartre en se promettant une bonne soirée et en criant avec ivresse :

— Nous avons encore six mois de plaisirs sur la planche !

Mais les légions d'espions qui gardaient l'Empereur dans sa calèche, qui la serraient de près, la main droite dans la poche sur leur revolver ou sur leur couteau, se murmuraient tout bas :

— Combien de temps cela durera-t-il ?

Hélas, cela devait durer quelques mois à peine, l'Empire, à son déclin, allait, avec la guerre de Prusse, s'éteindre dans une mer de sang !

La France ne sortit de son long rêve, ne se guérit de son fol engouement pour un Napoléon! qu'à l'effondrement de Sedan! Encore ne se réveilla-t-elle qu'aux lueurs de l'incendie de sa capitale, cernée par ses envahisseurs!

CHAPITRE XXI

LA GUERRE.

Je n'ai pas la prétention, modeste chef de la police active, de faire l'histoire du dernier règne. Mais, en restant dans mes attributions, je veux raconter tout ce que j'ai vu, appris et entendu durant le cours de ma longue carrière. Car je dois à mes lecteurs les nombreuses notes que j'ai recueillies aussi bien sur les marches d'un trône que dans les bas-fonds de la société.

Or, dix jours avant la déclaration de la guerre à la Prusse, l'Empereur était à Saint-Cloud, il causait en tête-à-tête avec un conseiller d'Etat, ancien ami de Celui qu'il avait connu à Ham ; c'était l'un des plus fidèles soutiens de l'Empire autoritaire.

Il était dix heures du matin.

Quoique l'on fût au mois de juillet, l'Empereur, qui éprouvait des frissonnements nerveux, des spasmes occasionnés par son incurable maladie, avait du feu dans sa cheminée.

Il remerciait ce conseiller de l'envoi d'un de ses ouvrages concernant l'histoire de son règne.

L'Empereur assis contre la cheminée, la figure impassible, l'éternelle cigarette aux lèvres, écoutait le confident des plus beaux jours de son règne autoritaire.

Celui-ci tenait à peu près ce langage :

— Ce que je remarque dans la nouvelle ère de l'Empire et du régime parlementaire, c'est l'hésitation, la confusion qu'elle imprime à la direction des affaires. L'esprit public, disposé, comme l'a dit Votre Majesté, au retour du libéralisme, est tout désorienté de l'abandon *apparent* de l'Empereur dans la direction du gouvernement. Le gouvernail paraît être délaissé, abandonné à des pilotes inhabiles qui le font flotter au hasard. C'est une confusion déplorable. On sait ce que veut l'opposition, on ne sait plus ce que veut votre politique tout en exprimant cependant les mêmes idées que l'opposition !

— Vous avez raison, répondit l'Empereur, c'est exactement la situation dans laquelle se trouve la France dès que l'opposition gêne l'essor des progrès que je rêvais pour elle.

— Alors, Majesté, changez votre ministère !

— Mais il ne va pas mal en ce moment ! s'écria l'Empereur en souriant.

— Sans doute, reprit le conseiller d'État, puisqu'il vous livre au pouvoir des *infidèles*.

— Mon gouvernement, riposta l'Empereur en

excitant à dessein le dépit de son conseiller, ne
.peut être exclusif ; il ne doit pas repousser ceux qui
viennent à lui.

— C'est vrai, ajouta le conseiller, je reconnais
encore là cette magnanimité impériale qui accueille
tous ceux qui veulent le servir, de quelque côté
qu'ils viennent.

— Et malheureusement, reprit l'Empereur, ils ne
viennent que du côté de mes ennemis ! Tenez, dans
mon état-major, trouvez-moi beaucoup de bonapartistes ? Comptez-les dans ceux qui m'ont même
autrefois le mieux servi ? Saint-Arnaud et Morny
étaient orléanistes ! Le roi Jérôme était athée,
mon cousin est resté jacobin, l'Impératrice est
catholique ! Je ne vois encore que Persigny, mon
fidèle Persigny, qui soit bonapartiste, encore Persigny est-il un imbécile !

— Au moins, Majesté, répondait ce conseiller en
se pinçant les lèvres, ceux-là sont ou ont été de
bons serviteurs qu'on ne décourageait pas, qu'on
ne supplantait pas par cette intronisation des libé-
raux. Non seulement vous découragez aujourd'hui
vos plus dévoués serviteurs en les donnant en pâ-
ture à l'opposition, mais vous apprenez à la France
que l'on n'arrive plus que par l'opposition qui af-
faiblit l'Empire !

— Ce n'est pas ma faute, répondit l'Empereur en
baissant les yeux d'un air rêveu si les hommes
manquent ! Puis, les relevant vers son conseiller, il
ajouta :

— Assurément si j'avais encore beaucoup de
conseillers comme vous, mon cher ami, la situation

ne serait pas aussi mauvaise, car vous êtes du bois dont on fait les sénateurs.

— Je suis profondément reconnaissant à Votre Majesté de sa bienveillance pour moi, répondit le conseiller qui arrivait au but de sa démarche, car l'Empereur l'avait fait appeler au sujet de la prochaine guerre qu'il rêvait depuis son dernier plébiscite. — Mais ce n'est ni pour lui parler sénat, ni même politique que je lui ai demandé l'honneur de l'entretenir, c'était pour une question plus grave et plus confidentielle.

— Pourquoi donc? s'écria l'Empereur, qui se doutait bien de ce qu'allait répondre ce confident de ses plus jeunes années.

— Mais.... dit-il, pour lui parler du roi de Prusse dont l'ambition hautaine me semble intolérable. J'ai essayé de développer ma pensée dans un écrit que j'ai tenu secret à tous, *excepté à l'Empereur et au maréchal Lebœuf.* Jusqu'à présent Sa Majesté m'a toujours répondu : *Attendez!* J'ai attendu. Maintenant je viens encore prendre l'avis de mon souveverain.

L'Empereur n'avait accordé cette audience secrète que pour placer son confident sur le terrain qu'il abordait enfin, aussi s'empressa-t-il de lui répondre :

— Je sais que la Prusse est la plus implacable ennemie de la France. J'en suis assuré comme vous. Eh bien! pour lui déclarer la guerre, il faut avoir vingt fois raison ; notre force morale est à ce prix.

— Eh sire! exclama le conseiller avec vivacité,

vous avez deux cents fois raison depuis 1866 et l'occasion ne vous manquera pas d'un grief sérieux. La Prusse n'en est pas avare !

— Est-ce que vous oseriez publier ce que vous me dites, si je vous approuvais et si votre éditeur gardait le secret de votre publication?

— Ma publication ! s'écria le conseiller en montrant une brochure qu'il sortit de sa poche et qu'il remit à Napoléon III, la voilà. Elle n'est pas encore déposée au ministère de l'intérieur ; et si elle était encore connue du public, elle donnerait prise à une vraie contravention commise par l'Empereur lui-même s'il la laissait voir.

Cette brochure, que Napoléon prit des mains du conseiller, était intitulée :

La Prusse et le Rhin.

— Vous voulez le Rhin? lui demanda Napoléon, après avoir feuilleté d'un air pensif les feuillets de la brochure.

— Oui, sire, avec ardeur ! c'est notre frontière nécessaire, naturelle ; c'est à mes yeux la consécration indispensable à la gloire de la France et à la gloire de votre règne.

— Oui, oui, reprit Napoléon en hochant la tête, mais il faut plutôt le faire que de le dire.

— Pour vous, sire , c'est une réserve obligée; mais pour nous, vous dire cette vérité de La Palisse, c'est notre devoir. Je crois donc mieux servir mon pays en lui signalant le but que la France doit logiquement poursuivre.

Et le conseiller se leva dès que l'Empereur eût achevé de parcourir son élucubration. Il prit congé de Napoléon, l'Empereur lui serra la main avec une expression affectueuse traduisant tout ce qu'il n'osait répondre à son conseiller, parce que les murs de Saint-Cloud avaient aussi des oreilles!

Ils en avaient si bien, en effet, qu'un domestique, un Alsacien recueillait à la porte du cabinet de l'Empereur cet entretien pour le faire parvenir à un hobereau attaché à la chancellerie.

Si cet entretien ne fut pas consigné aux archives de la chancellerie allemande, ce fut grâce à la mort de celui qui le tenait de ce serviteur, à celui qui précisément se faisait appeler Fritz auprès de Mme X***; car on retrouva dans ses papiers cette communication chiffrée arrêtée sur la route de Berlin par la catastrophe de Ville-d'Avray, par le trépas du plus fin limier de la politique prussienne.

Cette entrevue prouve une fois de plus combien l'Empereur aspirait à faire éclater ses sourdes rancunes contre la Prusse.

Cette conversation ne peut être mise en doute, car elle a été signalée par celui qui a eu l'honneur de la provoquer, après la mort de Napoléon III.

L'entretien de ce conseiller d'Etat avec l'Empereur au palais de Saint-Cloud explique ce qui se passa dix jours après quand survint la déclaration de guerre à la Prusse, à laquelle ni le roi de Prusse, ni Bismarck, ni de Moltke ne s'attendaient, après l'avoir eux-mêmes tant de fois provoquée !

En 1870, l'Empereur ne rappelait à lui ses anciens amis qui s'en écartaient, depuis l'arrivée des *jeunes* au pouvoir, que pour se fortifier dans l'idée de déclarer la guerre à l'Allemagne.

L'Empereur, à l'heure de cette conversation avec un de ses familiers, au moment de la candidature de Hohenzollern au trône d'Espagne, prévoyait donc la solennité de la déclaration de la guerre à la Prusse.

Cette redoutable cohésion de deux peuples entreprise d'un cœur léger, ce choc effrayant de deux puissances ennemies devait aboutir, trois jours après la *victoire* de Sarrebrück, à une *guerre longue et pénible !*

Elle devait être non le couronnement, mais l'effondrement du second Empire !

Je n'ai pas à analyser les causes de cette guerre funeste qui nous a amené avec Napoléon III une nouvelle invasion, ni à rendre compte des efforts de l'opposition pour détourner les foudres d'un César malade et d'un Empire plus malade encore.

Je n'ai pas non plus à signaler la folie de notre nation chauffée par nos gouvernants pendant que la police faisait jeter des pierres dans les carreaux de l'hôtel de M. Thiers, parce que ce chef de l'opposition avait protesté contre une guerre prévue, mais déclarée follement et sous un prétexte futile !

A cette époque, la haute cour de justice jugeait tous les chefs de l'Internationale. Ils s'apprêtaient à revenir en France pour lancer de nouveau les deux cent mille révolutionnaires qui, à l'enterrement de

Victor Noir, avaient remis à une autre occasion la révolution définitive.

| Alors Félix Pyat avait porté son toast à une petite balle. C'était un appel aux internationalistes et ils accouraient en foule, à ces mots compris par tous les régicides !

« Petite balle de l'humanité, délivrons-nous, délivre-nous !

Et l'Empereur, pour esquiver le projectile qui le visait, faisait ramasser quelques mois après, par son fils, sur le champ de bataille de Sarrebrück, les balles ennemies qui ont failli tuer la France avec l'Empire et sa dynastie.

Napoléon III avait inventé pour se sauver l'affront imaginaire fait à son ambassadeur.

Aussitôt la population s'était soulevée ; le vieux sang français avait bouillonné ; un frémissement de colère avait parcouru fiévreusement le pays, lorsque l'Empereur avait appris ce que l'opposition ne put jamais approfondir : l'outrage subi par M. Benedetti ! Avait-il reçu oui ou non un soufflet, cet ambassadeur ? La réponse afirmative sur le *casus belli* fut douteuse avant que la vérité se fît jour !

N'importe, l'ombre d'un doute sur l'insulte faite à l'honneur français avait suffi à la nation.

L'Empereur le savait bien. Et il savait que c'était le dernier moyen qui lui restait pour éviter la révolution et pour se venger de la Prusse qui, depuis 1866, ne lui ménageait plus ses affronts.

En déclarant la guerre à la Prusse, Napoléon III atteignait son but ; il égarait les révolutionnaires qui prenaient déjà le chemin des Tuileries pour l'en déloger ; il soulevait la France qui ne se souvenait ni de Sadowa, ni de Bismarck, mais uniquement de l'insulte faite par le roi de Prusse à Ems à son ambassadeur.

La France est toujours chevaleresque.

Napoléon qui exploita ses plus nobles sentiments, sans les partager, souleva ce dernier levier de la nation pour essayer de relever sa puissance abattue.

C'était de la part de ce joueur décavé le dernier billet de mille francs qui lui restait pour sauver sa banque. Il n'a pas hésité à le risquer sur le tapis vert de la France, où elle a répandu le plus pur de son sang.

Quant à moi, ce ne fut pas sans une profonde tristesse que je vis de quelle façon, à l'heure solennelle de la déclaration de la guerre, mes chefs, d'accord avec les agents du gouvernement, comprenaient les manifestations belliqueuses de Paris.

— A Berlin ! A Berlin ! criaient par escouades mes agents, entraînant une populace dont les meneurs avaient bien des fois été pris par ces mêmes agents, les envoyant naguère au dépôt.

Dès le 15 juillet, les blouses blanches qui, sur les boulevards, avaient appelé les faubourgs, étaient revenus aux mêmes endroits, déguisés en patriotes, pour appeler l'invasion !

Là je retrouvai Bagasse qui, coiffé d'un chapeau à cocardes, faisait chorus avec des gandins, je revis Mme de X*** en toilettes aux trois couleurs qui, avec les filles de Suède et de Madrid, criait aussi :

« A Berlin ! A Berlin ! »

Les journaux du Palais-Royal, dont Emile de Girardin était le grand prophète, ne cessaient de crier :

« Confiance! confiance! »

A l'Opéra, depuis le 15 juillet, le spectacle s'interrompait chaque fois qu'à la *Muette de Portici* commençait le duo :

« Amour sacré de la patrie. »

Alors on criait de toutes parts : *La Marseillaise! La Marseillaise!*

Et Masaniello, sur le commandement d'Emile de Girardin, qui avait fait les derniers ministres, criait de sa loge à la foule :

— Debout, messieurs, vive l'armée !

La Marseillaise était remise en faveur, elle faisait partie de la mise en scène de la France guerrière.

Quand Marie Sass entonnait *la Marseillaise*, les gandins de 1870, tout en l'applaudissant frénétiquement, pensaient à leur préfecture et sous-préfecture de Mayence.

Soixante-quinze demandes étaient faites au ministère.

Les dames de la haute bicherie comptaient aussi par étapes, de Metz à Berlin, les nombreuses parties fines qu'elles iraient faire avec les généraux et colonels partant en guerre.

Elles parlaient de les suivre comme elles les suivaient au champ de course !

Toutes se promettaient d'assister comme à un

jour de *première* à l'entrée solennelle des troupes à Berlin!

La population qui, sur la foi des auteurs des pièces militaires de l'ancien cirque, croyait toujours la France *invincible*, accompagnait à la gare de l'Est, conduite par des agents déguisés, les soldats rappelés sous les drapeaux.

La population trouvait drôle cette singulière prétention de la Prusse de se frotter aux zouaves, aux turcos, aux grenadiers de Solférino.

Toujours chauvine, cette population, aussi légère que généreuse, elle plaignait sincèrement ces lourdauds de Prussiens qui allaient se faire dévorer par notre armée.

Quand dans la rue, sur les places publiques, l'opposition dont on avait étouffé à la tribune les sages remontrances organisait au quartier Latin une manifestation en l'honneur de la paix, ordre était donné à la préfecture de dissiper cette *cohorte anarchique et antifrançaise.*

Ce fut ainsi que l'on nous désigna les gens les plus éclairés ou le moins prévenus.

Alors les anciennes blouses blanches, changées en cohortes *tricolores*, ne laissèrent aller que du boulevard de Sébastopol à la porte Saint-Denis ces partisans de la paix!

Ils se dissipèrent, tristes et sérieux, sur les boulevards en criant une dernière fois : *Vive la paix!*

Je devais les revoir ces mêmes hommes six mois après; ils composaient, après nos désastres, les nouveaux bataillons de l'armée improvisée de la défense nationale. Ils tenaient à leur tour l'épée de

la France brisée, ces martyrs de l'honneur que
l'Empire n'avait pas abusés !

Quant à moi. qui voyais de près cette méprisable
comédie, je ne pouvais que blâmer les moyens employés pour galvaniser le courage de ceux qui, en
votant pour la paix, avaient voté pour la guerre.

J'étais attristé de ce charlatanisme qu'on exerçait pour flatter, dans un intérêt dynastique, les
passions de la population.

J'étais bien décidé à ne pas me mêler à cette machi-
nation montée par les ministres et exploitée par les
agents du nouveau plébiscite.

Aussitôt la guerre déclarée, je demandai au ministère à suivre l'Empereur qui allait à Metz
rejoindre l'armée avec armes et bagages, surtout
avec bagages.

Comme la police, dans cette guerre, devait jouer
un certain rôle, ma demande fut vivement ac-
cueillie.

Je partis de Paris, avec un grand nombre
d'agents, anciens sous-officiers, pour garder et
défendre les convois de la maison de l'Empereur.
Comme ils étaient très nombreux ces convois, l'importance de mon personnel répondit à la mission.

Cyrus partait pour se faire battre avec un matériel de satrape.

Ainsi partit Napoléon III.

S'il ne fut pas pris avec ses bagages par l'état-
major prussien, il le dut un peu à ma cohorte de
policiers guerriers.

Il était dit que ma carrière embrasserait les phases
les plus diverses. Après avoir été policier privé et

policier politique, l'Empire m'improvisait policier
militaire pour me faire échouer dans une prison!
Et les clefs de mon cachot devaient être dans les
mains des hommes que j'avais arrêtés en vertu de
tous les titres que l'Empire avait jugé utile de me
donner.

CHAPITRE XXII

UNE FILLE D'ÈVE ENTRE DEUX VOLCANS

Mme C***, la belle hétaïre dont les galanteries furent si funestes à l'amant de Mme X***, pouvait être rangée aussi dans la catégorie *des femmes fatales.*

L'épisode dramatique qui amena la mort de l'espion allemand l'a prouvé.

La mission secrète qu'elle avait à remplir, à l'époque de la guerre, va l'attester encore.

Certaines femmes sous l'Empire jouèrent jusqu'au dernier moment un double rôle qui n'a pas peu contribué à ouvrir nos frontières à l'ennemi.

Je vais le démontrer par la nouvelle rencontre que je fis avec une dame de ce genre lorsque je m'y attendais le moins.

A peine la guerre avec la Prusse était-elle déclarée que, à l'exemple de la guerre d'Italie, la police remplissait son rôle.

Chargé de veiller aux bagages de l'escorte impériale; je fus dépêché en avant-coureur sur la Sarre au moment où devait avoir lieu le premier engagement de l'armée commandée par Sa Majesté.

Je raconterai les périls que j'affrontai après la victoire de Sarrebrück, victoire fictive qui, du jour au lendemain, se changea pour la France en un épouvantable désastre.

A cette époque, la folle présomption de l'Empereur était telle qu'il avait amené de Metz ses équipages de gala en prévision d'une entrée triomphale à Berlin.

A la veille de conquérir Sarrebrück, une ville ouverte, l'Empereur avait formé le projet d'y transporter ses fourgons où étaient déposés ses trophées de conquérant qu'il n'amena que dans l'exil à Wichelmschœche !

Quinze jours après la déclaration de la guerre où l'Empereur put se convaincre à Metz, en dépit des assertions du maréchal Lebœuf, que *rien n'était prêt* ; je me trouvai alors aux environs de Sarrebrück.

J'étais parti de Paris pour Metz, avec l'escorte de Sa Majesté, uniquement pour veiller avec quelques hommes résolus à la conservation du matériel des équipages de Sa Majesté.

Une fois à Metz, un ordre émané du quartier m'avait enjoint de visiter les environs de la Sarre afin de découvrir l'endroit le plus favorable au relais des fourgons impériaux.

Malgré le désarroi de l'armée, malgré l'incurie de son intendance, Napoléon ne désespérait pas de vaincre par surprise, un ennemi qui, pourtant, ne sut jamais rien donner au hasard.

Je me rappelle ma première exploration sur la frontière de la province Rhénane.

J'étais seul, habillé en bourgeois, parcourant la route de France qui conduit à Sarrebrück.

Quoique tout fut disposé militairement pour qu'aucun particulier, étranger à l'armée, ne parût sur le théâtre de la guerre, un ordre signé du quartier de Metz et mon titre de chef de la sûreté, me permettaient de traverser les lignes françaises, gardées de distance en distance par des sentinelles.

Après avoir consciencieusement étudié le terrain sur la ligne de Metz à Sarrebrück, j'avisai un bois : il se trouvait à une certaine distance de la Sarre, il touchait le chemin de fer ; c'était là, selon moi, que je devais remiser les fourgons et les bagages de Sa Majesté, en cas d'alerte.

A la moindre surprise, cette position boisée me mettait à même de pouvoir faire reculer sans être aperçu de l'ennemi, les nombreux bagages mis sous ma sauvegarde.

Pour mieux étudier la situation, je m'étais avancé vers ce bois ; je suivais un sentier touffu ombragé d'arbres.

J'avais fait à peine quelques pas sur ce sentier qu'une amazone vint à moi, après avoir parlé à un domestique à la livrée verte, qui s'enfuit à mon approche sur un signe de la dame.

Cependant il ne s'enfuit pas assez vite pour que je n'aie pas distingué, par la livrée qu'il portait, la livrée de l'Empereur.

Je n'étais donc pas seul à étudier le terrain dans l'intérêt, pour la sécurité de Sa Majesté.

Hélas, cette consolante pensée devait s'évanouir en reconnaissant la belle amazone dont j'étais loin de soupçonner la présence à Sarrebrück?

Cette femme, c'était Mme C***, mon hétaïre de Ville d'Avray, la complice de l'espion allemand tué par Mme X*** et qui, en la compromettant, avait failli aussi me compromettre aux yeux de mes chefs.

En la reconnaissant, cette femme funeste, un voile de deuil passa sous mes yeux; mon cœur se saigna; je compris pourquoi cette femme était dans cette forêt.

Elle y était dans un but contraire au mien.

J'avais trop appris à la connaître pour ne pas soupçonner que complice d'un traître, cette femme se vengeait de la mort de son hobereau dont par devoir et par patriotisme j'avais contribué à la perte.

Était-ce la douleur, l'effroi, la rage qui m'inspiraient devant cette dangereuse et trop séduisante amazone? Je l'abordais d'un air de surprise et de menace.

Mme C***, loin de se démonter à mon aspect rien moins qu'aimable, répondit à mon attitude hostile par un visage semi-riant, semi-provocant.

Mme C***, dont je n'ai pas encore esquissé le portrait, s'est trop mêlée aux dernières années de ma vie pour ne pas la faire descendre de son cadre et la montrer à mes lecteurs.

A cette époque, c'était une charmante blonde

dont la chevelure opulente tournait à la teinte
roussâtre, si à la mode sous l'Empire, parce qu'elle
rappelait la couleur de la chevelure de la souveraine.

La nouvelle Diane dressée devant moi pouvait
avoir vingt-cinq ans. Les effluves phosphorescentes
de ses yeux bleus, tirant sur le brun, avaient des
éclats étranges.

Ils rayonnaient sur sa beauté qui, pour être irré-
gulière, n'en avait que plus de séductions. Elle
avait des sourcils bien arqués, presque noirs, des
yeux bleus, grands, effrontés et enfiévrant l'imagination.

Sa bouche petite, aux lèvres mobiles, était capri-
cieusement arquée par des lèvres rouges comme
des cerises; elles étaient toujours disposées au rire
pour mieux montrer des dents blanches, aiguës,
prêtes à mordre. Sa bouche mignonne riait comme
ses grands yeux, et d'un rire de bacchante.

Elle portait avec une enchanteresse crânerie son
costume d'amazone. Sa longue jupe de drap dessinait, par son échancrure, une jambe fine, qui mon-
trait avec agacerie un pied cambré, très ferme sur
son étrier.

Tout, en elle, était audacieux : ses yeux, son front
dont l'harmonie était contrariée, d'une façon pi-
quante, par un nez au vent, égrillard, tentateur
comme son beau corps, digne d'être taillé dans le
marbre des artistes grecs.

Sa taille souple, ses épaules voluptueuses, sa
poitrine rebondie frissonnaient dans des ondulations
caressantes qui faisaient craquer son corsage.

Elle se cambrait dans sa beauté comme la Diane chasseresse. Elle avait des charmes fiers et charmants.

C'était bien la fille d'Ève prête à mordre dans la pomme du désir pour se perdre avec l'homme dont elle voulait à elle seule être le paradis!

Lorsque l'amazone eut lu sur mon visage les soupçons qui m'agitaient, elle fit cingler sa cravache, elle arrêta son cheval; elle me salua comme si elle eût été dans son salon de mondaine.

— Tiens, me dit-elle d'un rire strident, c'est monsieur Claude? dans ce bois? Est-ce que vous venez y chercher des voleurs, comme à Paris?

— Des voleurs, non, lui répondis-je; des traîtres, oui!

— Alors, me répondit-elle en se pinçant les lèvres, vous avez changé de métier?

— Non, lui ripostai-je, puisque je suis ici comme à Paris à la recherche de criminels.

Je regardai bien en face Mme C***; elle se contenta de hausser les épaules à cette allusion trop directe.

Pour se venger de l'avantage que j'avais sur elle, elle fouetta son cheval de sa houssine.

Le coursier dansa, caracola devant moi.

Je fus obligé de me reculer de l'amazone blessée par mes paroles.

Alors elle se hâta de me donner le change, après avoir calmé l'ardeur de sa monture.

—Mon cher monsieur, me répondit-elle d'une voix brève, les criminels ne sont pas toujours du côté des gens qui sont appelés par leur fonction à les pourchasser? Veuillez vous rappeler l'aventure sinistre de Ville-d'Avray.

— Est-ce pour moi, madame? lui dis-je d'un air courroucé, que vous dites cela.

— Non, monsieur, mais pour votre bonne amie, Mme X***.

— En tous les cas, madame, repris-je hors de moi, la première coupable de ce qui est arrivé à Ville-d'Avray, c'est celle qui pactise peut-être avec nos ennemis, non plus pour tuer un homme, mais pour tuer la France !

A ces mots qui avaient pour but de frapper au cœur cette espionne, je vis Mme C*** frémir et pâlir.

Elle devint pâle comme un marbre, son visage en garda la froideur.

Puis, se ravisant, elle se mit à rire aux éclats.

— Et sur quoi, monsieur le policier, établissez-vous vos soupçons ?

— Sur l'homme, madame, avec qui vous causiez tout à l'heure.

— Un serviteur de l'Empereur qui m'entretenait de la part de Sa Majesté au sujet d'un officier qui fait partie du septième corps. Ah! si c'est comme cela que vous êtes si bien renseigné, je plains la police impériale.

— Cet homme peut être un traître, madame, comme votre amant, comme ce Fritz qui n'appartenait pas, je pense, au septième corps.

— Et que votre bonne amie a tué, me riposta-t-elle d'un air de défi. Prenez garde, monsieur Claude, ajouta-t-elle, sur ce terrain-là, j'ai peur que vous vous y brûliez les doigts.

A mon tour je frissonnai de crainte, non pour moi, mais pour M^{ms} X***.

Jugeant que cette femme était bien armée contre tous ceux qui auraient voulu la frapper, je changeai de ton, je donnai un autre cours à notre conversation dont le début avait été plus qu'aigre-doux.

— En effet, lui répondis-je d'un air presque aimable, quoique la rage dans le cœur, entre la Prusse et la France armées, nous sommes ici entre deux volcans.

— Et moi, reprit l'amazone sur le même ton, et moi, une pauvre fille d'Ève fourvoyée entre ces volcans, je mérite mieux que les menaces d'un compatriote.

— Je suis prêt à les retirer, madame, lui répondis-je d'un ton sérieux, si vous me prouvez qu'aucune arrière-pensée ne vous a attirée près de nos ennemis.

— Je pourrais bien ne pas vous répondre, me dit-elle, et vous renvoyer au colonel D***, elle me désigna son officier avec intention, il vous répondrait mieux que moi. Mais je suis trop désireuse de décharger votre conscience de policier, d'effacer le doute injurieux que vous faites peser sur moi uniquement, n'est-ce pas, par acquit de conscience?

— Uniquement, madame, par acquit de conscience. Parlez donc? je vous écoute.

— Eh bien! sachez-le, je suis conduite ici par amour de l'armée française. Que voulez-vous, je suis chauvine! J'aime le militaire, je raffole du pantalon rouge. Lorsque vous m'avez surprise avec ce domestique de l'Empereur, il m'annonçait que sur ma demande envoyée à Metz par le colonel D*** j'étais reçue ambulancière ?

— Vous, vous, m'écriai-je d'un air de doute et en haussant les épaules d'un air d'incrédulité, mais je croyais au contraire que vous n'aimiez que les casques à pointe !

— Eh bien ! exclama la pétulante Mme C*** en frappant de sa houssine les branches d'arbre placées au-dessus de sa tête, allez proclamer cette calomnie propagée par Mme X*** dans le camp des officiers ! Allez dire cette infamie à mon colonel qui, par sa protection, m'a fait enrôler dans la légion des ambulanciers, et vous serez bien reçu ! Vous avez failli perdre votre emploi par la faute de Mme X*** et de ses folies criminelles ; cette fois, vous ne *faillirez* plus, j'en réponds, si vous tenez toujours à m'incriminer pour venger Mme X***.

Ce fut à mon tour à courber la tête.

Depuis que Mme C*** m'avait fait entendre qu'elle connaissait les mystères et les drames de Ville-d'Avray, cette espionne n'était plus en mon pouvoir et j'étais au sien.

Hélas ! que je souffrais en ce moment !

Mon cœur de Français était humilié, ma dignité était aussi froissée que mon patriotisme.

Par les antécédents honteux, par les relations de cette courtisane avec un Prussien, je me doutais que j'étais en face d'une espionne ; et moi, chef des policiers, je ne pouvais rien contre elle.

Ma patrie était en danger par cette impure et je ne pouvais l'atteindre, même au nom de la patrie.

Oh ! que je maudissais ce régime qui, à chaque pas, entravait les poursuites contre les crimes les plus abominables, contre les attentats les plus honteux, parce que ce régime ne s'était élevé que sur le plus monstrueux des attentats.

Je devais apprendre quelques jours après, par la défaite de Forbach, que la France devait payer cher sa longanimité pour avoir subi pendant dix-huit années un régime qui avait énervé toutes les âmes, paralysé tous les cœurs !

En ce moment j'étais un vivant exemple de la situation de tous les Français qui, en se substituant au plus coupable des souverains, étaient punis par lui dont la funeste impuissance était la conséquence de tous ses actes.

La France n'avait pas plus de soldats que d'officiers.

Au lieu de 500,000 hommes, elle n'en comptait que 250,000, parce que les fonds de la guerre avaient été gaspillés ; parce que ministres et souverains avaient puisé jusqu'au fond de la caisse de dotation de l'armée ; parce que, depuis Sadowa, la France militaire, ruinée par la spéculation de la guerre du Mexique, n'avait qu'une faible armée déjà trop démembrée, pour pouvoir lutter contre un million de soldats prussiens.

Je voyais de près cette armée, depuis que j'avais quitté Paris avec l'état-major de l'Empereur ; tous les chefs de corps, sans se soucier de l'ensemble des opérations militaires, rêvaient à leur profit une victoire particelle pour avoir individuellement les honneurs de la guerre.

Avant le combat, ils se jalousaient déjà entre eux.

Hélas ! ils n'avaient pas besoin de se disputer à l'avance la victoire, car ils allaient tout droit à Sedan et à l'effondrement du régime impérial.

Eux-mêmes devaient y travailler puisque, pour la plus terrible des guerres, nos généraux se rendaient pour la plupart à la frontière, comme s'ils allaient encore à une revue de Longchamp ou au camp de Saint-Maur.

L'Empereur n'oubliait pas à Metz ses équipages de fête ; des dames, comme l'espionne C***, y suivaient leurs amants, prêtes à les trahir, s'ils étaient vaincus, prêtes à partager les profits de la victoire, si par un hasard, en dehors de toutes les prévisions, ils avaient été encore vainqueurs.

Voici ce que je devais voir encore au dernier acte de la tragédie impériale : une femme, une espionne osant défier jusqu'à mon patriotisme lorsque je la prenais en flagrant délit de trahison.

Il était incontestable que cette ancienne maîtresse d'un Prussien n'était sur la frontière, protégée par un colonel, que pour continuer l'œuvre ébauchée par son premier amant au profit de la chancellerie prussienne.

En femme adroite, Mme C*** avait voulu connaître les causes qui avaient amené la mort de l'espion allemand, pour mieux tenir en respect ses adversaires, avant de les terrasser.

Lorsque Mme C*** m'eut forcé au silence, avant de me tourner bride, elle me dit encore :

— Monsieur Claude, vous m'aviez enthousiasmée autrefois, à Paris, quand vous faisiez, à mon profit, votre chasse aux voleurs et aux assassins, maintenant, vous me faites pitié dans votre chasse aux espions ! On voit que vous n'êtes plus sur votre terrain. Au revoir, sans rancune. Je vais bien vite retrouver mon colonel, car il ne fait pas bon, pour une femme de causer longtemps ici. Ce bois peut avoir d'autres oreilles que des oreilles françaises. Nous sommes ici, vous l'avez dit, entre deux volcans. Et si j'ai un conseil à vous donner, c'est de ne pas plus y rester que moi !

Elle disparut et partit au galop.

Je la suivis des yeux. Je m'aperçus avec une nouvelle appréhension que le bois dans lequel je me trouvais avait d'arbre en arbre des fils indicateurs ; je remarquai que l'amazone, en me quittant, ne perdait pas non plus de vue ces fils qui reliaient un arbre à un autre.

— Oh ! m'écriai-je d'un air de menace, je te retrouverai, misérable espionne ! Alors malheur à toi, si je peux te confondre aux yeux de toute l'armée !

Hélas, ce devait être Mᵐᵉ C***, au contraire, qui devait me signaler à nos vainqueurs, lors de la revanche de Sarrebrück dans laquelle je faillis être aussi sa victime, après avoir guidé nos ennemis jusqu'à l'endroit où j'avais cru mettre en sûreté les équipages de Sa Majesté.

Ce bois était le bois de Forbach, où se tinrent cachés, pendant tout le temps de la victoire de Sarrebrück, les Bavarois attendant l'heure de la vraie bataille pour passer la frontière, pour changer la campagne de Prusse en campagne de France.

Les fils conducteurs placés d'arbre en arbre étaient autant de signes indicateurs pour les lignes allemandes attendant dans le bois de Forbach l'heure de la revanche de Sarrebrück.

Cet épisode m'a fait dépasser l'époque de la déclaration de la guerre de l'Empereur Napoléon III à son cousin le roi Guillaume. Il sera temps d'y revenir, après avoir signalé, par ma rencontre avec Mme C***, que notre armée était espionnée de tous les côtés, avant d'être battue de toutes parts !

CHAPITRE · XXIII

LES TRAHISONS AVANT L'ENTRÉE EN CAMPAGNE

Avant l'entrée en campagne, au moment où les sept corps d'armée s'échelonnaient sur la frontière de l'Est, on lisait dans tous les journaux :

« Depuis une semaine, le bruit a couru dans Paris qu'une certaine dame de haut parage entretenait des intelligences avec l'ennemi.

« Nous avons remarqué, dans une feuille presque officielle, un entrefilet de cinq lignes qui doit se rattacher évidemment à cette question.

« Cet entrefilet, le voici :

« *La nuit dernière, on a fait sortir le portier-consigne du fort de Vincennes, pour que cet employé ne vît pas une certaine personne qui y était transportée, et qui, en ce moment, y est captive.* »

Ces lignes avaient été inspirées d'après la note que j'avais envoyée à Mme X*** lors de ma rencontre avec Mme C*** dans le bois de Forbach.

Immédiatement, par l'entremise de Mme X***, ma note avait été mise sous les yeux de l'Impératrice.

Une enquête avait été faite.

Il s'en était suivi qu'on avait découvert qu'une grande dame, dînant des thalers prussiens et soupant de la cassette impériale, continuait aux Tuileries, par l'intermédiaire de Mme C***, le rôle de la grande-duchesse.

Il était très facile à cette grande dame de correspondre directement avec la Prusse, car elle était, par sa parenté, en communication avec le baron de Werther.

Pour ses délations, elle se servait de Mme C*** uniquement, afin de détourner les soupçons qui éclatèrent au grand jour, grâce à ma note que je fis parvenir à Mme X***.

Avant notre entrée en campagne, Mme C*** venait habiter l'Alsace, pour être plus près des opérations des belligérants ; elle séjournait dans une propriété du Haut-Rhin appartenant à la famille de sa complice.

C'était de son château que Mme C*** donnait des rendez-vous à un colonel du général Frossard, moins pour causer d'amour avec son cher colonel que pour tirer de lui, sans qu'il s'en doutât, tout ce qui pouvait intéresser nos ennemis.

Une fois bien renseignée par son amant, elle envoyait ces renseignements à l'Allemagne et à la

France, c'est-à-dire, en dernier lieu, à la noble dame qui en faisait part à l'ambassadeur de Prusse dont le secrétaire résida à Paris même après l'affaire de Gravelotte!

Le manège des deux espionnes fut dévoilé par moi, dès ma rencontre avec Mme C*** sur la route de Metz à Sarrebruck, lorsqu'elle sortait du château uniquement pour surprendre, dans le bois de Forbach, les équipages et les campements de Sa Majesté.

A cette époque, par la dernière aventure de l'espion prussien mort dans les bras de la rivale de Mme C***, j'étais tout à fait édifié sur la mission sur le caractère de cette femme, je n'hésitai pas à faire part de ma rencontre en Alsace à Mme X***.

Je lui écrivis à ce sujet.

Si je m'adressai à elle, à Paris, de préférence à l'état-major de Metz, c'était parce que je connaissais les esprits prévenus des officiers supérieurs de l'armée.

Pas un seul n'eût osé porter une accusation ou une plainte contre Mme C***, parce que c'était la maîtresse du plus loyal et du plus brave colonel de l'armée, parce que c'était la protégée d'une grande dame qui jouissait encore de la confiance de l'Empereur,

L'Impératrice, en vue d'une revanche contre un pays qui l'avait tant menacée comme épouse et comme mère, dans la personne de la grande-duchesse, pouvait seule agir en cette circonstance dans l'intérêt de la France. Elle seule pouvait briser la grande dame qui, pour la perdre encore, reprenait le rôle de celle qui avait tant empoisonné son existence d'épouse, de mère et de souveraine !

Mme X***, qui, personnellement, avait à se venger de sa voisine de Ville-d'Avray, s'employa avec acharnement contre Mme C***. Elle la montra sous les couleurs les plus noires, elle la rendit plus criminelle encore que l'importante patronne qui encourageait ses crimes de lèse-patrie !

Immédiatement après mon entrevue avec Mme C*** dans la forêt de Forbach, elle n'eut que le temps, après avoir regagné son château, de gagner la frontière.

Un ordre mystérieux, comme on va le voir, lui enjoignait de se constituer prisonnière.

Quant à l'illustre hôtesse des Tuileries, il lui fut signifié de quitter les Tuileries et les appartements qu'elle y occupait.

Elle fut dirigée vers le donjon de Vincennes ; elle y resta tant que la police opéra plusieurs saisies dans son hôtel de Paris, et ses propriétés de Normandie et d'Alsace !

Mais la grande dame, par une condescendance impériale, ne tarda pas à être rendue à la liberté. Un mois après, comme les gens de l'Empire avaient déjà à compter avec la Prusse, les journaux démentaient l'arrestation de Vincennes. Ils la niaient même ; ils expliquaient à leur manière le déménagement de la noble dame en soutenant qu'elle n'avait aucune raison pour demeurer, après la mort de ses parents, au palais des Tuileries !

Quant à Mme C***, je ne l'avais fait éloigner que pour quelques jours de l'Alsace.

Elle revenait s'y fixer peu de temps après. Elle s'y réinstallait par les uhlans, maîtres de toute la région, en vertu de nos défections.

Là ne se bornèrent pas les effets pernicieux de cette femme fatale ; un autre malheur surgit à côté d'elle.

L'homme qui paya chèrement la trahison de cette espionne, ce fut le colonel.

Il eut par elle le sort de l'espion prussien naguère aux prises avec sa rivale.

La différence entre l'officier français et l'espion allemand, c'est que le premier méritait aussi bien son sort que le second le méritait peu.

Deux jours après ma dépêche, au moment où l'Impératrice ordonnait l'arrestation aux Tuileries de l'espionne française, des ordres étaient donnés à l'armée pour arrêter le colonel.

On avait appris que cet officier ne cessait depuis l'arrivée des troupes en Alsace de se rendre au château où s'était réfugiée Mme C***.

L'endroit choisi par Mme C*** pour aller en villégiature, juste où allaient se rencontrer les deux ennemies, semblait au moins extraordinaire.

Ce qui paraissait plus suspect encore, c'étaient les allées et venus du colonel ne cessant de consacrer ses nuits, hors du camp, à sa mystérieuse et belle châtelaine !

Mme X***, grâce à mes renseignements, s'était aussitôt armée contre sa rivale.

Les supérieurs du colonel ne doutèrent plus du but qui faisait agir cet officier en se rendant régulièrement chez l'espionne.

Les lettres adressées à sa maîtresse, furent saisies par l'autorité au moment où sa maîtresse les renvoyait à Paris à l'ambassade de Prusse.

Le timbre de ses missives suffisait pour indiquer à la chancellerie allemande la position occupée par l'armée sur la frontière de l'Est, pour constituer de la part de son auteur un crime de haute trahison.

Le colonel, nature loyale, chevaleresque, mais un peu simple, était cependant incapable de trahir la patrie. S'il compromettait ses chefs et la France, c'était parce qu'il était trompé lui-même par une femme.

Ce que ses supérieurs pouvaient sérieusement lui reprocher, c'étaient ses fréquentations avec Mme C***, une libertine ; ils pouvaient tous se le faire ce même reproche à eux-mêmes.

On sait que ce qui a le plus gangréné le corps des officiers de l'armée de l'Empire, ce sont des filles dans le goût des Mmes C*** et X***, etc., etc., etc., qui conviaient princes, maréchaux ou généraux aux spectacles des fêtes les plus obscènes !

Qui ne se rappelle les farces de jeunesse de ces lieutenants d'Afrique devenus, par le coup d'Etat, la fleur du panier? Un jour à Lyon, c'est un général de division alors simple capitaine et qui, pour jouer un tour au général Castellane, forçant les officiers à ne pas quitter l'uniforme, sort en grande tenue d'une maison de filles, sous prétexte de se conformer u règlement militaire! Un autre fois, c'est un futur ministre de la guerre qui, pour se distraire à la façon du maréchal de Saxe, fait avertir qu'il arrivera à Rouen après le spectacle. Il invite à souper tout le personnel du théâtre ; après souper, il se promène ivre dans les rues et dans la ville endormie, à la tête de toutes les libertines et proxénètes de la cité normande !

Certes de pareils officiers ne pouvaient être bien exigeants vis-à-vis un des leurs qui, jusque sous les yeux de l'ennemi, s'abandonnait aux délices de Capoue.

Seulement ils trouvaient que le moment était mal choisi [de se livrer à des confidences dangereuses avec une drôlesse dont la beauté tarifée était inscrite sur tous les carnets de la galanterie.

Quelques-uns, les moins sceptiques, trouvèrent, il est vrai, assez romanesque cet amour qui ébauchait son roman entre deux armées en présence dans un château féodal. Ceux-là c'étaient des poètes et ils sont rares les poètes dans l'armée !

Peut-être aurait-il été absous de ses chefs si l'imprudent, par ses accointances avec une espionne prussienne, ne compromettait déjà avec leur victoire leur projet d'avancement.

Car l'armée française, dans ses chefs, croyait encore à la victoire, même après la revanche de Sarrebruck, même après les désastres de Forbach et de Freschwiller.

Chaque chef de corps s'était arrangé une petite conquête individuelle sur la lisière de l'Est ; la victoire ne voulait rien devoir à celle de son voisin ; cela ne fit que précipiter l'effondrement de notre armée.

Nos généraux, trop indépendants des uns des autres, ne prêtèrent aucun secours à leurs rivaux dans le but de se réserver des actions d'éclat qui ne tournèrent en définitive qu'en une retraite plus prompte, plus désastreuse !

A l'époque où le colonel était surpris avec son espionne au fond de leur nid, tel était l'esprit des chefs de corps Aussi ses collègues, par intérêt professionnel, étaient-ils tous furieux contre le colonel, un traître sans le savoir !

Celui-ci avait connu Mme C*** à Ville-d'Avray.

Au moment où elle ébauchait avec lui le premier chapitre de son roman, elle finissait son églogue avec l'espion Fritz.

Fritz s'était plus étroitement lié, par ordre, au char de Mme X***.

De son côté, Mme C***, depuis la mort de Fritz, ne continuait pas moins de tromper politiquement son colonel.

Seulement à défaut de Fritz, la dépositaire de ses délations était la grande dame, dont elle occupait le château.

Bien avant la conquête de l'Alsace, une partie de cette province était déjà gagnée à l'Allemagne par le fanatisme protestant. J'ai indiqué cette particularité dans l'affaire de Jud, en 1870, cette conquête morale dans le Haut et Bas Rhin avait fait d'effrayants progrès au détriment de la France.

Le jeune colonel, tout à son amour pour Mme C***, s'était bien peu occupé de l'esprit des populations alsaciennes ! Il était venu dans ce pays, heureux d'y rencontrer celle qu'il avait cru laisser à Paris, qu'il retrouvait dans un vieux château, uniquement parce que sa maîtresse lui avait dit qu'elle ne pouvait vivre à Paris loin de lui et qu'elle le suivait encore, rien que pour le voir, l'aimer et l'adorer.

Le reste n'inquiétait guère l'officier.

Qui n'est pas fat, surtout, à l'âge du colonel ? Il crut en Mme C***. Il l'a cru d'autant mieux que rien ne le forçait, si ce n'était son amour, à affronter d'aussi grands périls pour lui.

Il ne négligea pas un instant, avant la bataille, de consacrer toutes ses nuits à cette prêtresse de Vénus.

Que peut faire de mieux un conquérant ?

Il était au septième ciel. Il était recherché par la beauté au moment de l'être par la victoire.

Dans l'alcôve de sa maîtresse, le jeune guerrier se voyait déjà à Berlin, général d'une armée triomphante, aux bras d'une maîtresse adorée dont la beauté devenait plus éblouissante, plus enviable au contact de ses épaulettes et sous le prestige de son brillant uniforme.

Une nuit, dans les bras de sa maîtresse, mon colonel faisait ses rêves dorés, quand il fut réveillé brusquement par une réalité aussi fantastique que les illusions qui, jusque-là, l'avaient bercé.

Un commissaire, suivi de plusieurs militaires commandés par un sous-officier, entrèrent presque sans frapper dans la chambre des amants.

D'abord, le colonel crut qu'on venait l'arracher des bras de sa belle pour une infraction à la discipline.

Lorsque, séance tenante, on improvisa au château presque un conseil de guerre ; lorsque, faisant relever sa maîtresse, on ne lui donna pas le temps de s'habiller, pour l'interroger, pour l'accuser d'espionnage au compte de la Prusse, lorsque lui-même fut accusé avec Mme C***, le colonel poussa un cri de surprise et d'effroi.

Il ordonna à Mme C*** de s'expliquer, de dire la vérité, d'avouer surtout qu'il était aussi innocent qu'elle était innocente elle-même.

Hélas! sa maîtresse courba la tête.

Elle ne pouvait nier.

On venait de lui mettre sous les yeux les lettres de son amant arrêtées à leur destination, grâce au *cabinet noir*, au moment où elles allaient être renvoyées à la chancellerie.

Ces lettres donnaient à sa maîtresse des détails très circonstanciés sur les marches et les contre-marches de notre régiment. Alors le malheureux colonel sentit qu'il s'était perdu avec la femme vers laquelle l'avaient poussé la fatalité et le machiavélisme allemand.

Il fut traîné dans l'endroit le plus obscur du château qui servit de cachot tout le reste de la nuit à l'espionne et à sa dupe.

Le lendemain, un officier supérieur arriva au château.

Il présida un véritable conseil de guerre.

Devant les preuves accablantes qui pesaient sur le colonel, il fut condamné, à la majorité absolue, à être dégradé, puis à être fusillé.

Mme C***, quoique étant une créature criminelle, aussi vénale que traîtresse, se sentit remuer jusqu'au fond du cœur en songeant à la fin tragique

de ce jeune homme qui payait de la vie la male-
chance de l'avoir connue et de l'avoir aimée.

Elle se jeta d'une façon peut-être un peu trop
théâtrale aux pieds de ses juges, elle s'écria :

— Condamnez-moi, je suis coupable, mais je vous
le jure, le colonel est innocent. Il croyait, en m'écri-
vant, ne faire que des confidences d'amoureux ;
si je me suis servi de lui pour éclairer l'ennemi, il
ne s'en douta jamais ! Il m'aimait et j'ai abusé de son
amour.

Les juges sourirent.

Ils ne crurent pas un mot de cette défense qui ne
retirait au colonel son rôle odieux que pour lui
donner un rôle ridicule.

L'officier le comprit.

Lui-même ferma la bouche à cette femme qu'il
méprisait autant qu'il l'avait aimée.

Il s'écria :

— Je préfère la mort à une pareille défense !

Le soir même, dans les fossés du château, on conduisait le colonel, dégradé, la capote retournée. Un
peloton de ligne descendait des talus des tourelles ;
il fusillait le malheureux officier presque à bout
portant.

Il tombait, la poitrine criblée de balles, la veille
de la bataille, encore plein d'illusions pour la
patrie en criant :

— Vive la France, vive l'Empereur.

Le lendemain, par une lettre confidentielle
adressée au chef de corps dont faisait partie le fusillé, on l'avertissait qu'une personne qui avait la
confiance de l'Impératrice était chargée de se présen-

ter devant Mme C***, prisonnière au château, avant de la rame-ner à Paris.

Cette personne était sur le point de requérir la force armée contre Mme C***, pour ne plus la mettre à même de faire de nouvelles victimes dans l'armée, et de servir encore l'étranger.

A Paris, Mme C*** devait être aussitôt transportée à Vincennes pour y aller rejoindre sa noble complice tant qu'il plairait au pouvoir impérial.

Cette personne qui jouissait de toute la confiance du château et de sa police, c'était qui?

L'ancienne rivale de Mme C***, Mme X*** que j'avais mise sur la piste de cette espionne.

Mme X*** arriva au moment où Mme C*** pleurait son amant fusillé.

Elle avait bien voulu compromettre le colonel, elle n'aurait pas voulu le tuer, parce qu'il plaisait à ses jouissances de courtisane, parce que les naïvetés de son âme rajeunissaient son cœur corrompu.

Mme X***, suivie d'agents qu'elle avait amenés de Paris, éprouva une âpre volupté en face de celle qui, à son approche, ne put étouffer assez tôt ses sanglots, ni effacer ses larmes.

Elle lui dit tout bas :

— Eh bien, comment trouvez-vous que la *vieille* se venge!

Mme C*** était aussi vindicative, sinon aussi cruelle que Mme X***.

Elle tressaillit comme si elle eût été touchée par un fer rouge, mordue par un serpent.

Elle ne répondit pas. Elle se contenta de lancer

à Mme X*** des regards où se lisait un ardent désir de se venger :

— Calmez-vous, ma chère, ajouta Mme X*** en évitant les éclairs fulgurants de ses yeux. Vous ne serez pas fusillée comme votre amant, uniquement parce qu'on ne fusille pas les femmes! Mais vous en serez quitte pour méditer vos nouveaux coups contre la France au donjon de Vincennes... avec votre illustre complice. Comme je suis plus charitable que vous, je vous laisse un instant pour vous donner le loisir, dans cette chambre, de vous recueillir et de vous préparer à me suivre.

Et Mme X*** l'abandonna après s'être assurée qu'elle était bien gardée au dehors.

Ce fut un tort.

L'Alsace était travaillée en tous sens par des agents mystérieux.

A peine Mme C*** fut-elle seule dans son cachot improvisé, qu'une pierre se souleva du sol, une tête en sortit qui lui dit :

— Madame, accompagnez-moi, je connais les détours de ce vieux château bien mieux que les nouveaux propriétaires qui ne l'ont presque pas habité.

— Qui êtes-vous? lui demanda-t-elle avec appréhension.

— Une personne dévouée à la Prusse. Un Bavarois qui, autrefois domestique ici, reviendra autrement que par cette trappe. Venez, madame, fuyez avec moi. Fuyez, mais pour revenir aussi dans ce pays, car, cette province, je vous le jure, redeviendra avant peu la vôtre et la mienne.

Et Mme C***, qui avait tout à redouter de la France, de l'Impératrice, de Mme X***, n'hésita pas à rejoindre le Bavarois sur un chemin inespéré qui était pour elle le salut.

Une demi-heure après, lorsque Mme X*** revenait avec ses agents pour prendre Mme C*** pour la ramener à Paris, elle ne la retrouva plus !

Ce fut elle qui fut sotte !

Elle devait apprendre à ses dépens, après la guerre, que si dans la lutte qu'elle engageait avec Mme C***, elle avait déjà eu sa revanche, Mme C*** à son tour ne devait pas tarder à avoir la belle !

Ce fut d'un air penaud que Mme X*** regagna le chemin de fer, puis retourna à Paris moins fière qu'elle n'en était partie.

Cela se passait la veille de la victoire de Sarrebrück, quelque temps après la visite en plein bois que j'avais eue de Mme C*** en amazone, visite dont les consequences devaient m'attirer une non moins fâcheuse aventure !

CHAPITRE XXIV

LE CHANT DU CYGNE ET LE CHANT DU DÉPART

Le matin du 29 juillet l'Empereur et le prince impérial, accompagné de sa maison, des préfets de la Seine et de la police, partaient du palais de Saint-Cloud, *par le chemin de Ceinture*, pour gagner la gare du chemin de fer de l'Est.

Ils y arrivaient à dix heures trente minutes. Sa Majesté et le prince impérial se rendaient à l'armée.

Un train spécial, composé de nombreuses voitures de gala et de wagons bondés de tous les objets indispensables à un camp impérial, les attendait à La Villette.

L'Empereur portait un costume de général de division ; le prince, un uniforme de sous-lieutenant. L'impératrice restait à Saint-Cloud, en prenant qualité de régente.

Napoléon était parti pour l'Italie acclamé par la

population parisienne qui, en 1859, au nom de la liberté, avait oublié l'homme de Décembre; Napoléon, en 1870, n'osa même pas traverser Paris.

Il semblait que cet homme en était chassé par le Destin qui l'avait tant averti depuis un an!

Il avait comme un pressentiment de son avenir prochain; il était tourmenté par l'horrible responsabilité qu'il avait accumulée sur sa tête.

Alors, comme je l'ai dit, je faisais partie de l'équipage militaire.

J'étais chargé de veiller à la conservation et à la sécurité du train impérial.

J'avais amené avec moi, d'après les ordres de la direction de sûreté, mes agents les plus éprouvés, tous d'anciens soldats qui, en faisant la police dans le camp, devaient se rappeler à l'occasion leur premier métier et faire au besoin le coup de feu. C'étaient Bagasse, Requin et d'autres dont je dirai plus tard les noms, quand il fallut défendre en héros le sol ensanglanté de la France envahie.

Je puis dire que j'ai vu de près l'Empereur et son fils au moment où ils montaient en voiture pour partir en guerre et être emportés vers les plus terribles aventures qu'ait enregistrées l'histoire.

L'enfant était gai, insouciant, presque joyeux comme on l'est à cet âge. Le vieillard était taciturne et rêveur.

Lorsque la vapeur cria en sautant dans l'air par bouffées, je vis le visage impassible du souverain se crisper, comme si le ricanement sinistre de la vapeur lui eût irrité les nerfs.

Que pensait-il quand le train s'ébranlait? Pen-

sait-il qu'il partait encore pour l'exil, qu'il y entraî-
nait son fils, enfant inconscient du danger, qui durant sa courte vie, ne dut connaître de la guerre
que la défaite, et de la Grandeur que l'héroïsme de
la mort !

Napoléon II meurt pour expier l'ambition de Napoléon Ier, Napoléon IV meurt pour expier l'ambition
plus néfaste de Napoléon III ! Et ces deux enfants
succombent en exil sur la terre étrangère où leur
père l s a laissés.

En 1870, lorsque le train impérial partit, ceux
qui l'entourèrent se sont rappelé le regard obstiné
que le souverain jeta sur Paris qu'il fuyait.

Il voulait y éviter le *spectre* rouge, et il allait se
heurter contre le *spectre* prussien qui devait, aussi,
lui prendre sa capitale et sa couronne !

La veille, l'Impératrice avait mené son fils aux
Invalides. Elle l'avait fait agenouiller devant le
tombeau du vainqueur d'Iéna.

Lorsque la mère et le fils sortirent des Invalides,
la musique militaire fit entendre sur leur passage le
Chant du Départ.

Un de mes agents mêlés à la foule entendit un
soldat murmurer sur le passage de Leurs Majestés
plus attristées que recueillies :

« — Ce *Chant du Départ*, c'est le chant du cygne ! »

Les soldats eux-mêmes qui, à cette époque, gagnaient leur régiment et qui se dirigeaient vers la
gare de l'Est, avaient la conscience de la défaite.

Eux aussi étaient sombres ! Leurs officiers parta-
geaient leur tristesse, dès qu'ils n'étaient plus gri-

sés par l'enthousiasme des boulevards, où les gandins et la police criaient encore :

« — A Berlin ! à Berlin ! »

Partout on faisait la différence de ce départ avec celui de l'Italie.

Si des chauvins exaltés, enracinés sur le sol de la France *invincible*, criaient encore sur le passage de nos troupes :

« — Vive la France ! vive l'armée ! »

Officiers et soldats secouaient la tête d'un air résigné, ils se disaient en marchant comme des moutons que l'on conduit à l'abattoir :

« — On voit bien que ces bourgeois-là n'y sont pas pour leur compte ! »

Lorsque nous arrivâmes à Metz, la confiance aveugle que Napoléon III avait eue dans le maréchal Lebœuf se dissipa devant l'écrasante réalité !

Nous comprimes tous ce qui était enfin que dans l'esprit de notre souverain, dans le jugement plein de sens de M. Thiers, et ce qui n'était nullement entré jusqu'à la dernière heure dans l'esprit spécialiste d'un artilleur comme le maréchal Lebœuf.

On se croyait prêt, on ne l'était pas ! Nulle organisation, aucun plan, aucunes ressources, le désordre partout, partout le gaspillage et l'incurie ; le désarroi régnait dans toutes les branches de l'administration ; les officiers couraient après leurs régiments, des hommes de la réserve, pour rejoindre leurs corps égarés, firent pour ainsi dire le tour de la France, avant de parvenir à leur destination !

Mac-Mahon, en revenant d'Afrique. en tombant

tout à coup au milieu de ce désarroi, s'écria avec désespoir :

— Nous sommes perdus !

Napoléon était effaré ! Son impassibilité fut ébranlée en présence de l'épouvantable tableau qui représentait à l'avance, la perte de l'Empire ou la condamnation de sa vie.

Moi et mes hommes, nous étions placés au premier rang pour voir dans les coulisses de ce théâtre de la guerre offrant déjà l'image du désordre avant d'être le désordre inévitable du combat !

Je puis assurer que Napoléon, à la vue de ce désolant tableau, fut pris à plusieurs reprises de mouvements vertigineux ; il resta un instant comme hébété, les yeux fixes, la bouche muette, parce que sa langue paralysée ne put un instant articuler aucun son.

On le vit pleurer !

Il fallut que plusieurs généraux qui l'entouraient l'éloignassent de l'état-major pour ne pas laisser voir à l'armée qu'il pleurait !

Pendant ce temps-là, je recevais des lettres de Paris.

La confiance des Parisiens ne faisait que m'attrister davantage.

Pendant que Napoléon III, pour tromper l'ennemi comme il se trompait lui-même, éparpillait son armée, l'échelonnait sur la ligne de l'Est, sans lien solide, pour laisser supposer qu'il pouvait pénétrer en Allemagne sur une étendue de plusieurs lieues, les journaux de l'empire imprimaient :

— Qu'attend-on? que fait-on à Paris? On ne sera pas prêt pour la fête du 15 août?

Ce qu'on faisait, je l'ai vu : on s'organisait sur place ; le désordre était si grand qu'un escadron partit sans chirurgien, et pour ne pas trop démoraliser le soldat, on le remplaça à la dernière heure par un infirmier.

Ce qui fit dire à un médecin de Metz :

— Tous les soldats blessés n'auront plus qu'à se brûler la cervelle.

Tout manqua dès l'entrée en campagne.

Sur le théâtre de la guerre nos troupes étaient divisées en huit corps d'armée comme suit :

1er corps commandé par le maréchal Mac-Mahon, 2e par le général Froissard, 3e Bazaine, 4e de Ladmirault, 5e de Failly, 6e Canrobert, 7e Félix Douay, 8e Bourbaki.

Le total de ces huit corps d'armée, fort incomplets, était loin d'être comparable au chiffre redoutable de l'armée allemande, c'était 250 mille hommes contre un million d'Allemands, et jusqu'au jour de la bataille, nos corps d'armée manquèrent absolument de munitions et surtout de... canons!

La victoire de Sarrebruck, par laquelle s'annonça la campagne de Prusse qui, du jour au lendemain, devint la campagne de France, fut le dernier artifice de notre souverain !

Sachant à quel point les esprits sont mobiles en France, l'Empereur, pour ne pas laisser à l'enthousiasme le temps de se refroidir, offrit au pays la représentation d'un combat préliminaire.

De concert avec le général Froissard, il combina

l'expédition de Sarrebruck, ville ouverte, défendue par quelques bataillons prussiens.

La présence du prince impérial à cet engagement fut grossièrement exploité. Elle montra trop clairement, d'une façon aussi odieuse qu'enfantine, le but césarien de la nouvelle campagne.

Pour annoncer l'incendie d'une ville ouverte et le massacre d'une surprise sanglante, Napoléon III écrivit publiquement à l'Impératrice :

« Louis vient de recevoir le baptême du feu ! » Alors une indignation générale s'empara de tous les esprits, aussi bien en France qu'en Allemagne.

Que penser d'un père qui offrait à son fils le préliminaire d'une tuerie pour le baptiser grand capitaine ? Quelle sécurité offrait-il aux Allemands, si leur carnage servait de baptême à l'héritier d'un Napoléon ?

Alors, le lendemain, la véritable armée allemande, cachée dans une forêt, répondit au défi maladroit et sauvage de Napoléon III.

Le canon de Wissembourg et la fusillade de Forbach surprirent l'armée française qui dormait déjà sur les maigres lauriers de Sarrebruck. Ils vengèrent par de cruelles représailles cette petite tuerie préparatoire donnée en distraction à un enfant par un impérial père.

Je n'ai pas à parler de la guerre dans ses détails, ni à la suivre dans ses mouvements; je n'ai qu'à raconter que ce qui m'est personnel, ce que j'ai vu et ce qui rentre surtout dans mes attributions.

Après la défaite de Forbach où les soldats français se battirent comme des *lions*, quoique dirigés

par des chefs qui, selon l'expression allemande,
étaient des ânes, il fallut opérer une première retraite.

Ma mission de policier militaire commençait. La
frontière de France était ouverte à l'ennemi, marchant à la fois par colonne compacte et serrée sur
l'Alsace et sur la Lorraine. Il fallait préserver les
équipages de Sa Majesté qui sur la ligne de l'Est s'é-
taient trop avancés, ne comptant pas sitôt sur la
revanche de Sarrebruck.

Je fus chargé, dès le premier échec, moi et mes
agents, escortant le train impérial, de faire rétrograder sur Metz les wagons du train de Sa Majesté.

C'était le soir même du *sanglant* avantage rem-
porté par les Prussiens à Wissembourg, où le général Douay trouva la mort en improvisant un plan
de bataille sous le feu de l'ennemi, où le maréchal
Mac-Mahon se portait vers Haguenau pour arrêter
la marche de l'ennemi, que les cuirassiers de
Reischoffen, tués jusqu'aux derniers, ne purent
même entraver !

Avant de raconter ce qui m'a été personnel, après
la double défaite de Wissembourg et de Forbach, je
ne pus m'empêcher de quelques réflexions au sujet
de la guerre de France en Alsace, qui, selon moi,
était moralement conquise par la Prusse, depuis 1866.

A partir du jour où l'armée du Rhin et l'armée de
la Moselle, battues à Frœschviller et à Forbach,
furent forcées de se mettre en retraite, de livrer
notre frontière à l'ennemi, il fut facile de s'apercevoir combien cette frontière, depuis dix ans, avait

été étudiée, battue, minée par l'état-major allemand.

Pas une ville, pas une bourgade, pas un hameau
n'étaient étrangers aux soldats allemands ; un grand
nombre revenaient occuper en uniformes les contrées qu'ils avaient habitées auparavant comme
ouvriers ou comme paysans.

Les deux combats qui couchaient sur le sol de la
patrie quinze mille hommes, tués, blessés faisaient
à la France une saignée bien plus douloureuse que
notre nation ne le pensait encore.

Car l'arme du conquérant ne suffit pas pour arracher violemment, du jour au lendemain, d'une
nation deux provinces comme l'Alsace et la Lorraine.

En dépit de la sentimentalité française qui fait de
tout Alsacien un patriote ardent et sincère, il n'a
pas moins existé dans cette contrée, avant comme
après la guerre, des dissentiments politiques qui
diviseront longtemps encore la population alsacienne en deux camps.

L'une ne voit au nom du protestantisme, la liberté
et la nationalité que de l'autre côté du Rhin ; l'autre
n'aspire à revenir à la France qu'à la condition
d'être respectée dans son indépendance.

Quoique à la frontière, les haines de l'étranger
soient plus vives que dans l'intérieur du pays,
quoique la *Marseillaise* ait été improvisée à Strasbourg, il n'est pas moins vrai que le protestantisme
a travaillé depuis Sadowa les anciens départements
du Haut-Rhin et du Bas-Rhin, au profit de la patrie
allemande.

J'ai été à même, par les faits criminels, que j'ai
consignés précédemment, de prouver ce que j'a-
vance; si les Prussiens sont entrés comme chez eux
sur ce pays conquis, ils le doivent à un plan politique longtemps mûri comme la guerre de 1870,
qui devait être le couronnement de l'œuvre du
Chancelier.

Au reste j'en ai la preuve par une lettre d'un
général qui, en 1866. signalait au général Trochu
ce travail de termite, opéré dans nos anciennes provinces du Rhin.

Voici l'extrait de cette lettre, de cet officier, alors
commandant de Strasbourg, lettre adressée au général Trochu et qui m'était fournie par le *cabinet noir*:

« Puisque tu es en train, écrivait cet officier en
1866. de faire connaître de bonnes vérités aux illustres personnages qui t'entourent, ajoute donc ceci :

« Pendant que nous délibérons pompeusement
et longuement sur ce qu'il conviendrait de faire
pour avoir une armée, la Prusse se propose tout
simplement et très activement d'*envahir* notre territoire.

« Elle sera en mesure de mettre en ligne
600.000 hommes et 1.200 bouches à feu avant que
nous ayons songé à organiser les cadres indispensables pour mettre au feu 300.000 hommes et
600 bouches à feu.

« De l'autre côté du Rhin, il n'est pas un Allemand qui ne croie à la guerre dans un *avenir prochain*. Les plus pacifiques qui, par leurs relations,
sont plus Français, considèrent la lutte comme inévitable et ne comprennent rien à notre inaction.

« Comme il faut chercher une cause à toute chose, ils prétendent que notre *empereur est tombé en enfance !*

« A moins d'être aveugle, il n'est pas permis de douter que la guerre *éclatera au premier jour.*

« Avec notre stupide vanité, notre folle présomption, nous pouvons croire qu'il nous sera permis de choisir notre jour et notre heure, pour l'achèvement de notre organisation et de notre armement.

« En vérité, mon cher Trochu, je suis de ton avis et je commence à croire que notre gouvernement est frappé de démence. Si Jupiter a décidé de le perdre, n'oublions pas que les destinées de la patrie sont liées à notre propre sort, et puisque nous ne sommes pas encore atteints par cette funeste démence, faisons nos efforts pour nous arrêter sur cette pente fatale qui *conduit* tout droit à des précipices.

« Voici un nouveau détail sur lequel j'appelle ton attention, parce qu'il est de nature à faire ouvrir les yeux des moins clairvoyants.

« Depuis quelque temps, de nombreux agents prussiens parcourent nos départements de la frontière, *particulièrement la partie comprise entre la Moselle et les Vosges.* Ils sondent l'esprit des populations, agissent sur les protestants qui sont nombreux dans ces contrées, et qui sont *beaucoup moins Français* qu'on ne le croit généralement.

« Cette partie de la population est restée la même qui, en 1815, envoyait de nombreuses députations au quartier général ennemi pour demander que *l'Alsace fît retour à la patrie allemande.*

« C'est un fait bon à noter, car il peut être, avec raison, considéré comme ayant pour but d'éclairer les plans et la campagne de l'ennemi. Les Prussiens ont procédé de la même façon en Bohême et en Silésie, trois mois avant l'ouverture des hostilités contre l'Autriche... »

Eh bien ! cette lettre, écrite confidentiellement par le commandant de Strasbourg, à l'époque de l'Exposition de 1866, au moment où la Prusse achevait son œuvre d'espionnage des bords du Rhin aux bords de la Seine, cette lettre, connue des Tuileries, puisqu'elle était allée au *cabinet noir*, ne fut pas un avertissement pour les illustres personnages de l'empire.

Aussi, quand la guerre éclata, quatre ans après, le préfet de Strasbourg écrivait-il au ministre de l'intérieur :

« La panique est grande à Strasbourg par suite des mauvaises nouvelles venues de Haguenau. La population demande des armes. J'ai promis d'armer 500 hommes ! Nous n'avons presque pas de troupes, 1,500 à 2,000 hommes au plus. Si l'ennemi tente un coup de main sur la ville, nous nous défendrons jusqu'au bout ! »

Ainsi, dès le début de la campagne, Strasbourg n'était pas gardé, les Vosges n'étaient pas gardées ! Lorsque Strasbourg était près d'être investi, lorsque les Vosges demandaient à être défendues, il n'y avait ni hommes ni argent pour équiper, armer, camper les défenseurs de la patrie.

Pendant ce temps-là, les armées allemandes envahissaient méthodiquement l'Alsace, trouvant tout réglé d'avance par leurs sous-officiers, tout préparé par leurs uhlans!

Ils marchaient à coup sûr, lentement, se profilant le long des bois, le long des contreforts de terrain, poussant avec leurs canons escadrons sur escadrons dont les flots ressemblaient à ceux d'un fleuve d'hommes et de fer !

Ils débordaient sur la Lorraine et sur l'Alsace.

Et le lit de ce fleuve humain avait été fait depuis quatre ans par les mêmes soldats qui n'étaient auparavant que des ouvriers et des paysans dans les endroits dont ils prenaient possession, pillant les habitations et fusillant les paysans hostiles.

Aussi après Sedan, Strasbourg, la capitale de l'Alsace, livrée à la merci des Allemands par sa trop faible garnison, par son artillerie plus que dérisoire, tomba-t-elle au pouvoir de la Prusse.

Strasbourg prise, c'était le glas de l'Alsace, c'était la menace jetée à Metz qui, durant le siège de Strasbourg, resta l'espoir et l'illusion des assiégés strasbourgeois.

Lorsque M. Valentin, l'ancien républicain de 1848, qui devait être aussi après Kératry, après Ed. Adam, mon préfet de police, fut nommé préfet de Strasbourg, il ne pénétra dans la ville assiégée que déguisé en paysan, sous les balles des Prussiens et des Français.

M. Valentin, dont je donne l'autographe dans cette partie de mes Mémoires, n'arriva à Strasbourg que pour voir tomber cette héroïque cité, après un siège inégal qui ne finit que par le bombardement de la ville!

Et ce bombardement me rappelle Valentin, son courage civique lorsque, protégé par d'anciens soldats attachés à ma personne, il parvint sous le feu de l'ennemi jusqu'aux remparts de Strasbourg.

Une fois échappé au feu des Prussiens, il se trouva encore devant le feu des Français, en leur criant sous une pluie de balles :

— Je suis votre prisonnier, menez-moi de suite au général Ulrich.

Et une fois en présence du général, M. Valentin décousut la manche de son habit, en retira le décret qui le nommait préfet de Strasbourg.

Mais quelques jours après, l'assaut est donné. La ville est bombardée par les Poméraniens. Elle capitule pour n'être plus qu'une mer de feu et de sang. Pendant que le général Ulrich allait se mettre à la disposition du nouveau gouvernement, M. Valentin, le dernier préfet français de Strasbourg, était transporté en Allemagne, enfermé avec son secrétaire dans une citadelle.

Mon futur préfet de police, sous la République, après Kératry et Edmond Adam, était gardé à vue en Prusse par un geôlier, un ancien forçat !

Mais ce souvenir épisodique de la guerre m'a entraîné trop avant, je reviens à son début malheureux où je faillis avoir aussi le sort de M. Valentin, dans une circonstance analogue à la sienne.

Dès le commencement de la défaite, après Wissembourg et Forbach, ce fut pour moi comme pour bien d'autres une suite ininterrompue de surprises et de périls ; j'étais constamment avec mes agents sur la voie ferrée, allant de gare en gare pour faire rétrograder les équipages de Sa Majesté.

L'ennemi, de jour en jour, s'avançait ; son organisation militaire se dévoilait dans ce qu'elle avait de plus simple, de plus pratique et de plus ingénieux !

Chaque place occupée par l'ennemi était conquise par une armée d'ingénieurs, s'emparant de nos gares, faisant planter de distance en distance des poteaux télégraphiques sur nos lignes devenues lignes prussiennes.

Chaque train français, qui n'avait pas eu le temps de suivre la retraite de notre armée, était la proie des Prussiens. Les ennemis débusquaient de tous les taillis, de tous les mamelons, qui quelques heures auparavant étaient occupés par nos soldats.

J'avais remarqué, dès l'entrée en campagne, un soldat du train impérial, attaché spécialement à notre escorte préservatrice ; c'était un Alsacien, un ancien domestique du palais de Saint-Cloud, dont l'expression sournoise et la mine cauteleuse ne me disaient rien de bon.

Quoiqu'il fût très zélé, très empressé à exécuter les ordres que je recevais de l'état-major, je le soupçonnai d'être un traître, et d'être le traître que j'avais surpris dans le bois de Forbach, courant avec Mme C*** en amazone.

Quand je m'en ouvris à un officier supérieur, très lié avec l'Empereur, il m'assura que j'avais tort de me défier de ce serviteur de Sa Majesté. Il me dit qu'avant la guerre, il avait été attaché pendant dix ans au palais de Saint-Cloud et que c'était le serviteur le plus probe, le plus dévoué du château.

Malgré l'affirmation de cet officier. je me défiais de mon Alsacien. Après la défaite de Wissembourg, je m'en défiai si bien que je ne confiai plus la garde des trains impériaux qu'à Bagasse et à son escouade.

Bien entendu avec Bagasse, je me réservai la direction des marches et contremarches des trains, car je connaissais de longue date l'imprudence vantarde et le manque absolu de perspicacité de Bagasse, brave comme Saint-Georges, mais. nul comme le dernier des soudards.

Malgré le dire de l'officier supérieur, je forçai mon Alsacien à ne plus faire partie de ma brigade, quoiqu'il eût été aussi très attentif à mes moindres commandements en vue de la conservation et de la garde des bagages impériaux.

Etait-ce par dépit, était-ce par trahison, toujours fut-il qu'après la défaite de Wissembourg je ne vis plus reparaître cet Alsacien si fidèle.

Cela étonna fort ceux qui l'avaient connu à Saint-Cloud, où il jouissait de la confiance la plus illimitée de la part de ses augustes maîtres.

Après Wissembourg, il n'y avait plus à hésiter ; il fallait quitter la frontière, il fallait, comme on disait alors, se concentrer.

Immédiatement, je me rendis au chemin de fer.

Sur l'ordre de l'état-major, j'ordonnai au chef de gare de chauffer à toute vapeur pour sauver les bagages de Sa Majesté ; l'ennemi s'avançait à pas de géant sur nous.

Pendant que les débris de l'armée du brave

Douay se rejoignaient tant bien que mal pour retrouver, sous les ordres du général Pellé, le corps de Mac-Mahon, je faisais partir à toute vitesse le train de Sa Majesté.

Ce train contenait les voitures de gala qui avaient été destinées, avant la revanche de Sarrebrück, à faire leur entrée à Berlin, à porter le nouveau César qui, comme Varus, venait de perdre ses légions.

Je me rappelle encore cette triste et désespérante soirée à laquelle un cœur français n'était pas accoutumé.

Tout le long des talus du chemin de fer on voyait des corps de turcos et de zouaves étendus, blessés ou brisés par la mitraille! Le sang couvrait la route et se mêlait au sol détrempé, labouré de balles et d'obus.

Lorsque j'ordonnai le départ, notre armée quittait la position en laissant à la gare ses blessés et ses morts !

Le chef du train se disposait à partir, abandonnant la gare à nos vainqueurs.

Le sifflement de la machine n'avait pas fait entendre son cri aigu, le panache de fumée n'avait pas fini de s'élancer horizontalement dans l'air en marquant le premier mouvement du train, qu'une bande de uhlans se précipita dans la gare.

Le chef des cavaliers, au risque d'être broyé, s'élança à la tête du train; il commanda au machiniste de s'arrêter; interpella le chef de gare; il m'appela par mon nom.

Ce chef des uhlans s'exprimait en fort bon français. Mes agents déguisés, qui étaient dans les wagons précédant et suivant les équipages de Sa Majesté, reconnurent comme moi ce uhlan.

C'était l'ancien et *fidèle* serviteur attaché naguère à la maison de Saint-Cloud.

Le misérable vint à moi, après que ses soldats eussent cerné nos wagons.

Et en termes courtois, très disposé à me serrer la main que je lui retirai avec mépris, il me dit :

— Monsieur Claude, rendez-vous, vous êtes mon prisonnier ! Vous êtes maintenant sur le territoire allemand, et le train que vous défendez est à nous. Rendez-vous de bonne volonté, si vous ne voulez avoir le sort des autres.

J'étais cerné, j'étais surpris ; j'étais pris ! Et c'était un Allemand qui avait vécu des largesses et des bienfaits de la France qui me faisait prisonnier.

Le misérable, en ordonnant à ses uhlans de faire rentrer en gare nos wagons, entonnait d'un air narquois notre hymne national : la Marseillaise, devenue le chant du cygne !

FIN DU TOME CINQUIÈME.

Bon Souvenir

à Mr Claude

TABLE DES MATIÈRES

DU TOME CINQUIÈME

FIN DE LA TABLE DU CINQUIÈME VOLUME.

Imprimerie D. BARDIN et Cⁱᵉ, à Saint-Germain.

www.ingramcontent.com/pod-product-compliance
Ingram Content Group UK Ltd.
Pitfield, Milton Keynes, MK11 3LW, UK
UKHW022323090726
13658UKWH00001B/50

9 782019 932305